マルクス経済学の方法と現代世界

伊藤 誠 著

桜井書店

はじめに

いま、現代世界は幾重にも深刻な危機と混迷のなかにある。一九八〇年代以降新自由主義のもとで、先進諸国の経済生活は、市場原理主義により期待されていた効率的で合理的な成長を実現していない。むしろ経済格差の顕著な再拡大、反復されるバブル崩壊の不安定、雇用条件の劣化、教育、医療、年金の負担増と老後の生活不安、少子高齢化と自然環境荒廃のおそれ、いずれも競争的市場原理によって解決されえないばかりか、悪化を促されてきたのではないか。それは、新自由主義のもとで社会的制御から解放された資本主義経済の作動に内在的な限界を露呈するところと考えられる。

にもかかわらず、資本主義の限界をのりこえるオルタナティブとみなされていた社会主義にも危機が深い。ことに、非民主的歪みはともないつつ、労働者の雇用と生活の安定・成長は実現していたソ連型経済に一九八〇年代に成長の鈍化・「摩滅」が顕著となり、東欧革命とソ連解体をまねくと、その変革は、新自由主義による資本主義の勝利とうけとられ、社会主義はもとより、社会民主主義による資本主義の制御の回復すら困難としている。

おりかさなった現代世界の閉塞状況は、社会科学としての政治経済学にも重大な危機と試練を与えている。社会科学最大の古典とされるK・マルクスの『資本論』とそれにもとづくマルクス経済学もその理論と方法を現代世界の危機の解明にどのように活かせるか、その生命力が深部から問いなおされているといえるであろう。本書では、この課題にそくし、マルクス経済学の方法を再考しつつ、現代世界の資本主義と社会主義の双対的危機の考察に活かす道を模索する試みをすすめたい。

その試みは、資本主義の歴史性を理論的に解明する『資本論』を経済学の原理論として位置づけて純化し、ついでそれにもとづき、帝国主義段階論を一環として、国家の経済政策や世界市場編成の変化をふくむ資本主義の世界史発展段階論を体系的に明確にすることにより、第一次大戦後の世界経済や日本資本主義の現状分析の考察基準が整えられるとする宇野弘蔵の三段階論の方法論を、現代世界の危機の考察にどう活かすかを問う課題をふくんでいる。

一九七〇年代以降の欧米マルクス経済学のルネッサンスの進展のなかで、宇野理論の方法の意義をくりかえし説いていたなかで、レシピは食べてみなければわからないといわれ、それにも妙に納得したおぼえがある。たしかにすぐれたレシピは食材にしたがって決まるものかもしれない。

ふりかえってみると、マルクスが『資本論』の準備草稿『経済学批判要綱』の「序説」において、いちどは執筆していた「経済学の方法」を、主著の刊行にかけてしあげることなく省略したのはなぜであろうか。『経済学批判』(一八五九年)の「序言」では、その理由のひとつとして「これから証明していこうとする結論を先回りして述べるようなことは何でもじゃまになるように思われる」ことをあげていた。そこには、考察対象とした資本主義経済の自律的発展過程自体に、そのしくみと運動の原理を読み取れる特性があるとみなし、経済学の独自の対象をなす客観的な資本主義の歴史的発展そのものに、その原理論の抽象の基盤を直接に求めることができるとする（唯物論的）認識方法への確信と、それにもとづくみずからの理論体系のうちに経済学の方法もあきらかにされてゆくとする発想があったと考えられる。

宇野もその発想を尊重し、経済学の原理論は資本主義の歴史的発展自体に抽象の方法を模写し学ぶことができるとみなしていた。宇野方法論の三面をなす、『資本論』の原理論として純化・整備、それにもとづく資本主義の世界史的発展段階論と現状分析とへの研究次元の体系的分化、イデオロギーや唯物史観としての歴史観と科学としての経済学との区分と相互関係の明確化も、その発想を基本とし、マルクス以降の資本主義の帝国主義段階への発展にも適用して、そこから学べる方法論を説いたものと考えられる。

本書はまず前半二章でマルクスと宇野の経済学のそうした（唯物論的）方法論の意義を再点検し、それをふまえて、後半二章で現代世界に宇野没後に生じている、資本主義と社会主義とにわたる双対的危機を考察する方法論的枠組みに省察をすすめる。

そのさい、宇野は、第一次大戦後の現代資本主義の分析にさいしては、帝国主義段階に始まった資本主義の純化傾向の鈍化・逆転傾向をうけ、社会主義との対抗関係もふくめ、資本主義の原理としては扱えない農業問題や国家の対外政策・対内政策などの現実的諸要因の役割に分析の重点をおかなければならないとみなしていた。原理論は、それにもとづく資本主義の発展段階論を介してのみ現状分析に役立てられるものとみなす傾向がそこに生じていた。社会主義の建設は、商品経済を排除する方向をとるかぎり、その分析に経済学の原理論が直接に用いられる余地はいっそう少ないとされていた。

本書は、おもにこの論点において宇野の方法論に逆らっている。ひとつには、『資本論』にもとづく宇野原論における労働力の商品化の無理に根ざす資本主義経済の自己破壊的恐慌と不況の展開の論理が、一九七〇年代初頭に生じたインフレ恐慌による高度成長期の終焉と、その後の新自由主義の時代への移行のもとでの先進諸国での長期不況の過程における産業予備軍の大規模な再形成の進行を分析するうえで欠かせない考察基準をなすと思われるからである。新自由主義のもとで進行している働く人々の多くにきびしい労資関係の反動的逆流・再編も、資本主義の発展段階論とあわせ、資本主義の原理的作用の現代的発現として分析されてよいのではなかろうか。

それればかりではない。他方で、ソ連型社会のゆきづまりをもたらした背後にも、実は資本主義先進諸国と同型の経済危機が生じていた。さらにその過程で、生産手段を公有化する社会主義が理論的に可能かどうかをめぐる、かつての社会主義経済計算論争が世界的に再燃し、民主的計画経済の存立可能性や、市場社会主義の多様な理論モデルの提示に関心が集められている。ソ連型社会主義の歴史的実験の挫折の総括的分析にも、これからの社会主義の理論的可能性の検討にも、発展段階論的考察とあわせ、『資本論』でほぼ確立された経済学の原理論が考察枠組みとして手放せないところとなっている。現代世界の双対的危機が、そのような方法論的反省を要請しているのではなかろうか。
共著、北原勇・伊藤誠・山田鋭夫『現代資本主義をどう視るか』（一九九七年）の企画、出版の過程で当時、青木書店におられた桜井香氏からいちど方法論を書いてみるよう提案をうけ、ほぼ二〇年余おりにふれてはその宿題を考え続けてきた。宿題へのリポートが満足いただけるできばえか否か自信はないが、本書によせられた桜井氏のご協力には心より感謝の意を申し述べておきたい。

二〇一六年八月

著者

目　次

マルクス経済学の方法と現代世界

第一章　マルクスにおける経済学の方法論

マルクスにおける経済学の方法論をめぐって、本章では主著『資本論』の形成過程と、その出版にさいしてのマルクス自身の見解を読みなおし、再検討してみよう。その過程で、われわれはつぎのような諸問題に遭遇することになるであろう。

すなわち、経済学の方法とはなにを論ずるものなのか。マルクス自身は、経済学史のうえであきらかに画期的な方法を開拓していたにもかかわらず、それを説くことにきわめて慎重で、むしろ回避する姿勢さえ示している。それはなぜか。

『資本論』は『経済学批判』を表題として書き始められ、それを副題に残している。それは、他の学派の批判的検討にその方法論的特質が示されることを示唆しているのであろうか。その重要な一面は、社会思想と経済学の理論内容との方法論的関連を問うことにおかれていると思われる。

この論点とも関わるところであるが、もともと経済学は事実上、つねに市場経済を、しかも多くの場合、資本主義市場経済としてのその発達したしくみを考察の主要対象としてきた。そのさい、みずからの考察対象をどのような歴史的現象として自覚的に、とくに社会生活のさまざまな他の組織形態との区別と関連において明確に認識しうるか。

さらにまた、その学問的に正確な認識方法は、どこから始めてどのような理論体系を構成すべきであろうか。それにともない、原理的な体系と現実的具体的分析との区分と関連、あるいはそこに挿入されるべき中間理論の性格はどのようなものであるべきか。さらに理論の展開に用いられるべき論理として、たとえばマルクス自身、ヘーゲルから学んだと述べている弁証法をどのように理解し、取り扱うべきであろうか。

結局、それらの諸論点は、経済学の対象とそれを解明する理論体系の関係を問うことになるのではなかろうか。その根本には内容上、人間とはなにか、社会とはなにか、自然とはなにかが経済生活の原則的基盤として問われるところもある。だが、経済学の方法はまた、すくなくとも経済学の原理的体系、あるいはさらに経済学の全体系と独立に先行して、それのみでは成立しえないものかもしれない。

マルクスが、主著のためにいちどは用意しかけた「経済学の方法」を以下にみてゆくように省略するのも、こうした問題に関わるのではなかろうか。それと同時に、マルクスにおける経済学の方法をどのように理解すべきかは、実は『資本論』の理論に、なにをどう学ぶかに帰着するところが少なくない問題ともなるにちがいない。

I　経済学の対象と方法
――『要綱』の方法論――

1　『要綱』の「序説」

マルクスは、ライフワーク『資本論』に結実してゆく、最初の体系的準備草稿を一八五七―五八年の『経済学批判要綱』（以下『要綱』と略称）として執筆した。七冊のノートから成るその本論部分を一八五七年一〇月から翌一八五八年五月にかけて書きすすめるにさきだち、ノートMに一八五七年八月末、経済学の対象と方法についての包括的な「序説」を述べている。

この「序説」は、1生産一般、2生産、分配、交換および消費の一般的関係、3経済学の方法、4生産諸手段と生産諸関係、生産諸関係と交易諸関係、生産諸関係と交易諸関係とにたいする関係での国家諸形態と意識諸形態、法律諸関係、家族諸関係、という四項目に区分されている①。その全体は、従来の古典派経済学における非歴史的経済理論の制約を批判しつつ、歴史過程としての資本主義経済の特性を理論的に解明するみずからの経済学の方法論的特徴をあきらかにしようとする試みをなしている。このうち4は、掲げられている規定についての、とくに世界史との関連についての八点の簡略な覚え書きから成り、経済的諸関係を先駆的に形成する軍隊の役割や、ある種の芸術の盛期がなぜ特定の歴史社会に対応するのか、といった魅力的な示唆もふくんでいるが、ここでは検討を省略してよいであろう。

まず、「序説」の1の「生産一般」で、マルクスは、スミスやリカードが、自然によって定立された個人としての猟師や漁夫を、歴史の出発点に想定する自然主義を批判し、そのような無邪気さをまぬがれていたジェイムズ・ステュアートを対置することから考察を始め、つぎのように述べている。「歴史を遠くさかのぼればさかのぼるほど、ますます個人は、それゆえまた生産する個人は、自立していないものとして、一つのいっそう大きい全体に属するものとして現れる――初めはまだまったく自然的な仕方で家族のなかに、そして種族にまで拡大された家族のなかに、後には諸種族の対立と融合から生じるさまざまな形態の共同体のなかに現れる」(Marx 1857-58, 訳①二六ページ)。これにくらべ、一八世紀の「市民社会」としてのこれまでではもっとも発展した社会的諸関係のもとで、はじめて「個別化された諸個人の立場」がつくりだされたのである。

個人のありかたと同様に、異なる歴史社会につうずる「生産一般は一つの抽象であるが、しかしそれが共通なものを現実にきわだたせ、確定し、したがってまたわれわれから反復の労を省いてくれるかぎりでは、一つの合理的抽象である」(同上、二八ページ)。しかしまた、その発展による「本質的な差異」を見落としてはならないのであって、たとえば古典派経済学のように、資本は生産用具であり、過去の客体化された労働であるから、資本はひとつの一般的な永久的自然関係である、とみなしてはならない。

J・S・ミル(Mill 1848)が、分配とちがって、生産は歴史から独立の永遠の自然法則であるとする場合にも、ブルジョア的諸関係が、社会一般の自然法則としてそこに「こっそりおしこまれる」こととなっている。他方、ミルの主張に反し、「生産のばあいと同様に分配においても、共通の諸規定を取りだすことは可能であるはずである」(Marx 1857-58, 訳①三一ページ)。たとえば、奴隷も農奴も賃金労働者も生存に必要な生活手段を受けとる。

生産は、ある規定された社会形態のなかでの個人の側からする自然の領有であるとはいえ、そこから私的所有が生ずるとするのはおかしな飛躍であり、歴史はむしろさまざまな共同所有ないし共同体所有を本源的な形態として示している。

続いて2の「生産、分配、交換および消費の一般的関係」では、生産にたいし、その目的ないし終局点をなす消費と、それらの媒介項をなす分配と交換の相互規定関係とがたちいって検討されてゆく。そのさい、分配、交換および消費にたいし、生産がそれらを可能とする現実的出発点であるとともに、生産はそれ自体が消費行為でもあり、生産関係が分配や交換を規定する包括的契機でもあることが強調されている。

そのような検討をすすめるさい、この2では、かならずしもそれと明示されてはいないものの、事実上、しだいにブルジョア社会の経済関係に考察がしぼられていっていると考えられる。というのはここで、資本と土地所有の関係が重視されるとともに、最後に交換と流通が、生産と消費を媒介する関係として取り扱われているためである。

実際、つぎの3「経済学の方法」でも、「交換を共同体のただなかに本源的な構成要素として措定することは、およそまちがいなのである」（同上、五四ページ）と規定しているように、およそ交換と流通を生産と消費の媒介とする社会関係はすぐれて近代資本主義の特徴をなすところであった。

これらをうけて、3では「経済学の方法」が、つぎのように述べられている。よく知られているところであるが、あらためて読みなおしておこう。

「われわれが、あるあたえられた一国を経済学的に考察するばあいには、われわれはその国の人口、その人口の諸階級への配分、都市、農村、海洋、さまざまの生産部門、輸出入、年々の生産と消費、商品価格、等から始める。

実在的なものと具体的なものから、つまり現実的な前提から、したがってたとえば経済学では、社会的生産行為全体の基礎であり主体である人口から始めることが、正しいことであるように見える。しかしこれは、もっとたちって考察してみると、まちがっていることがわかる。人口は、もし私が、たとえばそれを構成している諸階級を除外するなら、一つの抽象である。この諸階級も、もし私が諸階級の基礎となっている諸要素を知っていなければ、これまた空語である。たとえば、賃労働、資本などがそれである。賃労働や資本は、交換、分業、価格などを想定している。たとえば資本は、賃労働がなければ、価値、貨幣、価格がなければ、無である。したがって、もし私が人口から始めるとしても、それは全体としての混沌とした表象であるにすぎず、もっとたちいった規定をあたえることによって、私は分析的にだんだんとより単純な諸概念を見いだすようになろう。表象された具体的なものから、だんだんとより希薄なものに進んでいって、ついには、もっとも単純な諸規定に到達してしまうであろう。そこからこんどは、ふたたび後方への旅が始められるべきであって、最後にふたたび人口に到達するであろう。だがこんどは、全体についての混沌とした表象としての人口にではなく、多くの諸規定と諸関連からなるゆたかな総体としての人口に到達するであろう。第一の道は、経済学がその成立のころに歴史的に歩んできた道である。たとえば一七世紀の経済学者たちはいつも、生きた全体である、人口、国民、国家、いくつもの国家などから始めている。しかし、彼らはいつも分析によって、分業、貨幣、価値などのような、いくつかの規定的な抽象的一般的諸関連を見つけだすことで終わっている。これらの個々の諸契機が多かれ少なかれ確定され抽象されてしまうと、労働、分業、欲求、交換価値のような単純なものから、国家、諸国民の交換、そして世界市場にまで上向していく経済学の体系が始まった。この後の方が、明らかに、学問的に正しい方法である」（同上、四九―五〇ページ）。

2　上向の出発点

ここでマルクスは、経済学の方法が、一七世紀以降における経済学の発達のなかで確立されてきたことをあきらかにしている。そのさい、生きた全体としての国民や国家などから分析をすすめて、抽象的一般的諸契機へと下向的に分析を進展させた後、労働、分業、欲求、交換価値のような単純な諸規定から国家、外国貿易、世界市場に上向してゆく経済学の体系が、学問的に正しい方法として始まった、としている。そこで学問的に正しい方法による経済学の体系として念頭におかれているのは、あきらかにスミス（Smith 1776）やリカード（Ricardo 1817）の古典派経済学の著作であろう(2)。

しかし、そこに開始された正しい学問的な認識の体系化への経済学の歩みが、さらにマルクス自身による経済学の基礎理論の体系的な批判と革新を経て、方法論的に正確にはどのような規定から上向を始め、どのような規定において体系的に総括され終結することになるのか、マルクスとしてもまだここでは十分な見通しをたてていたとは考えられない。そのような観点からみれば、学問的認識の展開の様式としての経済学の方法は、あきらかに経済学の原理的展開の内容に深く関連して考慮されなければならない課題をなしている。

マルクス自身が、後にしあげた『資本論』の理論構成を参照すれば、学問的に正しい上向の出発点をなすべき規定は、生産一般や、労働、分業、欲求、さらにはリカード的な労働にもとづく交換価値の規定とも異なり、資本主義経済の基礎形態（ないし細胞形態）をなす商品におかれなければならない(3)。というのは、この「序説」でも続いて指摘されているように、インカ帝国などにみられたように、労働はもとより、その高度な協業や分業が存在していても、商品交換や貨幣は未発達であるような事例は、共同体的諸社会の内部にも歴史的には稀ではない。生産一般や労働、分業などの規定から商品や貨幣など資本主義の特徴をなす経済システムがかならず生ずる保証はないのである。

他方、商品の「交換は、最初は、一個同一の共同体の内部の成員にたいしてよりは、異なった共同体の相互の関連のなかであらわれてくる」(Marx 1857-58, 訳①五四ページ)のであるが、商品経済の発展はかならず商品相互の関係性の内部に貨幣を成立させ、さらに貨幣の資本としての増殖をめざす商業活動をもたらすことになる。資本主義経済は、そのような商品、貨幣、資本を基本的要素とする市場経済が、封建社会までの共同体諸社会を解体し、徹底した商品経済社会を形成するところに成立する。

ちょうど「人間の解剖が猿の解剖のための一つの鍵である」(同上、五八ページ)ように、もっとも発達した、もっとも多様な、歴史的生産組織であるブルジョア社会の批判的理解によって、諸社会に共通の生産一般の意義や、封建社会、古代社会、東洋社会の経済組織や分配関係の特徴を理解することもできるようになるのである。同時に、資本主義にさきだつ諸社会の周辺に発達する商品経済の諸形態の意義や内的関連もまた、発達した資本主義市場経済を主要な考察の対象とする経済学の理論的体系を考察の基準とし、手がかりとして、はじめて明確にされうる関係にある。

こうしたことをマルクスは、すでにほぼあきらかにしていながら、正しい経済学の方法をなす学問的認識の上向の出発点を、諸社会に共通の生産一般や、労働、分業、欲求などに求めるべきか、あるいは市場経済の基本形態におくべきか、さらにまた市場経済の基本形態は「交換価値」でよいのかどうか、理論的に十分確定したうえでこの「序説」を書いてはいないのである。宇野弘蔵が『経済原論』(上巻、一九五〇)の「序論」で、この『要綱』の方法論に関説して強調していたように、『資本論』がその理論体系の出発点を、資本主義的社会の富の基本形態としての商品の規定においたことは、それと対比してみると、「唯一の正しい出発点」を明確にするものとなっているといえよう。

それは、市場経済を形成する商品、貨幣、資本の諸形態の内的関連をその発端において明示し、共同体的諸社会にたいし、市場経済を社会内部の基本的組織原理とする資本主義の経済システムの本来的特性を学問的に解明する出発点を明確にする意義をもっていた。

3 マルクスの執筆プランの意義と問題点

「経済学の方法」と題された『要綱』「序説」の3の最後は、つぎのような篇別構成の執筆プランでしめくくられている。すなわち、①一般的抽象的諸規定、したがってそれらは、右に説明した意味で多かれ少なかれすべての社会形態につうじる。②ブルジョア社会の内的編成をなし、また基本的諸階級がその上に存立している諸範疇。資本、賃労働、土地所有。それらの相互の関連。都市と農村。三大階級。これら階級間の交換。流通。信用制度(私的)。③ブルジョア社会の国家の形態での総括。……租税。国債。公信用。人口。植民地。移住。④生産の国際的関係。国際分業。国際的交換。輸出入。為替相場。⑤世界市場と恐慌。

これら五諸項目のうち、①についてはすでに検討したように、多かれ少なかれすべての社会諸形態につうじる一般的諸規定の内容には、なお不明確なところが残されていた。それは、諸社会の経済生活の原則的基礎をなす労働や、分業などをさすのか、あるいは資本主義に先行する諸社会にも周辺的にみられた商品経済の基本形態を規定するところとなるのか。『資本論』では、労働過程としての諸社会の経済生活につうじる原則的規定は、その理論体系の冒頭においてではなく、商品、貨幣、資本といった市場経済を構成する形態規定の展開の後に、資本の生産過程の考察に入って、その最初にとりあげる構成がとられるにいたる。それは、理論体系の出発点に資本主義経済の基本をなす商品の規定がはっきりとおかれるようになったことに対応する取り扱いにほかならない。

他方、さきの上向法による経済学の体系の帰結は、どのように予定されていたか。②における資本、賃労働、土地所有を基礎とする三大階級からなる「ブルジョア社会」の内部編成の考察を経て、③では具体的規定を加えられた住民からなる国家の形態での総括と、国家の財政、金融の役割、さらに④諸国民の分業や交換関係の考察をへて、⑤世界市場と恐慌の考察にいたる、雄大な執筆構想が想定されていたことになる。それらの諸項目は、『要綱』に続き執筆出版された『経済学批判（第一分冊）』(Marx 1859)の「序言」冒頭では、「資本、土地所有、賃労働。国家、外国貿易、世界市場。」と簡潔にまとめられている。そこでは、はじめの三項目でピリオドがうたれ、そこで近代ブルジョア社会の三大階級の経済的生活条件を研究する、と述べられ、あとの三項目の関連は一見してあきらかである、とされている。それゆえマルクスの執筆プランは、前半体系と後半体系とにわかれるとみてよい。
その構想は、スミスの『国富論』やリカードの『経済学および課税の原理』が、内容上、資本家、賃労働者、および土地所有者からなる近代社会の三大階級の経済的基礎を理論的に考察した後に、国家の公的役割の意義やその基礎となる租税論を展開している構成を継承しつつ、その体系的で批判的な発展をめざすものと解釈することもできる。
そのような大規模な執筆プランのもとで、マルクスはそのころ「資本」の項を、さらに資本一般、競争、信用、株式資本といった構成で展開する構想をも示していた。この構想にてらしてみれば、『要綱』の理論内容は、あきらかに資本の競争を介しての生産価格の規定や信用論の展開を欠く「資本一般」の範囲にとどめられていた。④
『資本論』でも、マルクスは、「競争の現実の運動」「信用制度とその諸用具との詳細な分析」、さらには「賃労働の特殊理論」「土地所有のさまざまな歴史的形態」などはその著作の計画の圏外にあると述べて、「資本主義的生産様式の内的組織をその理想的平均において叙述する」(Marx 1894, 訳(8)三五七ページ)という「資本一般」的な課題の限定をいぜん示しているところがある。しかし、『要綱』にくらべれば、『資本論』の理論構成は、諸資本の競争をつうずる剰余価値の具体的分配諸形態を体系的に展開し、その一環として信用制度の基本的機能をあきらかにし、さらに資本主義的地代と土地所有の原理を解明するものとなっている。それにさきだち剰余価値生産の基礎としての賃労働の規定も明確にしているうえ、『資本論』は、資本の蓄積過程、諸資本の競争と利潤率の動態、信用制度をつうずる貨幣資本と現実資本の対抗的運動の解明により、「理想的平均」にとどまらない資本主義経済の景気循環と恐慌の原理にも体系的にたちいった考察を加えている。それゆえ、『資本論』の理論体系は、事実上、当初の著述プランにおける「資本一般」の範囲を大きくこえて、競争、信用をふくむ「資本」の項の全体、さらに賃労働、土地所有の資本主義的原理を、しかもたんなる「理想的平均」にとどまらない資本蓄積の動態とあわせて解明するところとなっていると読むことができる。

そのような『資本論』の理論体系からふりかえってみれば、学問的に正しい方法とされている、抽象的で単純な諸契機からの上向がどのような内容と理論体系をもっておこなわれるかも、『要綱』執筆段階ではまだ十分な見通しが確定されていたとは思えない。

すなわち、第一に、その当時マルクスがなお古典派経済学にかなりの程度依拠して考えていた執筆プランと異なり、資本の原理的規定は、『要綱』の「資本一般」の範囲のみではおさまらず、その外部に予定していた競争、信用、さらにおそらくは株式資本の規定まで展開されなければ体系的に完結しない性質があり、そこには静態的な理想的平均にとどまらない資本蓄積の動態や景気循環と恐慌の理論も、資本主義経済における内的矛盾の展開の原理的解明としてふくみ込まれてくることとならざるをえない。賃労働と土地所有の資本主義的原理も、そのような資本の運動原理の展開のうちに体系的に与えられるのであって、それとは別に独自の原理的規定をそれぞれに展開しうるものではなかった。

しかし同時に第二に、『資本論』のような資本主義経済の原理的体系は、国家、外国貿易、世界市場へ同じ理論次元で展開されてゆくものでもなかった。『資本論』の経済学の理論的体系の完結性は、もともと資本主義市場経済が、基本的には国家の役割から相対的に独立している無政府的市場経済の自律的運動を基本として展開される性質を反映し、その経済過程の原理が、執筆プランの後半体系の国家、外国貿易、世界市場から研究次元として区分されうることを事実上示すものとなっている。『要綱』執筆当時のプランにおけるこれらのいわゆる後半体系は、そのことからみれば、商品経済による資本の運動が自律的に展開される原理に規定される、資本主義一般につうじる国家やその役割の原理を、その経済システムの原理から直接に導けるとはいえない。『要綱』当時のマルクスは、『資本論』の理論体系の完結性を十分にみとおしていたとはいえないし、その完結性との関連で、当初の執筆プランにあらためてたちもどって検討を加えることもなかった。

もっとも、あるいは資本主義経済の原理論に対応するような抽象次元において、近代市民社会における国家の公的諸機能の基本原理として、官僚や軍隊も租税や公信用による貨幣賃金で維持されなければならず、その基本政策が支配的諸資本の利害に動かされやすい階級国家としての性質をもちながら、自由、平等、人権を尊重する法治国家とならざるをえない側面も有し、そこに矛盾もはらみつつ、資本が直接に十分に担えない経済生活上のニーズをさまざまな範囲と程度において公的に補う諸機能などを、国家論として整理検討してみることもできるかもしれない。さらに外国貿易についてのリカードによる比較生産費説などのように、原理的価値論の応用問題として検討してみるに値する論点もありうる。国際貿易や為替取引、国際通貨・信用制度についても同様の問題がないとはいいきれない。

とはいえ、国家、外国貿易、世界市場の研究は、むしろ資本主義の原理的体系を考察基準としつつ、主としてより具体的な生産力の発展段階、指導的な産業と支配的な資本の性質の変化やそれを先進的に実現する国家とその他の諸国との世界市場での関係性に応じて、世界史的に変化する諸側面を重視し、次章でみてゆく宇野弘蔵の方法論における資本主義の世界史的発展段階論ないし現状分析において解明されるべき課題をなすのではなかろうか。たとえば国家の主要な経済政策の歴史的意義と役割も、資本主義一般につうじる国家の機能としては理解も研究もされにくい。むしろ経済学の原理論にもとづき、より具体的、現実的な史実にそくして資本主義の発展段階論、ないしは一国分析として研究するほうが、内容的に豊かで無理のない成果をあげうるのではないかと考えられる。

それに対応して、第三に、資本と賃労働、さらには土地所有についても、資本主義の発展に応じて、あるいは異なる国によって、その歴史的具体的な制度的・文化的特質や産業技術の展開との関連、あるいは制度的・文化的な特性を変化させてきている側面については、やはり『資本論』のような経済学の抽象的な原理論を考察の基礎としながら、研究次元の異なる段階論ないしは現状分析において考察されるべき興味ある課題をなしているとみなければならない。

そこで、さきの「経済学の方法」における上向法は、資本、賃労働、土地所有のブルジョア社会の内的編成をまず原理的に展開した後に、後半体系としては国家、外国貿易、世界市場だけを扱えばよいと分離的にのみ解釈されてはならない。この点も、『要綱』の「経済学の方法」におけるマルクスの上向法は明確にしていたとはいえないのであるが、資本の運動の体系としてあらわれるブルジョア社会の経済関係の原理的考察をもとに、それとは異なる歴史的具体性をもって、資本、賃労働、土地所有の現実的展開についても、国家、外国貿易、世界市場との相互関係との関連においてあらためて解明しなければならないより具体的研究次元が必要とされるわけである。

市場経済を構成する経済的諸形態についても、たとえば、貨幣の存在様式や機能なども、その点では同様に、資本主義の発展にともなう歴史的変化の一面として、国家の役割をも入れて具体的に解明されなければならない。プラン後半体系の国家、外国貿易、世界市場は、そのような前半体系のより現実的展開と密接に関係する事象として研究されなければならないわけである。

最近、世界的に関心を集めている進化経済学や途上諸国のいわゆる開発経済学の問題構制は、古典派経済学の普遍的理論が実は自由貿易による先進国の利得擁護に役立つ一面に反発し、各国経済の発展段階の相違やそれぞれの文化的、制度的特質やそれにそくした経済政策の役割を強調した、歴史学派や制度学派の接近方法(5)を現代的に復活させているところもあるが、マルクスによる経済学の研究のうえでは、内容的にはこうした段階論、現状分析の問題領域の重要性を方法論的に再認識させるところともいえる。

II　唯物史観と経済学
──『経済学批判』の「序言」──

1　方法論の省略

マルクスは、主著『資本論』への最初の草稿にあたる『要綱』を執筆した後に、主著を分冊の形式で出版する企画をたてて、その第一分冊として『経済学批判（第一分冊）』を一八五九年に出版している。その冒頭におかれている「序言」において、周知のように、唯物史観の簡潔な定式化を示している。しかし、その定式化は、かならずしも経済学の方法論を示すという文脈におかれているわけではない。

すなわち、「序言」はまず、『要綱』当時の執筆プランを継承し、さきにもみたように、ブルジョア経済の体制を「資本、土地所有、賃労働。国家、外国貿易、世界市場」という順序で考察する予定を示している。ついで、資本を扱う第一巻の第一部は、①商品、②貨幣または単純流通、③資本一般から成り、そのはじめの二章が本書『経済学批判（第一分冊）』の内容をなしている、とする。それに続き、前節でみた「経済学の方法」をふくむ「ざっと書きおえた一般的序説を、わたしはさしひかえることとする。というのは、よく考えてみると、これから証明してゆこうとする結論を先回りして述べるようなことは何でもじゃまになるように思われるし、それにいやしくもわたくしについてこようとする読者は、個別的なものから一般的なものへとよじのぼってゆく覚悟をきめなければならないからである。」（Marx 1859, 訳一一ページ）と述べている。

こうして、マルクスの主著は、その理論展開に先行する方法論を、最初の草稿では準備していながら、結局は不要で、むしろじゃまなものとみなして、分冊で公刊し始めるさいには省略したわけである。その方針は、『資本論』にかけても踏襲されているとみてよい。それゆえ、マルクスの主著の理論内容は、それを支える方法論に依拠せずに展開されるものとして理解するよう期待されることとなっているといえよう。

それは、『要綱』の「序説」で示されていたような、ブルジョア的経済関係を自然視する古典派経済学への批判や、歴史的諸社会をつうずる生産一般や分配上の原則、あるいはさらにある国の具体的な人口ないし住民から単純な諸規定に到達した後に、その単純な諸規定からはじまり多くの諸規定と諸関連からなるゆたかな総体としての人口ないし住民の認識に上向してゆく経済学の学問的に「正しい方法」も、むしろ経済学の理論展開をつうじて内容的にあきらかにされるべきこととみなされたためではないかと思われる。

たしかに『要綱』であらかじめ示されたような一般的「序説」やそこにふくまれていた経済学の方法は、形而上学的で先験的な諸命題とせずに、その学問的根拠を問われれば、まさに経済学の理論展開の内容によって開示され、検証されるほかにはないところであろう。一般に経済学の方法論が経済理論の展開やそれにもとづく実証研究から独立には成り立ちにくいことがそこに示唆されているともいえる。⑥

2　唯物史観の定式化

「経済学の方法」をふくむ一般的序説を省略することとしたマルクスは、『経済学批判』の「序言」で、それに代えてみずからの「経済学研究の経過について」簡潔にふりかえってつぎのように述べている。

すなわち、大学での専攻学科は法学であったが、むしろ哲学と歴史を主に研究した後に、二三歳から二四歳にかけて『ライン新聞』の主筆となった。しかし、その間、(フォイエルバッハらのヘーゲル左派の見地によるヒューマニズムの観点では)森林盗伐問題のような物質的利害問題やフランス社会主義思潮などの取り扱いに困惑を感じ、書斎にしりぞいた。そしてヘーゲル法哲学の批判的検討から疑問の解決をくわだて、それをつうじ、法的諸関係および国家諸形態は、いわゆる人間精神の一般的発展から理解されるものではなく、経済学によって解明されるブルジョア社会の物質的生活諸関係に根ざしている、という結論をえて、さらに経済学の研究を続けた。その結果、「わたくしにとってあきらかとなり、そしてひとたびこれをえてからはわたくしの研究にとって導きの糸として役立った一般的結論」として、ほぼつぎのような唯物史観の定式を示す。三つに区分して読んでおこう。

すなわち、①「人間は、その生活の社会的生産において、一定の、必然的な、かれらの意志から独立した諸関係を、つまりかれらの物質的生産諸力の一定の発展段階に対応する生産諸関係を、とりむすぶ。この生産諸関係の総体は社会の経済的機構を形づくっており、これが現実の土台となって、そのうえに、法律的、政治的上部構造がそびえたち、また、一定の社会的意識諸形態は、この現実の土台に対応している。物質的生活の生産様式は、社会的、政治的、精神的生活諸過程一般を制約する。人間の意識がその存在を規定するのではなくて、逆に、人間の社会的存在がその意識を規定するのである。」

②「社会の物質的生産諸力は、その発展がある段階にたっすると、いままでそれがそのなかで動いてきた既存の生産諸関係、あるいはその法的表現にすぎない所有諸関係と矛盾するようになる。これらの諸関係は、生産諸力の発展諸形態からその桎梏へと一変する。このとき社会革命の時期がはじまるのである。経済的基礎の変化につれて、巨大な上部構造全体が、徐々にせよ急激にせよ、くつがえる。……」

③「大ざっぱにいって、経済社会構成が進歩してゆく段階として、アジア的、古代的、封建的、および近代ブルジョア的生産様式をあげることができる。ブルジョア的生産諸関係は、社会的生産過程の敵対的な、といっても個人的な敵対の意味ではなく、諸個人の社会的生活諸条件から生じてくる敵対という意味での敵対的な、形態の最後のものである。しかし、ブルジョア社会の胎内で発展しつつある生産諸力は、同時にこの敵対関係の解決のための物質的諸条件をもつくりだす。だからこの社会

構成をもって、人間社会の前史はおわりをつげるのである。」(Marx 1859, 訳 一三―一五ページ)。

このうち①では、社会構成の経済的下部構造と上部構造の区分と関連が示され、ついで②では、そのような社会諸関係の革命的変化の論理が説かれ、最後に③では、世界史的にみた経済社会構成の発展諸段階についての総括的概観が示されている。これら三点をつうじ、ヘーゲルが絶対精神の自己展開として総括していた法哲学や歴史哲学に批判的に対置される、強力な唯物論的歴史観が提示されている。

マルクスは、こうした唯物史観を、すでに一八四五―四六年にエンゲルスと共同で執筆した『ドイツ・イデオロギー』におけるフォイエルバッハをはじめとするヘーゲル以降のドイツの思想家たちへの批判をつうじて形成し、翌一八四七年には『哲学の貧困』においてプルードン批判の形で公表していた。続いてエンゲルスとの共著『共産党宣言』(一八四八)では、まさにこうした史観によってブルジョア社会の発生、発展、止揚の必然性を、階級闘争の歴史としての人類前史の最終局面として示していた。それらにも示されているように、唯物史観はまた、梅本克己(一九六七)も指摘していたように、資本主義を自然で理想的な社会とみなすブルジョア思想やその制約のもとにある古典派経済学の観点をこえて、資本主義にいたる階級社会の歴史をおわらせようとする社会主義思想の観点からの歴史の総括としての側面をも有している。(7)

このような歴史観を「導きの糸」とすることによって、マルクスの経済学は、資本主義経済を自然的自由の秩序とみなす古典派経済学の思想的制約をこえて、資本主義市場経済の歴史的特質を理論的に解明する独自の批判的体系を形成することとなったのである。

3 唯物史観と経済学の方法

そこで、かつてのソ連型マルクス主義では、マルクスは、ヘーゲルらの観念哲学を唯物論に転倒させ、ついでこの認識論を歴史に適用して唯物史観を形成し、さらにこの唯物史観を資本主義に適用して『資本論』の経済学を構成したと解説していた。[8] そのようにみるならば、唯物論的認識論とそれにもとづく唯物史観がマルクスの経済学にとっての方法論とみなされてよいことになろう。しかし、マルクスは、むしろ経済学の方法をふくむ一般的序説をいちどは『要綱』で準備しながら、それをしあげることはやめて、この唯物史観をみずからの経済学の研究に役立った「導きの糸」として紹介するにとどめている。『資本論』の執筆と初版出版にさいしても、マルクスは、その理論展開に前提される経済学の方法論としては、唯物史観を述べてはいないのである。[9] なぜであろうか。

第一に、経済学の方法としてマルクスがさきにスケッチしていた内容は、ブルジョア社会の現実的な表象から下降して抽象的な諸規定に下降してゆく分析を前提に、そこから上向してゆく経済学の方法であって、その考察の対象が資本主義社会の経済過程にほぼ限定されていた。これにくらべ、唯物史観は人類史の全体を要約する史観をなしており、その取り扱う範囲が大きく異なっている。

マルクスの社会主義イデオロギーないし社会主義思想、それと密接な関連を有する唯物史観としての人類史の総括は、たしかにマルクスの経済学が資本主義経済の歴史性を理論的にあきらかにする特性をともなって形成されるうえで、「導きの糸」として役立ったにちがいないにせよ、それらは経済学の理論内容やその展開を支える方法論とは性質が異なっている。それら相互の関連は重要で興味深い問題をなしているが、マルクスの社会主義思想、唯物史観、および経済理論の三者は、それぞれに相対的に独立の課題と意義を有しているとみなければならないであろう。

第二に、唯物史観は人類史の総括であるだけに、膨大な人類史の全体との関係において多かれ少なかれ仮説的な史観としての性質を認めざるをえない。その正確な論拠を人類史の全体にわたって検証することはほとんど不可能に近いのではなかろうか。したがって、唯物史観を経済学の方法とするならば、経済学は正確な論証が困難な仮説的史観に依拠する研究となり、その根本に学問的に不確かな基礎をもつことになりかねない。

他方で、マルクスは、みずからの唯物史観が、ブルジョア社会の解剖としての経済学研究をすすめる過程でえられたものであると述べている。実際、社会を構成する経済的下部構造が上部構造を規定する独自の発展性を有し、生産諸力と生産諸関係の対応、矛盾の動態がその発展の基礎をなしているといった唯物史観の認識は、まさに資本主義社会における経済過程が、政治的、法律的な社会の上部構造から相対的に独立して運動し、政治や法律の変化を規定する性質を有することをめぐる、経済学による考察が重要な契機となり、さらには論拠となって成立したのではないかと考えられる。

そのことからすすんでいえば、唯物史観は、宇野弘蔵（一九六二、Ⅲの二）が強調していたように、むしろ経済学を学問的論拠とすることにより、科学的研究にもとづく独特な歴史観をなしているといえる。唯物史観は、通常の解釈と異なり、経済学の理論展開を直接に支える方法論的基礎をなすものではなく、むしろ逆に社会科学としての経済学によってその推論の根拠を与えられる、学問的仮説としての史観をなしているのではないか、と考えられるわけである。そして、さらにそのようなマルクスの唯物史観と経済学に支えられている思想として、マルクスの社会主義は科学的社会主義の思想をなすともいえるのである。

第三に、『資本論』に結実してゆくマルクスの経済学の理論内容は、その考察の対象となる資本主義経済の自律的な運動にもとづき、客観的な事実と論理にしたがって学問的に確定されてゆく性質を有し、それに先行するなんらかの方法論によって支えられたり、内容を保証される必要があるものではない。そこで、資本主義経済を自然的秩序とみなす思想的制約のもとに、理神論を信奉していたスミスや功利主義思想によっていたリカードの経済学も、それにさきだつ重商主義や重農学派の経済理論も、資本主義経済の内的連関に考察をすすめていたかぎりでは、マルクスの経済学に継承され活かされることになる（伊藤 二〇一五）。

むろんそのさい、マルクスの社会主義思想や唯物史観は、古典派経済学やそれに先行する経済理論の思想的制約を批判的に克服し、彼らの理論を発展的に継承するうえで、重要な「導きの糸」としての媒介的役割を果たした。とはいえ、マルクスの思想や史観は、それ自身で正確な経済理論の深化や展開を保証するものでもなかった。すでに一八四〇年代半ばに初期社会主義の空想性を脱して、資本主義の発展をつうじ労働者階級の自己解放の条件が成熟するとする科学的社会主義の思想の基本を確立し、それと関連して唯物史観を形成していたマルクスが、その後一八五〇年代以降の後半生をかけて経済学の原理的体系の批判的再構築に取り組まざるをえなかったのも、そのことを物語っている。

その成果としての『資本論』の経済学は、その学問的な認識の体系において、マルクスの思想や史観に賛成するからただちに理解できるともいえないし、逆に思想や史観においてマルクスに反対だからといってただちに否定できるような性質のものではない。あくまで学問的な認識として、客観的な事実と論理にしたがって、その正否を問わなければならない理論体系をなしている。

したがってまた、その理論展開に不十分なところや不備があれば、科学的な認識の問題として、それらは補正されなければならない。そのことはマルクスの社会主義思想や史観に修正を加えることにはかならずしもならない。むしろマルクスの思想や史観の学問的論拠を適切に強化する意味をもちうることも少なくない。要するに『資本論』の経済学は、マルクスの思想や史観に無縁なものではないにせよ、それらに方法論的に支えられた体系ではなく、資本主義市場経済について、あくまで客観的で学問的な理論としての認識をめざす課題にあてられているとみなければならない。

ほぼこのような三点は、いずれも宇野弘蔵による思想と科学、唯物史観と経済学についての方法論的整理にならった解釈であるが、マルクスがみずからの唯物史観を「導きの糸」として紹介するにとどめ、準備しかけていた「経済学の方法」をふくむ一般的序説を省いたことに、むしろ十分な方法論的意味があることを推測させるところでもある。もっとも、マルクス自身はこの点で、さほど明確な整理をつけていたわけではなかったかもしれない。主著『資本論』においてその序文やあとがきで、マルクスがどのようにその方法に関説しているかをめぐり、その点をさらに検討してみよう。

III　商品の分析方法と『資本論』の抽象の基礎
——第一巻初版の「序文」——

1　商品形態の抽象と分析の方法

マルクスは『資本論』の第一巻の初版を一八六七年に出版し、その第二版を一八七三年に出版している。前者初版の「序文」と後者第二版の「後記」とが、マルクス自身により書き残されており、それぞれにこの著作の方法論にふれているところがある。(10)

まず初版の「序文」をみておこう。マルクスは、その冒頭で、この著作が一八五九年の『経済学批判(第一分冊)』の内容を第一巻第一章(第二版以後は第一篇)に要約し、その続きをなすものであることをあきらかにしている。ついでつぎのように述べてゆく。すなわち、なにごともはじめが困難だということは、どの科学の場合にもいえる。それゆえ、商品の分析にあてられる第一章の理解が最大の困難となるであろう。[11] ことに「貨幣形態をその完成形態とする価値形態は、非常に無内容で簡単である。それにもかかわらず、人間精神は二〇〇〇年以上もまえから空しくその解明に努めてきたのであり、しかも他方では、これよりずっと内容の豊富な複雑な諸形態の分析に、少なくともだいたいのところまでは、成功したのである。なぜだろうか？　成育した身体は身体細胞よりも研究しやすいからである。そのうえ、経済的諸形態の分析では、顕微鏡も科学的試薬も役にはたたない。抽象力がこの両方の代わりをしなければならない。ところが、ブルジョア社会にとっては、労働生産物の商品形態または商品の価値形態が経済的細胞形態なのである。」(Marx 1867, 訳(1)二二ページ)。

ここで提示されているブルジョア社会の経済的細胞形態が商品形態であるという認識は、本文冒頭の「資本主義的生産様式が支配的な社会の富は『膨大な商品集積』としてあらわれ、個々の商品は、その富の基本形態としてあらわれる。それゆえ、われわれの研究は商品の分析からはじまる。」(同上、七一ページ)という重要な命題に直接つらなっている。こうした規定を与えることができるのは、「序文」でいうように、顕微鏡や試薬でありえないことはあきらかであるが、経済学では「抽象力」がそれらに代わるというだけでは、おそらく十分ではないであろう。

いくらか立ち入って考えれば、問題は二重になる。すなわち、第一に、資本主義社会の富の「経済的細胞形態」として商品を取りだす操作は、どのような論拠による抽象なのであろうか。第二に、商品の基本的規定から貨幣形態にいたる商品の価値形態の分析は、基本形態として商品を抽出するのとおなじ性質の抽象作用とみなされてよいのであろうか。とくに、「人間精神が二〇〇〇年以上もまえから」謎として解明を試みてきた貨幣形態を導く商品形態の意義が、従来十分に分析されえなかったのはなぜか。たんに「抽象力」の不足によるとするのでは、人間精神の作用や発展も社会的諸関係の、とくに経済生活の発展に規定されることを重視するマルクスにふさわしくないであろう。

2 『資本論』の抽象の基礎

マルクスは、こうした問題をさらに追究することなく、「序文」では『資本論』について方法論的により重要と思われるつぎのような注意を与えている。すなわち、

「物理学者は、自然過程を観察するにさいしては、それがもっとも内容の充実した形態で、しかも攪乱的な影響によって不純にされることが最も少ない状態で観察するか、または、もし可能ならば、過程の純粋な進行を保証する諸条件のもとで実験をおこなう。この著作で私が研究しなければならないのは、資本主義的生産様式であり、これに対応する生産関係と交易関係である。その典型的な場所は、今日までのところでは、イギリスである。これこそは、イギリスが私の理論的展開の主要な例証とし

て役立つことの理由なのである。」(同上、二三ページ)。

これに続いて、「産業の発展のより高い国は、その発展のより低い国に、ただその国自身の未来の姿を示しているだけである。」として、ドイツの読者に「ひとごとではない」と警告するとともに、ドイツでは多くの時代おくれの生産諸関係や政治諸関係による窮迫も、資本主義的生産様式の後発的発展とあわせて困難を与えている、としている。

いずれにしても、この「序文」では、資本主義的生産様式と、これに対応する生産関係と交易関係に支配されている「近代社会の経済的運動法則をあきらかにすることがこの著作の最終目的である」ことが明確にされると同時に、その課題にそって、資本主義社会の経済過程がもっとも内容の充実した、しかも攪乱的影響の少ない、できればその純粋な進行を保証する諸条件のもとで考察されることが望ましいことを、物理学を例としつつ示唆する。そして、その当時まではイギリスが、資本主義経済の典型的な場所だから、みずからの理論展開の主要例解としてイギリスが役立つ、と述べている。

物理学では、観察する自然過程が「もっとも内容の充実した形態で」あらわれることを想定しているのかどうか、あるいはどのような場合にそのような想定がおこなわれるのか、私には定かではない。しかし、経済学の理論的研究にとっては、たしかに考察の対象とする資本主義社会の経済過程が、まずイギリスにおいて内容の充実した典型的な形態で、しかもドイツに残されていたような古い生産諸関係や政治諸関係を先進的に脱して、しだいに純粋な自律的運動を示すようになっていた歴史的経緯が、きわめて重要な方法論的基盤をなしていたといえるであろう。その点では経済学には、おそらく物理学とは異なる方法論的基礎があるのではなかろうか。それとともに、経済学の基礎をなす「抽象力」も、実はこうした歴史的基礎から近代社会のなかで、はじめて成立し有効に働く性質を有しているのではなかろうか。

その意味では、イギリスにおける資本主義の発展は、マルクスの経済学の理論展開に「主要な例解」として役立つにとどまらず、その理論展開自身を支える抽象の基礎をなしているとみるべきであろう。宇野弘蔵（一九五〇、一九六四）が、『資本論』を経済学の原理論として整備するさいに、イギリスにおける資本主義の歴史的発展傾向を延長して、純粋の資本主義社会を想定し、そこにくりかえされる運動法則を解明する方法を強調したのは、そのような省察によるものであったと思われる。

他方、経済学の基礎理論の抽象的な展開にたいし、その「主要な例証」とされ、あるいはむしろ抽象の歴史的基盤を提供すると考えられる、イギリスにおける資本主義の現実的発展についても、さらには時代おくれの社会的諸関係をともなう伝来的生産諸関係をなお広く残しているドイツの経済生活についてはなおさら、それぞれの国家、外国貿易の特性や世界市場編成にたいする位相とあわせて、経済学の基礎理論のみではとても十分には扱いきれない、より具体的な歴史的諸側面も多分にふくまれているとみなければならないであろう。そのような諸側面は、経済学の基礎理論を考察基準としながら、それとは研究次元を異にする資本主義の発展段階論ないし現状分析を必要とするにちがいない。「産業の発展のより高い国は、その発展のより低い国に、ただその国自身の未来の姿を示している」とだけいえるかどうかも、その後の歴史的経緯にてらしてみると疑問が残るところである。

そのような問題をふくめて、経済学の基礎理論の展開と資本主義の歴史的発展の具体的・現実的研究との区分と関連は、マルクスがまだ意識的に十分定式化していない問題領域として残されていたといわなければならない。『経済学批判』の「序言」でも示していた、マルクスの当初の著述プランとの関連が、『資本論』の「序文」では省かれていることも、そのプランのことに後半体系をふくむ研究と『資本論』の経済理論との研究次元の差異と関連について、すでに本章である程度論究してきたように、同じ抽象次元での理論的展開の延長上では扱えないような、現実的で具体的研究を要する諸問題があることへの配慮によるのかもしれない。しかし、マルクスの意図をそこまで推測することはゆきすぎになるおそれも大きい。

いずれにしても、『資本論』の理論体系がある完結性をもって完成されたことから、ふりかえってマルクス自身が当初予定していた執筆プランの全体が、どのような組み替えを要することになるのか、マルクス自身は、これをあらためて検討してはいないのであり、方法論上、われわれに大きな宿題が残されたとみなければならない。

さらに、イギリスにおける資本主義の発展に、資本主義の経済理論の展開を支える重要な例解なり、あるいは抽象基盤を認めるとしても、そこからどのような意味で、資本主義社会の経済的細胞形態としての商品形態なり、その価値形態の展開を導く「抽象力」までえられることになるのであろうか。アリストテレス以来二〇〇〇年間にわたる貨幣形態の謎の解明が、ついに解きあかされるのはどのような歴史的社会的変化にもとづくのであろうか。『資本論』の「序文」は、これらの問題をもわれわれに残している。

実際、『資本論』の第一章第三節における価値形態論でマルクスは、アリストテレスが「五台の寝台＝一軒の家」ということは「五台の寝台＝ある額の貨幣」ということと違わないと述べ、「交換は同等性なしにはありえないが、同等性はまた通約性なしにはありえない」と述べていることを、天才的洞察としている。しかしそれに続き、アリストテレスが、その同等性または通約性を商品価値の実体としての同等な人間労働に還元しえないまま、質的に異なる諸物の通約は「ほんとうは不可能」で「実際上の必要のための応急措置」でしかない、としているのは、奴隷労働にもとづき人間やその労働力の不等性を確信していたギリシャ社会による限界を示すところであった、と述べる。そのうえで、価値表現の秘密としての同等な人間労働としての価値の実体が解読されるようになるのは、人間の同等性の概念が民衆の常識となる時代を待たなければならなかった、と述べている(Marx 1867, 訳(1)一一二―一一五ページ)。これは、理論的「抽象力」の社会的基盤をめぐるさきの問題点にとっても重要な認識であろう。

しかし、この対話におけるマルクスは、アリストテレスが労働価値説に到達しえなかった理由をその社会的基盤との関係であきらかにしている反面で、さらに労働価値説に依拠していた古典派経済学が、その理論体系の発端を正確に商品形態に抽象しえず、商品の価値形態の分析により貨幣形態の成立の論理をあきらかにしえなかった理由は追究していない。

その点では、マルクス(同上、一四九―一五〇ページ)が、古典派経済学の「根本的欠陥のひとつ」として、ブルジョア的生産様式を社会的生産の永遠の自然形態と見誤り、それにともない「必然的にまた、価値形態の、したがって商品形態の、さらに発展しては貨幣形態や資本形態などの独自性をも見そこなうことになる」としている批判が重要であろう。リカードにいたる古典派経済学は、一九世紀における資本主義経済の現実的確立・発展にさきだち、商品経済社会をなお予定調和をもたらす自然的秩序とみなして理想化していた。これにたいし、産業革命後のその現実的発展が、周期的恐慌や労働者階級の困難をつうじて、マルクスに資本主義の歴史的特性についての理論的認識を可能にする社会的基盤を与えたとみるべきではなかろうか。とくに恐慌時に生ずる商品の全面的な販売不能、全商品にたいする貨幣の直接的交換可能性の独占性の顕在化は、商品形態のなかから成立する貨幣形態さらには資本形態の、自然的で調和的経済関係ではありえない、歴史的特性を謎として理論的に解明すべき課題を鮮明に提示し、その根源を問う「抽象力」を要請する基礎をなしていたといえよう。それと同時に、古典派経済学とは異なる、確立された資本主義の自律的で、しかも周期的恐慌に発現する矛盾した法則的運動に、社会的基盤をおいて、古典派経済学の自然主義的思想の制約をのりこえうる「導きの糸」として、人類史上での資本主義の歴史的特質と限界を洞察する唯物史観や社会主義思想も整えられ、それらがあわせてマルクスにおける経済学の発端としての商品論に必要とされる「抽象力」を、アリストテレス以来の思想家や古典派経済学の理論家にくらべ、鋭利にする役割を果たしていたとみてよい。

マルクスには、こうした文脈において、みずからの経済学の発端における商品論、とりわけその価値形態論に必要とされる「抽象力」の歴史的基盤をさらに自覚的にあきらかにする余地があったのではないかと思われる。[12]

Ⅳ　マルクスにおける弁証法と経済学
――『資本論』第一巻「第二版後記」――

1　階級闘争との関係と現実的弁証法

一八七三年の『資本論』第一巻「第二版後記」は、これらの論点に直接ふれてはいないが、初版に加えられた変更を、価値形態論の取り扱いなどをふくめて述べた後に、ほぼつぎのような二つの論点で、『資本論』の特徴的方法について追加的に述べている。

すなわち、第一に、資本主義的秩序を社会的生産の絶対的で最終的形態と考えるかぎり、経済学が科学でありうるのは、階級闘争がまだ潜在的であるか個別的現象にとどまるあいだだけのことである。イギリス古典派経済学がその例をなしているが、その最後の偉大な代表者リカードが近代社会における三大階級の利益の対立を研究の跳躍点とするにいたり、こえがたい限界に達した。そこで、一八四八年の大陸の革命がイギリスにはね返ったとき、支配階級の追従者以上であろうとし、科学的意義を主張しようとした人びとは、資本の経済学をプロレタリアートの要求と調和させようとして、J・S・ミルに代表されるような「無気力な折衷主義」におもむいた。ドイツでは、ブルジョア経済学の代弁者たちはこれに追随するか、あるいはより浅薄なバスティアの俗流経済学的弁護論に流れ、独創性を示せなかった。しかし、それにたいする批判は排除しえなかった。「そのような批判が一つの階級を代表するかぎりでは、それは、ただ、資本主義的生産様式の変革と諸階級の最終的廃止とを自分の使命とする階級――プロレタリアート――だけを代表することができる。」（Marx 1867, 訳(1)三四ページ）。

第二に、マルクスは『資本論』について書かれたいくつかの論評のなかで、『資本論』の方法があまり理解されていないことにふれ、たとえば形而上学的だという非難には、キエフ大学のジーベルによる「マルクスの方法はイギリスの学派全体の演繹法であって、その欠点も長所も最良の理論経済学者たちに共通なものである」という論評を対置する（同上、三六ページ）。同時に、ドイツの批評家たちが「ヘーゲル的詭弁」と非難し、ペテルスブルグのカウフマンがマルクスの研究方法は実在論的であるのに、叙述方法が不幸にもドイツ弁証法的であると批評しているのにたいし、カウフマン自身が『経済学批判』「序言」から引用して、さらにほぼつぎのように論じているかなり長い文章を引用する。すなわち、カクフマンによると、マルクスは、現存の秩序の必然性を論証すると同時に、その秩序が必然的に他の秩序に移行せざるをえない必然性を論証する観点から、資本主義経済秩序を探究する目標をたて、それを厳密に科学的に定式化している。「このような研究の科学的価値は、ある一つの与えられた社会的有機体の発生、存在、発展、死滅を規制し、また他のより高い有機体とそれとの交替を規制する特殊な諸法則を解明することである。」（同上、四〇ページ）。マルクスによれば、これはみずからの「現実的方法」の的確で好意的な紹介であるが、それはまさに弁証法的方法にほかならない。もっともそのような自分の弁証法は、ヘーゲルの弁証法と異なり、むしろ正反対のものである。

すなわち、ヘーゲルにおいては理念という名のもとに独立の主体とされている思考過程が、現実的なものの創造者とされている。マルクスからみれば、観念的なものは物質的なものが人間の頭のなかで転換され翻訳されたものにほかならない。弁証法がヘーゲルにおいて神秘化されていることは、彼が弁証法の一般的な諸運動をはじめて包括的に意識的に述べた功績まで否定するものではない。しかし「弁証法はヘーゲルにあっては頭で立っている。神秘的な外皮のなかに合理的な核心を発見するためには、それをひっくり返さなければならないのである」（同上、四一ページ）。合理化された弁証法は、ブルジョアジーやその代弁者には恐ろしいし、腹だたしい。「なぜならば、それは、現状の肯定的理解のうちに同時にまたその否定、その必然的没落の理解をふくみ、いっさいの生成した形態を運動の流れのなかでとらえ、したがってまたその過ぎ去る面からとらえ、なにものにも動かされることなく、その本質上批判的であり革命的であるからである。」(同上、四一ページ)。

これらの二点をつうじ、マルクスは、『資本論』が、ドイツの労働者階級のなかに理解されだしたことをみずからへの「最上の報酬」とよろこび、現状変革的な労働者階級の運動にとってのその理論体系の意義をあらためて方法論的に強調するとともに、ヘーゲルの観念弁証法を転倒させたみずからの現実的、唯物論的弁証法の意義を説いている。それぞれに重要な論点をなしている。しかしそこにはまた、いくつか補足的検討を必要としているところがある。

2　『資本論』の経済学と労働者階級の立場

すなわち、その第一点については、その解釈に難解なところがあり、方法論的内容としていくぶん不明確なところがある。

たしかに資本と賃労働との階級利害の対立があきらかになっている時代に、その歴史的意義を批判的に解明しようとしない「ブルジョア経済学」は、事実上、資本の利害の俗流的弁護論になるか、折衷的になるか、資本主義経済の内的関連に考察を深める社会科学として発展性を欠くことになりやすい。現代の「ブルジョア経済学」としての新古典派体系も、その意味では資本主義市場経済を自然的な秩序とみなす狭い思想性にとらわれており、数理的な手法や国民所得分析などの側面で、形式的な学問としては、アメリカの学界を中心に隆盛をみてはいるが、そしてそこに吸収すべき技法や示唆もなくはないとはいえ、全体として、俗流的か、あるいはせいぜい折衷的な考察にとどまり、歴史科学ないしは社会科学としての深化発展をなすものとはいいがたい[13]。

他方、資本主義経済の内的関連をその歴史性とあわせて解明する批判的経済学は、資本主義の変革と階級社会の止揚を歴史的使命とするプロレタリアートの位地と潜在的可能性を明確にする役割を果たしうる。その意味では、そのような経済学による批判が、「一つの階級を代表するかぎりでは」、それは労働者階級を代表することができるといえる。しかし、その後の歴史の推移をふまえてみれば、そこにはすくなくともつぎのような三つの補足を要するところがある。

第一に、資本主義の発展は、マルクスが想定していたように、資本家と賃金労働者と土地所有者との三大階級に諸社会を徹底して分解する方向に、さほどすみやかに収斂していない。たしかにイギリスに続く後発的な諸国でも、資本と賃労働との経済関係が社会的に拡大はしてゆくが、その過程で、農民層、家族的零細商工業者、協同組合的中小企業従業者も、資本主義の発展のもとで、多くは直接間接にその剰余労働を搾取され、ときには債務の支払い不能などから収奪的にさえ資産を失う困難な生活を強いられつつ、広範に存続し、労働者階級と連帯して、資本主義の変革主体となる可能性を有する存在となる。第一次世界大戦を契機に、帝国主義戦争への反対を社会的変革の運動に転ずる課題がたてられたさいに、レーニンらが労農同盟を重視し、さらに労農兵評議会を社会主義革命運動の基礎として組織したことは、その可能性に依拠する方針であった。

二一世紀的には反グローバリズムの反体制的な運動の担い手として、M・ハートとA・ネグリ（Hardt and Negri 2000）らの重視する多様な被抑圧者としてのマルティチュードが広く注目されている。D・ハーヴェイ（Harvey 2010）なども、現代的な反資本主義運動の担い手として、伝統的左派が依拠してきた労働者階級の組織運動にとどまらず、農民運動や、ひろく住まいや職場を奪われた人びととの連帯、消費者協同組合や労働者協同組合、NPO、NGOなどとの協力の可能性にも期待を広げている。

そのこととも関連し、第二に、マルクス経済学も、非マルクス経済学の提起している諸論点のなかで、検討すべきさまざまな問題に、どう向き合うかが問われるところもある。たとえば、J・S・ミルのフェミニズムにつうずる主張や成長なき定常経済の評価は、労働者運動の観点にすべて糾合して解決しうることでもなく、資本主義を前提した枠内での折衷的考察にとどまるものとも裁断しかねるところがある。現代的にはフェミニズムやエコロジズムが提起している諸論点は、資本主義をこえる社会変革への展望を、マルクスにもとづいて考察してゆくさいにも、それぞれに十分に配慮を要する課題とされている。それとともにケインズ以降の雇用政策や福祉国家論にも、マルクス派として、その理念や論拠について検討を深め、ある歴史的文脈のもとでは、たんにそれらを折衷的改良主義として切り捨てるのではなく、むしろその積極的意義をくみ取り協力する可能性も、容認され、さらに必要とされるのではなかろうか。

たとえば、T・ピケティ（Piketty 2014）の提示した、長期的歴史統計にもとづく富と所得の格差、不平等の再拡大傾向とそれを是正する税制改革は、それ自体としては反マルクス的で、折衷的改良主義ともみなせるが、新自由主義的グローバル資本主義のもとで生じている、憂慮すべき重要な検討課題を指摘しているかぎり、マルクス学派としても、その意義をうけとめ、反資本主義につらなる批判的分析として活かすことはできるであろう。

他方、第三に、労働者階級の利害を代表すれば、資本主義経済の学問的に正しい研究の内容がかならず導かれるという保証があると理解することもできない。

実際、『資本論』の経済学は、たんにプロレタリアート階級の利害を主張して、資本主義を非難するという性質のものではない。むしろ資本主義経済の成立、発展の機構と内実を、その歴史性とともに、事実と論理にしたがって客観的な学問的認識として体系的に述べているのであって、その科学的理論の展開内容の正否は、階級利害によって決定されるべきものでもない。したがって、その著者が思想的にだれよりもプロレタリアート階級の利害を代表しているとしても、『資本論』についても、科学的に正確でないところは訂正しなければならない。マルクス自身その第一巻初版の「序文」の終わり近くで、「およそ科学的批判による判断ならば、すべて私は歓迎する」と述べているのは、その意味で学問的にはとうぜんのことであろう。

しかしまた、『資本論』の経済学の学問的内容が、資本主義経済の内的関連と歴史性を体系的な原理として解明するものとなっているかぎり、結果的に、資本家階級の利害にそってそれを利用することは、部分的には不可能でないにせよ、全体としては困難であり、その反面で、社会主義的変革にむかう労働者階級の批判的任務の可能性をあきらかにするうえでは、『資本論』の理論体系は手放せないものとなろう。

経済学の方法として、そのような関係性を自覚的に明確にしておくことは大切ではあるが、プロレタリアート階級を代表する思想性や立場性を、方法論的に経済学研究の科学的内実の保証や正否判定の基準とみなしてはならないわけである。かつてのソ連型マルクス主義は、その点でマルクスによる経済学を労働者階級の党派的立場や社会主義イデオロギーにもとづく研究とみなし、かえって社会主義の思想や運動の学問的・批判的基礎を弱めていた。その結果、現代的な資本主義経済の発展にも学問的に正確な批判的理解を不十分なものとするとともに、とくにソ連型社会主義の問題点についての科学的解明はいちじるしく阻害されていた。その遠因のひとつに、たとえば「第二版後記」でのこの点をめぐるマルクスの叙述に、右のような論点をめぐり、方法論的内容としてその解釈に誤解を生ずる余地があり、その後こうした論点に十分な省察がおよぼされていなかったこともあげられるのではなかろうか。

3　マルクスの弁証法

ついで、さきのマルクスによる弁証法をめぐる第二の論点をめぐっては、さらに大きくは二つのことを補足的に述べておきたい。

そのひとつは、ここでマルクスが合理的な唯物論的弁証法をみずからの方法として明記していることである。そのさい、ヘーゲルの観念論的弁証法について、絶対精神ないし理念という(理神論的神につうずる)主体を、自然、社会秩序、人間の精神現象、論理的思惟などすべての事象にわたる創造主体のように扱っていることを、マルクスは、「頭で立っている」と批判している。しかし、同時に、ヘーゲルが弁証法の一般的な諸運動を包括的で意識的に述べた功績を高く評価し、みずからを「あの偉大な思想家の弟子」とさえ述べている。それは、現代におけるヘーゲル再評価の先駆とさえいえるかもしれない。

この側面は、通常の経済学史や経済理論の研究のなかでは見逃されがちなところでもあろう。みずからの唯物論的方法の対極をなし、その批判的克服を強く意識して経済学の研究を始めたマルクスが、ヘーゲルの弁証法にここで示している敬意は、マルクスの深い学問的良心と自信をうかがわせるところでもある。

しかし、それにしても、ヘーゲルが理念としての思考過程を主体とする神秘的外皮のもとにではあれ、「弁証法の一般的な諸運動形態をはじめて包括的に意識的な仕方で述べた」というマルクスの評価には、解釈が困難なところがある。マルクスはここで、ヘーゲルの哲学について、絶対精神(創造主としてのキリスト教的な神の合理化された理念とも解される)の自己展開を形成する、その神秘的な外皮と、そのもとに内包されている弁証法の一般的諸運動とを分離して、後者を評価する見解を示しているように思われる。

しかし、そのような分離的な解釈が可能なのかどうか。可能であるとし、さらにそれにともない想定される弁証法の一般的運動形態が、マルクスによる唯物論的に合理化された弁証法にさきだって存在する性質のものであるとすれば、その弁証法の一般的運動形態の主体と内実は、どのようなものなのであろうか。たとえば、人間の思考過程一般、それをふくむ人間の行動の様式、さらには人類史的諸社会の発展過程などのうちに、そのような弁証法の一般的な諸運動形態を認識可能とするものがあるのかもしれない。たとえばフォイエルバッハの『キリスト教の本質』(Feuerbach 1841) にみられる弁証法も、その一例を人間主義的観点での宗教批判として提示しているとも考えられる。

とはいえ、そのような宗教批判の具体的課題をこえて、人間の思惟や精神現象に内在的な弁証法の論理を、正反合の矛盾の展開の論理として、あらかじめ一般的運動に定式化しようとすると、それはその現実的で合理的な根拠を十分学問的に示すにさきだち、ヘーゲルの弁証法と、事実上あまりへだたらない形而上学的認識にとどまるか、あるいはそれにごく近いものとなりかねないのではなかろうか。

その意味でも、第二の補足として、マルクスによる弁証法の「合理的な核心の発見」、それによるヘーゲル弁証法の転倒が、どのようにおこなわれているのかが、方法論的にも重要であろう。その問題をめぐり、マルクスはここでさらに三つの側面を示唆しているように思われる。

すなわち、第一に、マルクスはみずからの弁証法が、ヘーゲルのそれとは反対に、「観念的なものは、物質的なものが人間の頭のなかで転換され、翻訳されたものにほかならない」としている。しかし、そのかぎりでは観念論にたいする唯物論をみずからの弁証法の特徴としているにとどまり、マルクスに特有な学問的方法によるとはいえないであろう。物質的なものが、観念に翻訳される基礎過程をなすだけでなく、それ自体で弁証法的運動を展開するといえるのかどうか、またそれをどのように論証できるのか、いわゆる自然弁証法を一般的に体系化し、学問的に論証する困難がそこには伏在している。(14)

第二にマルクスは、『資本論』の理論体系、とくに価値論に関する章にふれつつ、ヘーゲルに特有な表現様式を意図的に用いたとし、その文脈で、弁証法の「合理的な核心」を発見し、弁証法を転倒したと述べている。そこでは、市場経済とそれにもとづく資本主義経済を構成し展開する論理と、それを解明する学問的認識の体系において、弁証法が合理的で現実的な基盤を与えられる関係がはっきりと示唆されている。

ちょうど唯物史観がマルクスの経済学により、その合理的論拠を与えられるように、弁証法の現実的で合理的な「核心」もまた『資本論』の経済学にもとづいてあきらかになる関係があるといえるのではなかろうか。むろん、アリストテレス以来のヨーロッパ哲学の伝統を受け継いだヘーゲルの哲学的体系構成の論理、とくに矛盾とその展開を解明する論理としての弁証法の意義を念頭においておくことは、『資本論』の経済学を理解し、内容的にさらにそれを整備し発展させる作業をすすめるうえでも、大切なことにちがいない。とはいえ、弁証法は観念論的な形態ではもとより、ある種の人間主義的な、あるいは唯物論的な形態のものであれ、それ自体で経済学の理論展開を正確に導くほどの学問的意味をもっているとは思われない。むしろ『資本論』のような資本主義市場経済の原理的考察のなかで、商品経済、あるいは資本主義的生産関係自体に内在する諸矛盾とその学問的展開にそくし、したがってそれぞれに特徴的な市場経済とそれにもとづく資本主義経済の現実的なしくみとその運動の理論的考察にさいし、弁証法的論理が活かされることによって、いわゆる唯物論的弁証法に学問的論拠が与えられる関係にあるとみるべきではなかろうか。

第三に、マルクスは、ここでさらにすすんで、その合理的姿では、弁証法は、「現状の肯定的理解のうちに同時にまたその否定、その必然的没落の理解をふくみ」「その本質上批判的であり革命的である」としている。弁証法が、『資本論』の経済学によって合理的核心を与えられた姿を獲得したとすれば、たしかにその理論構成は、現実の資本主義的秩序の肯定的（合理的）理解のうちに、その歴史的本質への批判と否定的側面の理解をもふくんで展開される。古典派経済学や新古典派体系とは、その点で根本的に異なる全体的理解を可能とするものとなっている。

しかし、それは同時に、資本主義市場経済の変革の可能性にとどまらず、その没落やそれをもたらす革命的変革の必然性まで論証できる体系をなしているといいきれるかどうか。その点には、宇野弘蔵（一九五八、第九章など）によって重大な疑問が提示されている。その観点からすれば、ここでも弁証法が、『資本論』を経済学の原理論として読み取る研究次元で活かされる姿と、それを有力な論拠としつつ、社会主義の思想や唯物史観との関連で活かされる次元とは区別しておかなければならないわけである。

エンゲルスが弁証法の法則の一つとしてあげている「否定の否定の法則」も、『資本論』の経済学によって、どこでどのように示されるのか、慎重に検討を要する問題をなしていたといえるであろう。

小括

本章では、マルクスが主著『資本論』を準備し、さらに出版したさいに、みずからの経済学の方法について述べている主要ないくつかの論稿を再点検してきた。

それらをつうじあらためて強く印象に残るのは、マルクスが、みずからの経済学の方法について、十分明確で体系的な定式化をしあげてはいないし、しあげようともしていなかったということである。すくなくとも、みずからの経済学方法論を『資本論』の経済学の理論体系にさきだつものとして定式化し、その理論展開を支える基礎とすることは回避している。

それは、『要綱』の「序説」であらかじめ準備しかけた経済学の方法論を省略したことから一貫している。それは、論証できていない主張をあらかじめ前提にして理論展開を始めないように配慮した、学問的にごく慎重な態度でもある。

省略した方法論のいくつかの側面を、ようやく『資本論』第一巻の「第二版後記」にいたって、しかも『資本論』第一巻初版出版後のさまざまな反響や論評に応ずる趣旨で、いわば受動的・補足的にのみ述べるにとどめているところにも、そのような態度はつらぬかれている。

こうしたマルクスの方法論をめぐる取り扱いは、『資本論』の経済学の方法が、むしろなんらかの仮説的方法論や社会思想に依拠するものではなく、商品経済とそれにもとづく資本主義の歴史的な特殊なしくみと運動の事実と論理についての学問的で体系的な考察をすすめる知的作業と不可分に構成され、その理論構成自身にそくしてその正否が問われるところとして学ばれ、理解されなければならないことを強く示唆している。

とはいえ、経済学の方法について、マルクスがいちどは準備した『要綱』の「序説」から『資本論』第一巻の「第二版後記」までをふりかえってみると、そこには『資本論』の経済学の特徴、理論内容、意義を理解し、その発展につとめるうえでも、われわれが方法論上十分考慮し、考察を深めなければならない重要な諸論点が、幾重にも示唆されていた。

とりわけつぎの四点を小括として重複をおそれず摘出しておこう。

(1)『要綱』以来の経済学研究の下降と上向、ことに学問的に正しい方法とされる上向過程に想定されていたマルクスの叙述プランの体系と、『資本論』のような経済学の原理論の体系とはどのような関係にあると理解すべきか。『資本論』の原理論的体系には、『要綱』の「資本一般」の枠組みをこえた、競争、信用、株式資本の展開のうちに、プラン全般の資本、賃労働、土地所有の基本規定はほぼ解明されつつあったが、それにもとづき、プラン後半の国家、外国貿易、世界市場の研究は、どのようにすすめられるべきか。それら後半体系の内容も、『資本論』と同じような原理的抽象レベルで展開しうるものか、あるいは、資本主義の世界史発展段階論と各国資本主義分析のような、より具体的な時代区分や中心(諸)国の推移にそくした考察をむしろ主たる課題とすることになるのであろうか。

(2) こうした問題を検討してゆくうえでも、経済学の歴史的歩みと『資本論』の経済学の関係がまたいくつかの側面から問いなおされる。『資本論』は「経済学批判」として構想され、それを副題に残している。たとえば、資本主義経済を自然的自由の秩序とみなす古典派経済学の思想的制約への批判と、古典派労働価値説の継承・発展の両面の関係は、『資本論』に特有な価値形態論、恐慌論、それらの関連をつうじ、方法論的にどのように整理して理解できるのであろうか。その延長上にまた、その後の新古典派ミクロ理論とマクロ理論の意義と限界をどのように位置づけて、マルクス経済学の方法論的発展に活かすことができるか。

さらに、マルクス以降のマルクス経済学の発展は、この問題にどのように対応して、方法論のうえで貢献するものとなっているであろうか。

(3)『経済学批判』「序言」に定式化されている唯物史観、あるいはそれと関連の深い社会主義思想なり労働者階級の立場とマルクスの経済学の研究にも、方法論的に複雑な関係性がたたみ込まれている。マルクスの社会主義思想は、唯物史観と社会科学としての経済学とに論拠をおいていることに特徴がある。その意味で科学的社会主義といえる。資本主義をこえる無階級社会への社会変革の可能性を主張する社会主義思想は、マルクスにおいては、哲学と歴史への批判的関心をつうじ、人間主義的唯物論の観点から人類史を仮説的に総括する唯物史観を形成することと深く結びついて、みずからの経済学の理論体系の構築作業にさきだち、ほぼ明確にされていった。

そこで社会主義思想と唯物史観が、とくに資本主義を自然的自由の秩序とみなす古典派経済学の意義と限界をのりこえる『資本論』の経済学への「導きの糸」となったことはあきらかである。しかし、すでにみてきたように、『資本論』の経済学は、資本主義経済の原理的しくみとその歴史性を事実と論理によって学問的に客観的認識として体系的に解明しているのであって、思想や史観による資本主義批判とは異なる課題を追究している。そのかぎりでまた、思想的枠組みの異なる古典派やそれにさきだつ重商主義の経済学の理論も学問的に正当な側面は、それらの限界は批判しつつも継承し統合するものともなっている。

もともと唯物史観の形成過程でも、マルクスは経済学の研究に依拠していたのではあるが、その後に本格的に取り組んだ『資本論』の経済学の体系によって、「導きの糸」としていた唯物史観とそれもとづく社会主義思想に、学問的論拠が与えられるとみなしているところにこそ、マルクスにおける経済学の研究と、社会思想、および歴史観のあいだの方法論的関連が読み取られなければならない。

（4）そのようなマルクスの経済学の学問的体系の発端におかれている、資本主義経済の細胞形態をなす商品をどこからどのように抽象して、理論展開を開始するべきか。また商品の分析に要する「抽象力」はどのような基礎からえられるものか。さらにはヘーゲルの弁証法の「合理的核心」をみいだし、観念弁証法を転倒させる論拠や、それによってえられる合理的弁証法の意義と展開をどのように理解すべきか。そこにも興味ある一連の問題が伏在していた。

以上の四点のような論点は、あきらかに相互に重なり合い、関連し合っている。しかもその論点の多くが、『資本論』の経済学をそれ以外の経済学の研究領域や、経済学の諸学派、社会思想、さらには社会変革とその人類史的意義などとの関連において位置づけるうえでは意味が大きい。とはいえ、それらいずれの論点も、『資本論』の経済学自身の理論展開を支え、あるいは保証するような方法論を構成することにはかならずしもなっていない。そこにも、マルクスに依拠する経済学にとっての方法論とは、なにをいかにあきらかにする課題を有するのか。いわば方法論の方法が問われるところがある。

マルクス自身『資本論』の経済学への方法論を積極的には提示せず、それは不要とする方法をとっていたことからみれば、右のような諸論点をふくめて、マルクス経済学の方法論は、結局は『資本論』の経済理論の意義とその適用の方法を、マルクス以後の歴史の推移とそのなかでのマルクス経済学の研究の進展をどのように理解し、歴史としての現代の世界と日本の考察にそれをどのように活かすかをめぐり、われわれに残され続ける課題とみなければならないのではなかろうか。

宇野弘蔵がその課題にどのように独自の解決を与えようとしたか、次章ではあらためてその再検討を試みよう。

注

（1）この四項目にさきだち、I 生産、消費、分配、交換。（流通。）という表題が与えられているが、それに対応するII以下の節はない。そこにも「序説」の草稿としての性格が示されている。このIの表題は、四項目全体に関わるとはいえ、とくに1、2項の内容に集約的に関連しているところと読んでよいであろう。

（2）なお、マルクスが下向と上向の出発点と帰結においているBevölkerungは、従来、人口と訳されてきているが、住民といった意味をも有している。

（3）スミスの『国富論』(Smith 1776) はその体系を「分業」の規定から始めており、リカードの『経済学および課税の原理』(Ricardo 1817) は「価値」の章から始めていた。『要綱』の本論は「貨幣にかんする章」から始められているが、そのなかでも「交換価値そのものを扱う章」を先行させる予定に言及しており (Marx 1857–58, 訳①二二六ページ)、さらに「資本にかんする章」の後に、「(1)価値」という短い断片が記されている。しかし、その冒頭では「ブルジョア的な富が現れるさいの最初の範疇は、商品という範疇である」(同上、訳②八一〇ページ) とし、ついで商品の歴史的特性に考察をすすめている。そこにすでに、リカードまでの自然主義的な労働価値説とは水準の異なる理論体系の出発点が事実上形成されつつあったとみてよいであろう。

（4）たとえば、マルクスのエンゲルス宛一八五八年四月二日づけ手紙や『要綱』(Marx 1857–58, 訳①三一〇—三一一ページ、同三二九ページ) などにみられる篇別構成プランの要点。それらのいくつかで、マルクスが、「世界市場と恐慌」と記していたことから、『資本論』はその執筆プランのなかの「資本」の項のさらに「資本一般」をふくむのみであるなら、恐慌論はその課題の外にあるのではないか、という問題が、恐慌論研究に関連して久留間鮫造（一九六五）などにより提起され、そこからいわゆるプラン問題として、『資本論』の内容やそれにもとづく経済学の基礎理論が、マルクスの執筆プランのどこまでをふくむものであるかが、論争問題をなしてきた。鈴木鴻一郎（一九五九）、宇野弘蔵（一九五三a、付録一）をもみよ。

なお、このプラン論争は、当初、『要綱』の本論がまだ入手できない時期に進行していた。そこで、まさに「資本一般」の理論内容を示す『要綱』と、拡充された『資本論』の理論体系との比較にもとづく検討は、その後に可能となったところである。

（5）歴史学派、制度学派の方法論的特徴について、さらに詳しくは伊藤誠（二〇一五）第Ⅳ章を参照されたい。

（6）後にレーニン（Lenin 1914-16, 訳(下) 一三一一四ページ）が「マルクスは『論理学』にかんする著書をこそ書き残さなかったけれども、『資本論』という論理学を残した。われわれはこれを与えられた問題にたいして特に利用すべきであろう。」と述べているのも、こうした認識につうずるものがある。もっとも、これに続いてレーニンが「ヘーゲルのうちにあるすべての価値あるものをとり、そしてこの価値あるものをいっそう発展させた唯物論の論理学、弁証法、および認識論（三つの言葉は必要でない。それらは同じものである）が、『資本論』のうちで、個別科学に適用されている。」と述べている箇所では、『資本論』の経済学にさきだつ哲学的方法論の存立を認めているかのように読める。この両方の命題には不整合なところがあったのではなかろうか。

（7）そのようなマルクスの唯物史観は、さきの定式の③における従来の歴史的発展段階の要約において、ヘーゲルを継承するヨーロッパ中心史観の性質を示しているところがある。いいだもも（一九七八）やE・ホブズボーム（Hobsbawm 2011, Chap. 7）なども指摘しているように、世界の他の諸地域ではもっと多型的な共同体的諸社会の進展が、かならずしもこの定式での諸段階を単線的に経過することなく展開されていたとみてよいであろう。なお、晩年のマルクスが、ロシアの農村に残存する共同体が資本主義化されずに社会主義の一基盤となる可能性をみとめ、アジアその他の諸社会の多型的共同体の継承と進化にも注目するようになっていたことについて、未公刊の遺稿やノートを点検しつつ検討した最近の研究として、K・B・アンダーソン（Anderson 2010）がある。

さらに、唯物史観の定式で、生産諸力の発展に階級社会の敵対関係解決のための物質的条件があるとする点では、ソ連型マルクス主義がおちいったと考えられる生産力主義の偏りがそこから派生したという問題が指摘されることもある。

とはいえ、資本主義市場経済の世界史的生成、展開に注目すれば、とくにマルクスの時代までについては、資本主義近代を生みだした世界史はやはりヨーロッパ中心的に要約されざるをえなかったと思われる。同時にまた、生産諸力の発展がその基本的推進力として働いている側面も顕著であったと考えられる。その意味で、唯物史観は、とりわけ資本主義経済の発展に基盤をおいた仮説的史観として形成されていると考えられる。

（8）たとえばソ同盟科学院経済学研究所の『経済学教科書』（一九五四）は、「序論」で、「マルクス主義経済学の方法は、弁証法的唯物論の方法である。マルクス・レーニン主義経済学が土台としているのは、弁証法的唯物論と史的唯物論との主要な命題を、社会の経済制度の研究にあてはめることである。」（訳（1）一〇ページ）と述べていた。

（9）もっとも、後に『資本論』第一巻「第二版後記」では、『資本論』の方法を取り扱ったカウフマンが、この『経済学批判』「序言」の唯物史観の定式から引用していることに関連して、その定式を「私の方法の唯物論的基礎を論じている」（Marx 1867，訳（1）三七ページ）ところと述べている。そこにさきのソ連型マルクス主義で、唯物史観をマルクスの経済学の方法論と解釈する見解も生ずる余地がなくはない。しかし、マルクスがそのように述べているのは、カウフマンの論評をうけて、しかも「第二版後記」での補足的言及においてであって、主著全体について方法論を積極的に展開して、その理論展開に前提する構成はとっていないことは、やはり注意されてよいであろう。そのうえ、この「第二版後記」での「私の方法の唯物論的基礎」が、はたして『資本論』の経済学の方法を直接に意味しているのかどうかにも解釈が分かれる余地はあろう。

(10) 第一巻フランス語版（分冊形式）の「序文」（一八七二年）と「後記」（一八七五年）もマルクスが執筆しているが、そのうち前者はごく簡単な文章であり、後者はドイツ語「第二版後記」を収録した部分を主としており、その部分を除けば、主として翻訳やその改訂について簡単に述べたものとなっている。いずれもここで検討する必要はないであろう。

(11) なお、第二版以降では、初版で付録とされていた「価値形態論」が本文における重複した叙述との関係を整理、改善されて、本文中に組み込まれた。そのために、初版の「序文」において、「ここでもっとくわしくいえば、価値実体と価値量との分析は、私としてはそれをできるだけ平易なものとした」と述べた後に記されていたつぎのような箇所が、省略されることとなる。すなわち、「価値形態の分析についてはこれとは異なる。それは、前者の叙述より弁証法がずっと鋭いため、容易には理解しにくい。それゆえ、私は、弁証法的思考に十分慣れていない読者には、一五ページ（上から一九行目）から三四ページまでの箇所をすべてとばして、その代わりに本書に追加した付録『価値形態』を読むようすすめたい。そこでは、その主題を、学問的な理解がゆるすかぎりで簡単に、学校教師風にすら叙述するよう試みられている。読者は、付録を読了後、また本文を三五ページから読みすすむことができる。」この箇所は、マルクスが、それに続くところでの経済的諸形態についての抽象力による分析の論理のすくなくとも一面に、弁証法的思考が必要とされることを方法論上、注意していたものと読める。この箇所を第二版以降の「第一版序文」から省略したのは、おもに付録の価値形態論を本文の叙述に組み入れたからであり、付随的にはそれにともない本文についての難解な印象を消去したい意図もあったかもしれない。しかし、価値形態論をはじめ、『資本論』の経済学全体における弁証法の重要性自体を否定する意図は、マルクスにはまったくなかった。そのことは、それをちょうど補完するかのような、後にみる「第二版後記」での補記にもうかがえる。

(12) この点についてさらに詳しくは、伊藤誠（二〇一〇）における検討も参照されたい。

(13) 一九七〇年代初頭の欧米マルクス経済学のルネッサンスの発端において、新リカード派、マルクス派にたいする新古典派経済学の特質を、マルクスの「俗流経済学」の規定により、批判的に特徴づけた論稿にB・ローソン（Rowthorn 1980, Chap. 1）がある。そこでは、新古典派経済学は、方法論的には主観主義、個人主義、自然主義にたち、個人の選好、価格・交換といった市場関係にすべての経済問題を帰着させる狭い観点に制約されており、資本主義経済の科学的研究を抑止する認識論的障害をなしていることが指摘されていた。

(14) エンゲルスは、一八七三―八三年に『自然の弁証法』の大きな草稿を準備していた。そこでは、たとえば「自然および人間社会の歴史からこそ、弁証法の諸法則は抽出されるのである。これらの法則はまさにこれらの二つの局面での歴史的発展ならびに思考そのものの最も一般的な法則にほかならない。しかもそれらはだいたいにおいて三つの法則に帰着する。すなわち、／量から質への転化、またはその逆の転化の法則、／対立物の相互浸透の法則、／否定の否定の法則。」（Engels 1873–83, 訳 三七九ページ）とされ、その当時までの自然科学の諸分野について、こうした弁証法の諸法則の成り立つ多数の事例が検討されている。

　それは、たしかに自然現象のなかに生ずる発展や運動にくりかえされる弁証法の諸法則の存在についての興味ある考察をなしてはいる。しかし、全体として、仮説的な三つの弁証法の法則に適合的なさまざまな自然現象や自然科学諸分野の研究成果の事例を収集するにとどまっている。しかも、それらの事例をつうじて、三つの法則の関係性も十分明確でない。はたして物質的なものがそれ自体でつねに弁証法的運動や発展を展開していることがそれらの例証をつうじ、一般的に論証されることになっているのかどうか。自然現象には、ミクロの素粒子の運動や関係構造に関わる現象から大宇宙の生成や構造にいたるまで、時間的にも空間的にも、多様で多彩な諸現象が存在しているので、おそらくそれらをつうずる弁証法的運動を、ある種の仮説としても方法論的に一般化して学問的に論証したり、検証したりすることには困難がつきまとうことになろう。エンゲルスが『自然の弁証法』を公刊する形にまでしあげなかったのも、そのような困難と関連があるのではなかろうか。

第二章　宇野理論の課題と方法

I　宇野理論の方法論的課題

マルクスの『資本論』は、資本主義経済の運動のしくみを、その特殊な歴史性とあわせて体系的に解明し、社会科学としての経済学の基礎を確立した。その理論的内容は、基本的にはそれを支える方法論を要しないものとして提示されていた。したがって、マルクスにもとづく経済学の発展は、その方法論のうえでは、『資本論』の理論体系の抽象の基礎や内容にどのような理解や補整を加えつつ、その理論体系をいかに考察基準として活かし、マルクス以後に生じた研究上の重要課題に取り組むべきかをくりかえし問われることとなる。

本章では、そのようなマルクス経済学の方法論上の一連の問題に、日本の社会科学のなかで現代世界に誇れる独創的な体系的貢献を果たした、宇野弘蔵（一八九七―一九七七年）の理論と方法の特徴をあらためて再検討しておこう。それをつうじ、宇野没後に生じた現代世界の大規模な変容に、マルクス経済学の発展としての宇野理論の方法をどのような筋道で継承し、活用してゆけるかを探ってゆく前提が整えられることを期待したい。

ふりかえってみると、宇野理論は、マルクスとエンゲルスが亡くなった後に、一九世紀末から生じたつぎのようなあい関連したマルクス経済学の研究と論争への体系的な整理を方法論上の大切な課題としていた。大きく分けると、その研究と論争は、二つの問題領域にわたっていた。

その一つは、『資本論』でほぼ確立された経済学の基礎理論（原理論）の内部で、価値論、貨幣論、蓄積論、再生産論、利潤論、利子論、地代論などをつうじ、残されている不明確な諸問題をいかに解明し、整備するかという課題である。

なかでも、マルクスの労働価値説はリカードにいたる古典派経済学の価値論をどのようにのりこえて、その論証と展開に成功しえているか。とくに、一九世紀末の限界効用学派を代表するベーム＝バヴェルクや現代の新古典派経済学を代表するP・サムエルソンも参加して争われた価値論論争ないし転形問題論争は、マルクス経済学の搾取理論の根本を問う意義をもっていた（伊藤一九八一）。ベームのマルクス批判に応えたヒルファディングの解釈は『資本論』第一巻での労働価値説と第三巻での生産価格の規定は、唯物史観にしたがい単純商品生産から資本主義的生産への発展にそくした歴史論理的展開とみれば、そのあいだに矛盾はないとするものであった。戦前の日本における論争でも櫛田民蔵も山田盛太郎もこれを踏襲し、マルクス価値論の妥当性を主張していた。しかしその見解は、『資本論』第一巻の中心課題が資本主義のもとでの剰余価値生産の機構にあることをみても満足のゆく解釈ではなかった。

マルクスが重視していた貨幣・信用の役割もふくめ、資本主義の内的矛盾の発現とその動態的解決のしくみとして周期的恐慌の原理をどのように理解するかも、多面的恐慌論を併存させている『資本論』に残されていた難問をなしていた。

第二の問題領域は、『資本論』のような原理論にもとづき、より具体的な資本主義の世界史的発展・変化の推移や、そのなかでの個々の資本主義諸国の特殊性と一般性とをいかに分析するか、という課題である。とくに歴史を理論的に解明するマルクス経済学の特質からしても、『資本論』はいまや時代遅れとなっていないかという論評が、学派の内外からたえず提起され、これにどう応えるかが重要な関心事となる。

たとえばエンゲルスの高弟の一人と目されていたE・ベルンシュタイン（Bernstein 1899）は、エンゲルス没後まもなくつぎのような修正主義を主張し、大きな衝撃を与えた。すなわち、一九世紀末の資本主義の現実の発展は、『資本論』やそれに依拠するドイツ社会民主党の『エルフルト綱領』（一八九一年）の前半部分と一致していない。ことに資本主義の発展は、生産の集積とともに、より少数の資本家とより多数の賃金労働者とへの社会の両極分解をもたらし、恐慌を激化し、労働者の窮乏化をうながして、社会主義革命を必然化するという理論にそってはすすんでいない。株式会社の形態は財産の集中に反対に作用し、農民や都市の中小経営が強固に存続している。信用機構やカルテル（独占的諸資本の価格協定）の発達は、恐慌への資本主義の適応性を高めている。こうした現実からみると、マルクスの学説やそれにもとづく『エルフルト綱領』の前半は妥当性を失っている。ドイツ社会民主党は、いまやその綱領後半の「当面の諸要求」に任務を限定し、民主的改良を重ねて社会主義を漸進的に実現する方針をとるべきである。

こうしたベルンシュタインの論評には、資本主義の新たな発展をマルクス学派がいかに理解するべきかという重要問題を提起している側面があった。とはいえ、彼はこの問題をマルクス理論にもとづき解明しようとはせず、マルクスの学説を否定し、改良主義をすべてとする方向にそれていった。そこで、R・ルクセンブルクやG・プレハノフら一連の理論家がこれに反論を加えたが、なかでもK・カウツキー（Kautsky 1899）の論評は経済学に重点をおき包括的なものであった。しかしその論評は、マルクスの学説への誤解を正すことに重点をおくとともに、一九世紀末の資本主義にも社会の両極分解と労働者の相対的窮乏化はつらぬかれているという認識を主張するものとなっていた。たとえば、株式会社やカルテルはむしろ資本の集中をおしすすめる手段となっており、農民などの小経営者の多くは、事実上もっとも哀れに支払われている労働者に転化されつつある、というのである。

こうした修正主義論争では、修正派も正統派も社会の両極分解と労働者の窮乏化法則とをマルクスの学説の中心とみてその現実的妥当性を争っていた。たしかに『資本論』のなかにもそのような解釈をいれる余地は部分的になくはなかった。とはいえ、その理論構成の中心部は、むしろ確立された資本主義経済のもとで、資本が社会的規模で労働力を商品として購入し使用するしくみのもとで、労働生産過程が資本の専制支配のもとに組織され、剰余労働が剰余価値の源泉として利用されて、資本蓄積がいかに反復されてゆくかを考察することにおかれていた。市民革命と産業革命を経て、法的には自由、平等、人権の保障のもとに、最後の階級社会と思われる資本主義の特殊歴史的な生産様式における、労働者階級の搾取と疎外をのりこえて、無階級社会を実現する社会主義の課題は、たとえば好況期や一九世紀末以降の重工業の発達にともなう労働組合運動の組織的拡大と実質賃金の上昇、あるいは第二次大戦後の高度成長期の労資協調的な実質賃金の上昇期に、労働者階級の窮乏化や社会の両極分解の傾向が緩和されていても、修正主義的主張にしたがい除去されてよいところではありえない。

他方、修正主義論争のなかで事実上提起され、正確な解明を与えられなかった一九世紀末以降の資本主義の新たな発展の様相とその歴史的意義は、二〇世紀初頭には、帝国主義をめぐる論争と研究をつうじ、資本主義の世界史的発展段階論としての研究領域において、より具体的に考察されるにいたる。とくに、R・ヒルファディングの『金融資本論』(Hilferding 1910) とV・I・レーニンの『帝国主義』(Lenin 1917) は、この点でとくに重要な貢献を加えた。それらにおいては、固定資本の大規模な重工業の発達につれて、株式資本形式にもとづく金融資本が、銀行と産業企業の集中と独占的組織化をふくんで成立し、資本輸出を拡大しつつ、その圏益をめぐり列強のあいだの経済的政治的世界分割、植民地の再拡大、再分割がすすめられ、その結果帝国主義世界戦争が不可避となる過程が史実にそくしてあきらかにされている。

とくにレーニンにおいては、それは、世界戦争があい争う列強のいずれからみても金融資本の利害にそくした帝国主義戦争にほかならず、カウツキーらのドイツ社会民主党中央派のように労働者運動の組織を守るために祖国防衛戦争に協力する方針をとったのは誤りであり、この世界戦争のもたらす社会的危機は、反戦運動、内乱さらには社会主義革命により克服すべきであるという戦略方針の基礎をあきらかにする意味をもっていた。レーニンの帝国主義段階論は、同時に、『資本論』での資本主義経済の原理的解明にもとづき、前章でみたマルクスの執筆プラン後半に予定されていた国家、外国貿易、世界市場の考察をふくめ、具体的な新たな主導的産業の発展とそれにもとづく支配的資本の歴史的変化、それに対応する国家の政策基調の展開と世界市場編成の新展開について、「資本主義の最高の段階としての」帝国主義の世界史的段階の研究を開拓するものとなった。

資本主義の歴史性がいくつかの層をなして展開されてきているのに対応し、歴史を理論的に解明するマルクス経済学の研究も、資本主義の基本的運動法則についての『資本論』におけるような原理的考察にとどまらず、それを考察基準とする資本主義の世界史的発展段階論の研究次元を加え、体系的に重層化されるにいたったといえよう。マルクスの執筆プラン後半に予定されていた国家、外国貿易、世界市場の諸領域をめぐる考察課題が、それにともない、とくに資本主義の世界史的発展段階論において具体的に国家の役割の変化にそくして解明される道筋も明確にされた。それよって、資本主義の歴史性に無関心な新古典派経済学にも、また逆に理論経済学一般に反発する歴史学派の接近にも望めない社会科学としての体系的な方法の特質が総合的に示されうることにもなった。

とはいえ、ヒルファディングは『資本論』の貨幣・信用論の展開の延長上に、レーニンは『資本論』の資本蓄積論の展開の延長として、それぞれ株式資本論なり、資本の集中と独占資本の成立の論理を提示している側面があり、また帝国主義段階論をそれにさきだつ自由主義段階、重商主義段階の研究とあわせて、資本主義の世界史的発展段階論として体系的に提示しているわけでもなかった。そのため、金融資本や帝国主義の段階論が、二〇世紀の新たな資本主義の理論モデルとして、一九世紀の競争的資本主義の理論モデルとしての『資本論』にとってかわる役割を果たすと解釈する見解も、マルクス経済学の内外に広く存続する傾向もあった。『資本論』と『帝国主義』論との方法論的関連には、整理・検討を要する問題が残されていたのである。

他方、日本にマルクス経済学が導入されるなかで、『資本論』の経済学を日本資本主義の分析にどのように活かすかについても、両大戦間期に大規模な論争が生じていた。いわゆる講座派と労農派との日本資本主義論争である。

講座派の主な担い手は野呂栄太郎、平野義太郎、山田盛太郎、羽仁五郎、服部之総らであり、彼らの見解は『日本資本主義発達史講座』(岩波書店、一九三二―三三年)に結集されてゆく。その見解はモスクワのコミンテルン(第三インターナショナル)から日本共産党に伝えられる政治綱領(テーゼ)にしたがって動揺を示しつつ、最終的には一九三二年テーゼによる戦略を支えようとするものとなる。そこでは、明治維新以後にも日本の農村には封建的地主制が存続しており、これと都市ブルジョアジーとの双方を支柱とする絶対主義的天皇制の転覆をともなう市民革命がまず実現されなければならない。社会主義革命はその後の課題となるとする、二段階革命が主張されていた。この見解はマルクス経済学者のなかで多数を占め正統派とみなされ、広く歴史学、政治学、文学などにも大きな影響を及ぼしていた。

これに対抗していた労農派は、一九二七年に発刊された雑誌『労農』の同人や彼らに同調的な研究者グループからなり、堺利彦、山川均、荒畑寒村、鈴木茂三郎、櫛田民蔵、大内兵衛、向坂逸郎、有沢広巳らをふくんでいた。彼らによれば、明治維新は一種の市民革命（ブルジョア革命）であり、その後の日本の経済社会を規定しているのは資本主義の発展である。そのもとで日本でも両極分解がすすみ、農民はますます賃金労働者に転化しつつある。したがって日本の労働者・農民は直接に社会主義革命をめざしてよい。こうした一段階革命路線は、一九二八年に結成された無産大衆党、三一年結成の全国労農大衆党などの無産政党の理論的基礎をなし、第二次大戦後には日本社会党左派の路線にも継承されていった。

この論争は、中国その他後発諸国の社会変革路線においても同時代的によく似た問題構成で生じていた。単純化していえば、そこには日本資本主義の発達の特殊性と一般性との二面をどのようにマルクス理論により分析すべきかという問題が提示されていた。かりに封建的土地所有がほんとうに農民を支配していたなら、都市での資本主義の発達に不可欠な大量の賃金労働者の追加的雇用拡大は望めないはずであるから、講座派の主張には現実との関係で無理なところがあった。しかし、労農派の見解にも当時大量の農民が高額小作料の搾取のもとで広範に存続している農業問題を軽視する弱点があった。それぞれの弱点は、『資本論』の原理的理論モデルを直接の考察基準として日本に適用し、講座派はそのモデルとの乖離を大量の農民層の特殊な固定的残存をめぐり強調し、労農派は逆にそこにも両極分解の動的傾向が作用していることを一方的に強調していたわけである。

そのかぎりで、この日本資本主義論争は、方法論上、『資本論』にもとづき、金融資本を新たに支配的資本とするにいたった帝国主義段階の考察をどのように分析基準として活かすかも宿題としていたことになる。それとともに当時の正統派マルクス経済学が、経済学の研究もイデオロギー闘争の一環とみなして、ソ連共産党のテーゼを優先させて、その方針にしたがい動揺を示しつつ、その戦略方針に適合的分析を強調する傾向があったところにも方法論的に重大な問題が残されていた。それはマルクス主義に忠実な研究態度のようにみえて、実はマルクスがめざしていた客観的な学問としての経済学の認識を損ない、社会主義の科学的論拠を不確かなものとするおそれが大きかったといえよう。

こうして『資本論』にもとづくマルクス経済学の発展は、一方で『資本論』の原理的理論構成自体をめぐる諸問題についての研究と、他方でその現実への適用にさいしての帝国主義段階論や日本資本主義分析をめぐり、方法論的に検討を要する諸側面を残していた。そこにはまた社会主義イデオロギーと経済学との関連をめぐる理解の再整理の必要性も重要な課題としてふくまれていた。

とくにかつてのソ連型正統マルクス主義経済学では、その理論と分析が、社会主義思想と唯物史観に依拠するものであり、資本主義を是認するブルジョア経済学とその点で方法論を異にすると考えられていた。しかも『資本論』は、一九世紀の競争的資本主義の理論モデルであって、一九世紀末以降の金融資本ないし独占資本の成長にともない、その利害にそった帝国主義段階の理論に代替されなければならないとみなされがちであった。そのかぎりでは、『資本論』における資本主義一般につうずる原理的体系と資本主義の世界史的発展段階論との区分も方法論的に整理されていなかった。そのことがやや迂遠なようではあるが、日本資本主義論争にも影響を与えていたところがあるとみなければならない。

II　宇野理論の方法論の三側面

宇野弘蔵は、労農派グループの一員とみなされていた。一九三八年には労農派教授グループ事件に連座して逮捕され、東北大学の職を離れている。しかし戦後、東京大学社会科学研究所にむかえられ、戦前戦中の研究の蓄積を独自の方法論として主張し、マルクス経済学の発展に多大な影響を与える著作をあいついで公刊し、注目を集め続けた。

前節でみたようなマルクス経済学の世界と日本での展開に残されていた方法論上の問題について、宇野理論は三つのあい関連する側面から体系的に新たな解決の方向を開拓している。

すなわち第一に、社会科学としての経済学における客観的認識は社会思想ないしイデオロギーから相対的に独立した役割を有すると主張する、科学とイデオロギーの峻別論がそのひとつの特徴とされている。それは、とくにかつてのソ連型正統派マルクス主義経済学において、イデオロギー闘争の一環としてマルクス経済学を位置づけ、労働者の利害やそれを代表する共産党の政治方針に適合的な理論や分析を妥当なものとする傾向から、客観的な史実と論理にしたがった社会科学としてのマルクス経済学の独自の役割と任務を解放する方法論的課題を強調するものであった。とはいえ、それはしばしば誤解されているように、社会主義イデオロギーや唯物史観と社会科学との関係を否認するものではない。マルクス経済学の形成や展開にとっての社会主義イデオロギーの意義を無視するものでもない。後にもみるように、むしろ資本主義を自然視するブルジョアイデオロギーの枠内に狭くとらえられている古典派経済学やさらに現代の新古典派経済学にたいし、その限界をこえる理論的認識の可能性をひらく役割を社会主義思想に認め、逆にまた社会科学としてのマルクス経済学にもとづいて社会主義思想と唯物史観の論拠が学問的に与えられる、相補的関係性を正確に認識しようとする方法論でもある。

第二に、『資本論』に示されている資本主義市場経済の原理的考察の体系は、それを考察基準として構成される、帝国主義段階論を一環とする資本主義の世界史的発展段階論、さらにはより現実的な世界経済論や日本資本主義分析のような現状分析とは研究次元を区別され、マルクス経済学の研究はそれら原理論、段階論、現状分析の相補関係のうちに体系的にすすめられなければならない。これがいわゆる宇野三段階論の方法をなしている。

この三段階論の方法を具体化する作業として、宇野は主著のひとつとして『経済政策論』(一九五四年、改訂版一九七一年)を公刊し、資本主義の世界史的発展段階論の概要を明確にしている。そこでは、イギリスにそくして資本主義の発生期としての重商主義段階が、羊毛工業を基礎とする商人資本を支配的資本として解明され、ついで産業革命を経たイギリス綿工業を基礎として産業資本を支配的資本とする自由主義段階の資本主義の成長期が考察され、最後に爛熟期としての帝国主義段階が、重工業を中心に独占的組織を発展させるドイツ、海外投資に重点を移したイギリス、およびトラスト運動を展開したアメリカの異なる様相とその対立関係をめぐりあきらかにされている。

そのなかで、後発的なドイツが最初から高度な資本構成を有する重工業により金融資本を形成する過程で、労働雇用の都市部への吸収が十分でないまま広範に農民層を残存させて農業問題を生じつつ、積極的な帝国主義国として発展する様相が解明され、それが戦前の日本資本主義の農業問題の考察にも参照基準とされてよいことも示唆されていた。後発的な日本資本主義の一般性と特殊性とが、現状分析の次元において、『資本論』のような原理論とあわせ、資本主義の世界史的発展段階論をも考察基準とすることで、無理なくより現実的に分析可能となる方法が示されたわけである。

第三に、『資本論』の理論体系のエッセンスをとくに経済学の原理論として純化し、整備する試みがすすめられ、その成果が宇野の『経済原論』(上下巻、一九五〇、五二年、以下これを旧『原論』と略記し、全書版、一九六四年、を新『原論』と略記する）にとりまとめられる。その独創的で学問的な内容は、日本におけるマルクス経済学の研究に大きな刺激と影響を与え続けている。イデオロギーから相対的に独立した社会科学の基礎理論として、『資本論』の精髄が、学問的に論証可能な理論体系として圧縮して取りだされているのは、さきの第一のイデオロギーと科学の峻別論を支える論拠ともなっている。同時に『資本論』の原理論としての純化は、『資本論』に混在していた資本主義の歴史的具体的発展についての考察を、資本主義の発展段階論や現状分析に区分して別の研究次元で扱い、帝国主義段階のような新たな資本主義の発展も段階論研究の一環として位置づける経済学の（原理論、発展段階論、現状分析への研究次元の）三段階論の方法の基礎をあきらかにする作業ともなっている。それは新たな資本主義の発展により、『資本論』のエッセンスとしての資本主義一般の原理がただちに修正を求められることにはならないことも同時に方法論的に明確にするところとなっていた。

こうした観点からみると、いわゆる宇野理論の方法論の三面はいずれも、宇野の『資本論』研究に依拠していることがわかる。その意味で、前章でみたマルクスの方法論は、『資本論』に凝集されているとみなせるところが、あるかたちで宇野理論の方法にも引き継がれていると解釈することができる。

そこで以下本章では、宇野経済学の方法の中核をなすと考えられる新旧宇野『原論』の「序論」に考察を集中し、宇野が、みずからの『経済原論』の課題と方法をどのように規定していたかをあらためて検討し、あわせて現代的に補足や注目を要すると思われるところを率直に述べてみたい。

Ⅲ　旧『原論』における経済学の方法論

宇野の旧『原論』では「序論」にさきだち、この著作の成立の経緯をふくめて、「序」がおかれている。そこでは、『経済原論』が『資本論』に学んで、『資本論』の理論展開を経済学の原理論として再構成して述べたものであることをあきらかにしている。そのさい、マルクスが社会主義者であったことと『資本論』の学問的内容との関係、および、その理論展開が従来の経済学説の徹底的な批判・検討をふまえたものであることにふれている。加えて、みずからの経済政策論の研究や講義の基礎として、『資本論』を経済学の原理論として学び、利用した経緯をふりかえり、経済学の応用分野の研究は、原理論の体系的把握なしにはできないし、原理論の把握の程度に応じた、あるいはそれに制約された応用研究がおこなわれ、また逆にそのような研究によって問題が生ずるごとに原理論の体系的把握が深められる関係にあると述べて、経済学の原理論と応用研究との相互促進的関連に言及している。いずれもついで「序論」で展開される論点であるが、宇野三段階論との対比でみれば、資本主義の発展段階論と現状分析の二つの研究次元が、経済学の応用研究として一括されて原理論と区分され、その対応関係が論じられていることに注意しておきたい。それは、経済学の研究次元の三段階への分化論とただちに不整合とはいえないが、宇野学派の内部でも、いまあらためて段階論と現状分析の方法論的再考がさまざまに試みられつつあるなかで、想起されてよい大らかな研究次元の基本的区分を示すところといえよう。

1　経済学の目標

「序」に続く旧『原論』の「序論」は、「経済学の目標」「経済学の方法」「経済原論と経済学の他の研究部門との関係」および「経済原論の篇別」の四つの部分に区分されている。

その第一項は、「吾々は一体経済学を何のために学ぶか」という印象深い問いから開始され、ほぼつぎのように説きすすめられている。

すなわち、この問いには、経済学が学問として発生・発展してきた過程をあきらかにしないと確実に答えられない。経済学が、学問として発生したのは一六、七世紀の西欧諸国、ことにイギリスであった。世界史的にはじめて資本主義社会を実現してきたイギリスでは、経済生活が商品関係をもって律せられるようになり、社会関係は範囲を拡大し複雑となり、とうてい常識的には見通しがきかなくなる。国家の財政も封建領主のような簡単なものではなくなり、複雑なものになり、合理的根拠を求められるにいたる。

経済学は、新しく起こりつつある資本家的商品経済を統一的に理解しようとする意図をもって生じ、一般的常識的思想をなんらかの程度で批判し、科学的理解をめざした。最初は、国民の富は金にあるという重金主義を批判するものとしてあらわれ、ついで重商主義思想の批判となって統一的科学としての体裁をととのえてきた。フィジオクラート（重農主義者）の思想は、当時の一般常識的思想から科学を解放し、より多くの価値は商品の売買によってえられるものではなく、生産そのものに基礎を有することをあきらかにしつつあった。A・スミスが一八世紀後半に『国富論』をもって経済学を古典的に大成したのは、資本主義の発生以来の科学としての経済学の発達過程を引き継いだものであり、その自由主義思想は、資本主義としては、思想的制約から最も解放された立場を与えるものとなっていた。

経済学は、A・スミス（Smith 1776）、D・リカード（Ricardo 1817）による古典派経済学にいたるまで、つねに資本主義社会の商品経済的基礎をあきらかにし、当時の常識的経済思想を批判しつつ、新しい政治目標を指示することに、その使命があった。それは、個人的金儲けのためにある学問ではない。さらにまた、経済学は、国家的政策や財政にたいしつねに新しい問題解決の道を提示するものであったともかならずしもいえない。それぞれの学問がつぎの時代に伝えられるような正しさをもっていたのは、それらが思想的に新しい政治目標を指示していた面より、むしろ従来の常識的思想を批判した消極面において、科学としての発展の条件がみられたのである。スミスに代表される古典経済学も、重商主義の思想と政策を排除することを目標としつつ、自由主義的イデオロギーを脱しえないかぎり、資本主義そのものを批判的に把握することはできなかった。

ところが一九世紀の二、三〇年代以降になると、資本主義はその特有な生産方法を機械制大工業として確立し発展させつつ、販売不能な商品の過剰と働く意志をもちながら失業をせまられる労働者の過剰とをもたらす恐慌現象を生じ、社会として存続する資格を問われることとなり、こうした問題を理解し解決する道は、資本主義的思想によって把握された経済学には期待できないこととなる。そこに、社会主義思想により、資本主義的思想を批判しうる基礎が与えられたのであるが、社会主義思想だけでは資本主義を真に科学的に把握しうることにはならなかった。マルクスは、経済学の発展の全過程を検討し、社会主義思想を、資本主義的思想によって歪曲されることなき科学としての経済学の完成に役立たせたのであった。経済学は、それにともない、資本主義を一定の時期に発生したものとして、したがってまた当然消滅して新たな社会に変わるべきものとして、いわば全体的に把握する、まったく新しい科学としての地位を確立した。マルクスの学説が、フランスの社会主義、イギリスの経済学だけでなく、ドイツの哲学をも継承し、それらを批判的に摂取して、より高い学問的完成を示したといえるのも、そのような点からいえるのである。それと同時に、経済学によって指示される問題解決の道は、たんなる政策の問題ではなくなり、資本主義そのものに対する根本的改革を求める社会運動に、その物質的根拠をあきらかにするものとなる。

こうして宇野は、この「序論」の一において、経済学の発達を回顧しつつ、経済学の目標自身も客観的に変化してきたのであり、それによって経済学を科学として完成する方法も確立してきたことを強調している。そのさい宇野は、大きくみれば、経済学は、資本主義商品経済を統一的に把握しようとする意図をもって発達してきたことを確認しつつ、その研究の目標が、資本主義の発展にともない、ことに常識的な経済政策や経済思想、さらにはそれを批判する、より解放された思想的立場との関連において変化してきたことを重視している。具体的には、重金主義、重商主義、重農主義、自由主義がそれぞれ、先行の経済思想を批判し、より広い立場を示し、経済学の発達に貢献してきた。しかし、思想はつねに事の真相を究めるというより、一定の考え方でこれを一挙に把握したものにとどまり、真実の歪曲された反映にすぎない性格をも有している。その意味では、「資本主義商品経済に本来的な自由主義的イデオロギー」も、資本主義を自然視し、その歴史性を無視する限界を有し、その制約のもとにあった古典派経済学もまた、恐慌や不況に示されるような資本主義の矛盾やその発現に科学的解明をすすめえず、経済学として首尾一貫した論理をもって体系化されえない不備を価値論やその展開にも残さざるをえなかった。

宇野によれば、マルクスの経済学は、社会主義思想により資本主義思想から解放された見地を学問の発展に役立てて、資本主義をその歴史的特性とともに、全体的に解明する科学的体系を形成するものとなった。それとともに、資本主義の歴史過程のなかで展開された従来の学説についてもその思想的歪曲を排撃するにとどまらず、それぞれの学説がなぜ不完全なものになったのかをも理解し、その真理を把握することも可能となった。そのようなマルクスの経済学は、たんに社会主義的観点から資本主義を批判したものではなく、何人《なんぴと》にも階級的立場を問わず、論理的に承認せざるをえない科学をなしている。したがって、マルクスの経済学による社会情勢の分析も、たんに社会運動に都合のよい判断を与えるものではないが、しかし、歴史的発展の過程を代表しないものには社会科学が正確に利用されることはありえないし、社会運動も科学的で客観的真理によって根拠を与えられないかぎり、新しい歴史を創る発展性は望めないであろう。そのような意味で、マルクスによる経済学は、社会主義の要請を理論的に理解する道を示す目標にそって、経済学を科学として完成する方法を確立したとみなされているのである。

マルクス経済学は、一般に、資本主義思想によるブルジョア経済学にたいし、社会主義思想により、労働者の立場にたった階級的、党派的学問であるとみなされる傾向が強い。ソ連型マルクス主義においても、そのような理解が支配的であった。宇野は、これに疑問を投じて、社会思想ないしイデオロギーと社会科学を峻別する方法をとったと通常理解されている。そこに宇野における経済学の方法論の重要な一面がたしかに認められる。この「序論」もそのような文脈で読み取られてよいところがある。すなわち、それぞれの経済学の学派における思想は、先行の学説の思想的制約を批判的に克服する媒介的役割を果たすという消極面において、経済学の科学的認識としての継承や発展に寄与してきたとみなされ、マルクスの経済学も、社会主義思想を、資本主義思想によって歪曲されない科学としての経済学の完成に役立てたのであるが、それはたんに社会主義思想による資本主義批判にとどまるものではない。その内容は、階級的立場のいかんを問わず、何人にも客観的真理として論理的に理解され、承認されるべき科学をなすと考えられているのである。

とはいえ他方で、宇野は、思想と科学とを一方的に分離しているだけではない。その役割の違いをあきらかにしたうえで、両者の関連を広く検討し把握することを、経済学の方法論の重要な一面としていると考えられる。資本主義の発展につれて、経済学の目標も客観的に変化してきたのであり、それをつうじ経済学を科学として完成させる方法も確立してきた、と宇野が主張するさい、経済学の目標は、主要な学派においてそれぞれの政策思想ないし社会思想として意識されていることが多い。しかも宇野は、それらの社会思想をたんに先後関係において相対的な歴史的意義をもつものとは扱っていない。

たとえば、自由主義イデオロギーは、重商主義の思想と政策を排除するものとするにとどまらず、「資本主義商品経済に本来的な」思想と位置づけ(1)、そのもとでスミスが経済学を古典的に大成したことに格別の意義を認めている。それとともに、資本主義思想の制約のもとにある経済学では、歴史的社会としての資本主義経済における内的矛盾の動態をふくむ一貫した理論体系を形成しえないのであって、マルクスは、社会主義思想による資本主義思想の批判を介して、経済学を一貫した理論体系として完成する課題に学問的に取り組み、資本主義思想に歪曲されない科学としての経済学を確立した、とみなしている。

それと同時に、マルクスの経済学は、社会主義の思想を理論的に理解する道を示し、実践的にも社会主義的運動に役立つ社会情勢の分析を与える課題を有している、と宇野は主張している。すなわち、マルクス経済学について、思想と峻別された科学としての客観的認識を課題とするとしながら、他面ではその任務は、社会主義の根拠をあきらかにするところにあるとして、資本主義思想を批判する社会主義の思想と運動との関係性を結局は宇野が重視していることに、あらためて注意しておきたい。そのことは、マルクスによる経済学にとって当然ともいえるかもしれないが、しかし、二〇世紀に形成されたソ連型社会主義の崩壊をうけて、社会主義に深刻な危機が訪れている状況のなかで、マルクス経済学の目標とされているこの側面をどのように保持し、展開しうるか。後に第四章でもたちもどるが、ここにも再考を要する切実な問題が現代的に生じているとみなければならない。

2　経済学の方法

旧『原論』の「序論」の第二項は「経済学の方法」と題され、マルクスの『経済学批判要綱』の「序説」に述べられている「経済学の方法」からの引用に始まっている。すでに前章でみたように、マルクスはそこで一七世紀以降における経済学の発達が、生きた全体としての国民、国家などから分析をすすめて抽象的一般的諸契機へと下向的に考察をすすめた後に、ついで労働、分業、欲求、交換価値のような単純な諸規定から国家、国際貿易、世界市場へ上向してゆく経済学の体系が、学問的に正しい方法として始まったとしていた。

そこでのマルクスの叙述から、宇野は、経済学の発達のうちにその方法も確立されるものであることを学ぶことができるとするとともに、そこから教えられるものをめぐり経済学の方法についてみずから考えるところを簡単に述べたいとして、『資本論』の理論体系との関係においてつぎのような論点に検討をすすめている。

第一に、経済学が下向的研究を経て、学問的に正しい上向の道へ転ずるさいの出発点となる単純な概念はなにか、という点である。前章でも問題としたように、財貨やそれにたいする欲望、あるいは財貨を生産する労働などは、商品経済ないし資本主義社会にかぎられるものではない。それらから出発するのでは、かならず商品へ、さらには貨幣、資本への上向の論理が確実なものとはなりえない。「多くの経済学説が、財貨から説き起こしたために資本主義社会の基本性格を見失うことになるのはその為である。それでは貨幣は財貨の交換の便宜のためにあるものとしてしかつかめない。資本は、資本主義社会でなくとも一般的に如何なる社会でも、ただその発達を異にするにものに過ぎないものとして、理解されることになる。」(宇野一九五〇、一〇ページ)。そこで、経済学が資本主義社会の経済関係をあきらかにするものであるかぎり、その理論的考察の出発点は、「資本主義社会の中心基軸」をなす商品に求められなければならず、それ以上に簡単なものとはされえない。ここで、財貨にたいする欲望一般から説き起こしている経済学説の問題点は、むろん新古典派経済学にもあてはまるところであろう。

第二に、宇野は、マルクスの上向の道をたどり、最後に到達する人口とはどのようなものかを問題とする。経済学の研究における下向過程の出発点をなす人口は、特定の国の、特定の時代の具体的なものであっても、その構成部分の諸関係を規定する概念を抽象的諸規定に析出してゆく過程では、特定の国の、特定の時代の具体性は捨象されざるをえない。その下向過程の終点たる商品から理論展開をすすめることになると、その理論体系の到達点は、特定の国と時代の国民ではなく、「資本主義一般に通ずる、その人口の階級関係」があきらかにされるにとどまるのであって、『資本論』の理論体系が商品に始まって諸階級に終わるのは、「当然な、唯一の正しいものではないかと考える」(同上、一一ページ)。

それは、すでにこれも前章で述べたように、経済学の原理的体系が、『経済学批判要綱』執筆当時のマルクスの構成プラン後半における国家、外国貿易、世界市場まで直接にはおよばないで完結しうることを、『資本論』の理論構成の意義として確認するところといえる。もっとも、『資本論』体系は、その最終章を「諸階級」としながら、その内容はすでに展開されている資本主義社会の基本的三大階級の経済的基礎を総括するごく断片的な規定にとどまり、新たな理論展開を示すものとはなっていない。この章をふくむ『資本論』第三巻第七篇「諸収入とその源泉」の全体も、それまでの理論展開をとりまとめ、資本主義社会の階級関係の基礎をなす諸収入が、内容的には剰余労働の取得とその社会的配分関係をひとつの階級社会として維持するものでありながら、資本が利子を、土地が地代を生み、資本家の営利活動をふくめ労働が賃金所得をもたらすという物神的な観念形態のもとに、その実質的社会関係を、隠蔽することに重点をおくところとなっている。

これをうけて、宇野の旧『原論』も「資本主義社会の階級性」を最後の節においてはいるが、その節は新たな理論展開を示すところというより、それまでの展開にもとづき資本主義的階級関係を隠蔽する物神的観念形態の総括的批判を示すところとなっている。しかし、他方で、宇野『原論』は、『資本論』第三巻の構成における利子論と地代論の順序を入れ替えて、利子論を最終章におき、生産物の商品形態をもって始めた経済原論は、「資本の商品化をもって終わる」(宇野一九五二、三〇四ページ)とも述べている。さらに旧『原論』下巻の翌年に出版された『恐慌論』の「序論」では、労働力の商品化にもとづく資本蓄積の内的矛盾の爆発とその現実的解決の論理をあきらかにする恐慌論が、「経済学の原理論のいわば結論をなすのである」とも述べている(宇野一九五三、六〇ページ)。そこで、『資本論』を経済学の原理論としてさらに完成させようとする場合、その結論的な終結規定はどうあるべきか。宇野自身においても、諸階級論、資本の商品化論、恐慌と景気循環の理論という三つの規定のあいだで、最終的な判断はまだ決していなかったところもあるのではなかろうか。

宇野学派の内部でも、その後、この点では見解が分かれている。たとえば、鈴木鴻一郎編(一九六二)では、株式資本としての資本の商品化論を、大内力(一九八二)では諸階級論を、日高普(一九七四)と山口重克(一九八五)では景気循環論を終結規定としており、伊藤誠(一九八九)も景気循環と経済危機を最終編においているが、いずれが適切であるか、なお検討の余地は残されているように思われる。あるいは旧『原論』の「序論」で宇野が述べているほどには、原理論の終結規定は、その出発点としての商品の規定と異なり、「唯一の正しいもの」を確定しがたい性質があるのかもしれない。そうとすれば、資本主義の歴史的変容やそれをめぐる問題関心の重点のおきかたなどにしたがい、実は経済学の原理論の展開には方法論上、多少とも組み替え可能な弾力的余地が残されていることがそこには示唆されているのではないかとも考えられる。この点については、次章でもたちもどって検討をすすめたい。

経済学の原理論の最終規定をどのようにするかについて、結論が異なる可能性が残されているにせよ、宇野がこの「序論」において、『資本論』のような理論体系においては、抽象的な商品の規定に始まり、特定の国や時代の具体的特性の考察とは区別された資本主義一般につうずる経済法則を把握することになると主張していること自体は、それに続くつぎのような唯物史観との関連についての考察とあわせて経済学の方法論として大切な指摘をなしている。

すなわち、宇野によれば、マルクスの唯物史観は、ドイツ哲学の批判というかたちで、経済学の本格的研究にとりかかるよりさきに定式化され、経済学研究の指針となったのであるが、『資本論』における経済学の原理論の体系化は、「唯物史観にいわゆる下部構造をなす経済過程を純粋の形で、いわばそれ自身で存在し、運動するものとして把握し、これによって資本主義の社会の一般的法則を明らかにするものとなっている。」(宇野一九五〇、一二ページ)。たとえばスミスではなお重要な問題であった政策や財政など国家と切り離せないものは、『資本論』では捨象されている。それは、資本主義の経済過程が、特殊の歴史的諸条件に制約されながら、それら諸要因をすべて生産力と生産関係の対立関係に統一するものとして、それ自身独立の過程としてあらわれることを基礎とするのである。たとえば、一九世紀イギリスの自由主義政策は、資本家、地主、労働者の関係をある程度変化させつつ、新たな生産力と生産関係をつくりだすものとして存続することになるが、その自由主義政策自身、一八世紀後半の産業革命以後の生産力と生産関係との変化を基礎として採用されたものである。資本主義の経済過程は、こうして政治、法律などのいわゆる上部構造の影響をうけながら、つねにその基礎となって独自の発展をなすものと考えられるのであり、経済学はその原理を完結的な理論体系において把握することができる。それはまた、資本主義社会においては、いかなる社会にも不可欠な人間の物質的生活資料の再生産過程が、基本的には政治、法律などの上部構造とは分離される商品関係によって処理されるという根本的前提が与えられていることにも関連している。「マルクスの唯物史観は、その経済学においては、まずかかる経済学の理論体系の基礎を明確にするものとしてあらわれたということが出来るのである。」(同上、一三ページ)。

この最後の宇野の命題は、含蓄に富んでいる。直接的には、それは、唯物史観における社会の上部構造と下部構造との分離、さらに上部構造を規制する下部構造の自律的発展についての視点が、経済学においては、資本主義社会の商品関係による経済過程が、政治、法律などの上部構造の影響をうけつつ、それ自身で動く性質をあきらかにする指針となり、経済学の原理的体系が政策や財政問題などから分離されて、純粋の完結した理論体系を構成する方法論を導いた、と述べていると解釈できる。そのかぎりでは、唯物史観をマルクスの経済学の方法論とみなす正統派マルクス主義の通常の解釈に近い命題とも読めなくはない。しかし、宇野はここでまた、あらゆる社会の物質的再生産の原則を商品経済により、政治、法律などの上部構造と分離して、それ自身で存在し運動する過程とする資本主義経済の特性をとくに重視して、そこに経済学の原理論が、経済政策論や財政学などとは分離されて完結した純粋の理論体系として抽象できる「根本的前提」があるともみなしている。唯物史観は、そのような資本主義社会の特性にもとづき、資本主義社会の経済的下部構造の運動法則を原理的にあきらかにする理論体系の形成への「指針」となったとされているのである。

そのかぎりでは、『資本論』において経済学の完結した原理論の体系が構成された方法論的基礎は、人類史を総括する唯物史観を介して、資本主義社会の経済的下部構造の自律的発展性があきらかにされる道が開かれたことにあるとされるとともに、政治、法律などの上部構造の影響をうけつつ資本主義商品経済がそれ自身で動く自律性を有していることが経済学の原理論を成立させ、それによって唯物史観の基礎も明確にされたとも説かれている。その意味で、唯物史観も、それを介して導かれた経済学の原理論も、結局はそのような資本主義社会の特性に根本的に依拠するものであるとみなされているわけである。

こうした宇野の含意をこの「序論」における叙述をこえて敷衍すれば、つぎのようにもいえる。すなわち、商品経済による資本主義社会の経済的下部構造の自律的な発展性は、その特性が経済学の原理論において体系的にあきらかにされ、さらにそれにもとづく資本主義の発展段階論や現状分析における社会の上部構造における変化の解明をつうじ、経済学の研究のなかで学問的にあきらかにされる。したがって、唯物史観はそのような経済学の研究に「導きの糸」として役立つとともに、社会の下部構造と上部構造の区分と関連における動態について、資本主義社会における有力な学問的研究の裏づけをえることになる。その意味では、唯物史観は経済学の研究に方法論的な指針を与えるとともに、逆にまた経済学の研究により科学的論拠を与えられるともいえるのであって、両者の関係は相互媒介的なところがある。マルクスの思想形成過程としても、ドイツ哲学の批判により唯物史観が構築されてゆく過程で、すでに経済学にブルジョア社会の解剖を求めつつ、それを重要なひとつの手がかりとしていた。

宇野もこうした関係を重視するようになり、『経済学方法論』では、「マルクスが唯物史観を経済学の研究のうちに確立し、また経済学の研究によってこれを科学的に確証してゆこうとした点こそ、むしろ彼の方法を特徴づけるものと、いってよいであろう。実際また経済学によることなくしては、「現実の土台」と、そのうえに立つ「上部構造」との関係を明確にすることはできなかったであろう。」（宇野一九六二、一〇七ページ）と述べるようになる。それはこの旧『原論』の「序論」を適切に補う省察であった。

いずれにせよ、経済学の研究が、資本主義社会の商品経済による経済的下部構造の自律的運動のしくみとその動態を、まず原理論としての完結した体系において解明することになると、経済学の研究は、そのような原理論とそれにもとづくより現実的な上部構造をもふくむ資本主義社会の歴史的発展についての研究とに、体系的に分化することとならざるをえない。すなわち、原理論としての「経済学の理論体系は要するに資本主義社会を歴史的に特殊な社会として、古代、中世の社会に対比して、この社会に特有なる、社会の運動法則をいわば実験室的に、資本主義的世界像として把握するものであって、これによって一七世紀以来の資本主義の世界史的発展段階を解明しつつ、かかる発展過程のうちに、政治、法律、その他の社会現象の変化の歴史的規定をも与え、さらにまた特定の国における資本主義の発展の特殊性を、その国の政治、法律その他の社会現象と共に明らかにするという、基本的なる理論をなすものである。」（宇野一九五〇、一三ページ）。それにともない、政治学、法律学なども、経済学にもとづき、社会科学としての統一的関連性を確立しうる。こうして、唯物史観によって社会科学を確立してゆく第一歩として、「経済学の研究分野を、第一には純理論的体系、第二には資本主義の世界史的発展段階、第三には個々の国々における資本主義の、あるいは世界資本主義の具体的な分析という三段階に分けることとなり」、さらにそれら資本主義社会の経済学的分析にたいし、資本主義以前の諸社会の経済史、あるいは社会主義社会の経済の研究にもそれに適応する方法が示されるものと考えられる（同上、一四ページ）。

ここに宇野の三段階論の方法が示されることとなっている。その方法論的基礎は、唯物史観によりつつ、さらに根本的には商品経済にもとづく資本主義市場経済の自律的運動が、上部構造から分離された経済的下部構造自身の原理を純理論的体系として抽象せしめるところにおかれているといえよう。そのような原理論は、社会科学としての経済学の基本をあきらかにすることによって、三重の役割を果たすものとされている。

すなわち、第一に、歴史的に特殊な資本主義社会の原理を、古代、中世の社会に対比して、いわば比較体制論的にあきらかにする役割を果たす。さきに、社会科学としての経済学の目標が、社会主義の要請を理論的に理解する道を示すところにある、とされていたのも、原理論が基本的にはそのような資本主義社会の経済体制としての特殊な歴史性を体系的に完全にあきらかにしうることによるものと考えてよいであろう。

第二に、そのような原理論はまた、政治、法律その他の社会現象の変化をふくむ資本主義の世界史的発展段階論と、各国資本主義ないし世界資本主義の具体的分析との二段階にわたる、資本主義の現実的発展についての応用研究をすすめるさいの参照枠としての基本理論となる。

第三に、資本主義以前の諸社会の経済史、あるいは資本主義を変革してあらわれる社会主義社会の経済の研究などにも、つまりはエンゲルスのいう広義の経済学にも、資本主義についての狭義の経済学としての原理論とその応用的研究が、それぞれに適応した方法を示す参照基準をなすことになるとみなされている。旧『原論』の「序論」は、こうした広い経済学全体の研究領域にたいする経済原論の関係を、つぎの第三項においてさらにやや詳しく展開している。

3　広義の経済学と三段階論の方法

その「序論」第三項は、まず前半で広義の経済学について、後半で狭義の経済学の諸分野について、経済学の原理論との方法論的関係を検討している。

すなわちまず、広い意味での経済学は、古代、中世の社会、さらには社会主義社会の経済をも研究対象とする。そのさい、宇野によれば、経済史が古代、中世における社会の基本的社会関係の性質をあきらかにしつつ、その社会の変化の過程をも究明することになるが、その研究も資本主義社会の基本的経済関係をその歴史性とあわせて解明する、狭義の、あるいは本来の経済学により、科学的方法を確立される。というのは、社会科学としての本来の経済学によって、あらゆる社会に共通する人間の物質的生活資料の生産、再生産の経済原則が、資本主義において特殊な歴史的形態のもとに編成されていることが明確にされると、古代、中世の社会についても経済生活の原則を処理するそれぞれに特有な形態の社会関係があることを想定させることになり、それが資本主義社会といかに異なるかをも究明する基準が与えられるからである。「この点は、社会主義社会についてもある程度いえることである」（宇野 一九五〇、一六ページ）。

ここで、宇野は広義の経済学を必要とする研究対象として、資本主義にさきだつ諸社会とともに社会主義社会をもあげて、それらについても資本主義社会を考察する本来の経済学、とくにその原理論が研究の基礎とされるべきことを主張している。そのさい、古代、中世の社会の基本的社会関係とその社会の変化の過程を解明するものとしての経済史の役割を強調している。そして、補足的な注のなかで、古代、中世にも商品経済は出現していたが、資本主義と異なり、商品の生産や交換はその時代の社会を支配するものではなく、したがっていわゆる商業史は経済史としてはむしろ二次的意義を有するものでしかない、と述べている。たしかに二次的意義を有するところであったとはいえ、古代、中世の諸社会の中心的な社会関係の特性とあわせて、共同体的諸社会のあいだの交易関係に由来する商品経済が、それぞれの社会の経済生活やその変化にどのような役割を果たしていたかは、経済史の研究、ないしはそれを一環とする歴史学の研究においてもつねに重要なひとつの関心事をなすところといえよう。

それとともに、経済史学の研究は、最近ではあきらかに近代資本主義の発生・発展の過程から現代史にも対象を拡大してきており、そのなかで、資本主義市場経済の発展にともない分解される古い生産者層や社会の制度、慣習、文化、人間関係の役割やその変質を広く重視しつつ、後発的な諸国のそれぞれに歴史的特性をともなう開発や成長にも興味ある考察を加えつつある。宇野の方法論からみれば、それは、資本主義の世界史的発展段階論や現状分析における経済学の各研究分野に重なり合い直接それらに貢献するところとみなすこともできる。そのためもあってか、宇野によると、本来の狭義の経済学との対比において、(経済学では扱いえないという意味での)経済史の独自の研究対象は、資本主義にさきだつ諸社会にあるともされる。しかし、経済史学の研究手法や問題関心が、近代以降にも延長・拡大されて、資本主義の経済過程の歴史的展開について、狭義の経済学と協力して、あるいはその一環として研究をすすめることも方法論的には十分ありうるところと思われる。とはいえ、それにともない経済史研究のなかに、資本主義に先行する商業史との連続性や共通性に重点をおき、あるいは財一般の生産や消費の経済原則的な活動の量的計測やその配分関係の分析に関心をよせて、結果的に資本主義経済の特殊歴史性の批判的考察から遠ざかり、新古典派理論に基礎を移す傾向も生じうる。宇野の指摘する広義の経済学と狭義の経済学との区分、および狭義の経済学の内部の三段階論の方法は、そうした傾向に批判的に対抗する『資本論』にもとづく経済史研究の意義と課題とをあきらかにするところともなっているといえよう。

さらに宇野はここで、広義の経済学の研究対象として社会主義社会をもあげていた。そして社会主義社会についても、古代、中世の社会について述べたことが「ある程度いえる」としている。それはなにを意味しているのであろうか。さしあたり、資本主義社会においてあらゆる社会につうずる経済生活の原則を商品経済による特殊な歴史的形態によって処理する原理の解明が、古代、中世の社会についてと同様に、社会主義社会についても、経済原則を処理するその社会に特有な基本的関係とその変化の解明にさいし、その考察基準となることを述べたものとみてよいであろう。

しかし、社会主義については、過去の古代、中世の社会についての歴史的研究とは、とうぜん異なる方法論的配慮が求められるところもあるはずである。宇野によれば、社会主義の主張の論拠を理論的にあきらかにすることは、社会科学としての経済学の目標をなすところであった。広義の経済学の重要な一分野をなす社会主義社会についての研究は、資本主義経済についての原理論にもとづき、資本主義の根本的変革を求める新たな社会への発展の基本があきらかにされていることにてらして、現実的な社会主義国の発達の程度や現実的な社会関係の歪みなども分析されなければならないことになろう。

これらの諸問題については宇野の『資本論』と社会主義』(一九五八)なども取り上げ、本書第四章であらため再考をすすめてみよう。

主に経済史との関係、補足的には社会主義社会についての研究との関係で、経済原論が広義の経済学の方法論的基礎ともなると述べた後に、宇野はこの「序論」三の後半で、経済学の他の研究分野、たとえば経済政策、財政学、金融論などと経済原論の関係に考察をすすめている。

すなわち、資本主義の発展過程において、資本家、地主、労働者は、経済原論があきらかにする範疇的規定のみでは、それらの具体的性格を全面的には把握しえないところがあるし、具体的な資本主義社会には、経済原論では扱えない農民や職人のような過渡的中間層、あるいは俸給生活者のような新中間層も少なくない。資本主義は、発生、成長、爛熟の過程を経過するなかで、これらの社会階級ないし階層の分解ないし確立の過程をあるときは促進し、あるときは阻止する方策をとる。

世界史的には、資本主義の発生期の商人資本、成長期の産業資本、爛熟期の金融資本と、中心的な支配的地位にある資本の形態が変化するのに応じて、国家の政策も財政も性格と機能を変化させてきた。(3)「経済原論の対象をなす純粋の資本主義社会は産業資本の時代に、しかも具体的にはイギリスにおいて最も近似的に見出されるにすぎない。」(宇野 一九五〇、一七ページ)。そこで、経済政策と財政に関する研究部門は、経済学の原理論によって把握された一般的法則をもって分析された資本主義の発展段階に応じて、重商主義、自由主義、帝国主義の経済政策と財政とを、その世界史的に必然的な根拠にもとづいてあきらかにするものでなければならない。金融論や企業経営に関する具体的研究も、まずこの段階論の研究次元でおこなわれなければ科学的とはいえない。この研究次元では、国家や国家間の関係も経済過程に影響することがあきらかにされ、経済学は政治学などの上部構造に関する学問との直接的関連も明確にするものとなる。

経済原論にもとづき、さらにこのような資本主義の世界史的な発展段階論の研究を経なければ、個別的な各国の、各時代における資本主義の発達を具体的に、そのあらゆる部面にわたり分析することはできない。日本資本主義の分析にさいしても、原理論であきらかにされた一般的法則のみをもってすることは、一面性をまぬがれないことになる。日本資本主義が、どのような時代に、どのような方法によって発達することができたかは、世界資本主義の発展段階論の解明を前提に、それとの関連であきらかにされることである。こうして「原理論と資本主義の世界史的発展段階に応じた各部門の研究とを前提とした一国のいわゆる現段階論、これが経済学研究の最終の目標をなすものである。」（同上、一九ページ）。

ここに、経済学の原理論、段階論、現状分析の三段階への分化とそれらの関連を主張する宇野三段階論の方法が内容的に提示されている。経済学の原理論は、資本主義の発展段階論、現状分析をつうずる経済学の各研究部門への共通の基礎理論をなすものとされているのである。そのさい、現状分析の課題として、とくに日本資本主義分析が強く意識されていた。それは、『資本論』での一般的法則を直接に適用しようとして、さきにみたように、講座派が日本の農村部などに資本主義の原理とは異なる封建的社会関係の存続を強調し、労農派が農村部の農民も一般法則にしたがい賃金労働者に分解されつつあることを、それぞれ一面的に主張していた論争を、方法論的に止揚する道を提示することが重要視されていたためといえよう。具体的には、資本主義の世界史的発展段階論において、後進的ドイツが組織的な金融資本により帝国主義的強国として台頭するさいに、農村部に広範な農民層を残しつつ、その経済政策の一面にも農民保護政策を大切な争点としていたことが、それに続いて資本主義化する日本社会の分析にも、原理論とともに参照されなければならないと考えられたのである(4)。

このような宇野三段階論は、経済学の研究全体を、『資本論』のような原理論にもとづき、体系的に秩序立てて研究する方法論としてきわめて有力で、その影響も大きく、一群の宇野学派を形成し成長させる役割を果たしてきた。それは、経済学の研究が、原理論にもとづき、そこでは捨象されている特定の国や時代の資本主義における三大階級の具体的特性、種々の小生産者や中間層との関係、国家の役割や国際関係などをふくむ、現実的経済発展の分析をすすめる研究次元の重要性を強調し、その応用的研究分野をさらに資本主義の世界史的発展段階論と現状分析との二層の研究次元に立体化する必要を説いたものである。

とはいえ、原理論にもとづき現状分析をすすめるための、いわば中間理論にあたる資本主義の世界史的発展段階論をどのような範囲、時期区分、内容において構成するべきか、その後の研究のなかでもさまざまな試みや論争が積み重ねられてきた。たとえば、この旧『原論』の「序論」でも、「個々の国々の資本主義の、或いは世界資本主義の具体的分析」は現状分析の課題とされているのだが、第一次世界大戦にいたる古典的帝国主義段階までの資本主義の世界史的発展に指導的な役割を果たしている国について の、そのような具体的分析はおそらく段階論の内容と重複し、したがって研究次元の段階論と現状分析との区分は多少とも便宜的なところを残さざるをえないであろう。

あるいはまた、重商主義段階、自由主義段階に続く、金融資本による帝国主義段階の規定を与える第一次世界大戦までの考察をもって、宇野の発展段階論は体系化されているのであり、後に宇野は『経済政策論』(改訂版)の「後記」において、「第一次世界大戦後の資本主義の発展は、それによって資本主義の世界史的発展の段階論的規定を与えられるものとしてでなく、社会主義に対立する資本主義として、いいかえれば世界経済論としての現状分析の対象をなすものとしなければならない。」(宇野一九七一、二六七ページ)としている。

しかし、第一次大戦後の資本主義は、たしかに社会主義との対立に規定される側面をふくむにいたるとはいえ、すくなくとも両大戦間期の危機とそれへの対応、第二次大戦後の高度成長期、およびその後の経済危機と再編過程との三つの異なる時期について、第一次大戦までの古典的な発展段階論とは異なるものとなるにせよ、支配的な政策基調の変化をふくめ現状分析のいわば中間理論的総括の試みを必要としているのではなかろうか。そこにもたんなる実証分析のみには帰せられない現代資本主義論としての研究課題がある。その意味で、宇野の古典的な発展段階論を原理論とともにふまえて、現代資本主義の世界的発展と変容について、どのように考察をすすめるか。宇野の方法論にとっても重要で切実な課題が残されていたと思われる。この点については次章であらためてたちいって検討しよう。

ところで、原理論と発展段階論とを前提とした一国のいわゆる現段階論（ないし現状分析）が、経済学研究の最終の目標をなすという、宇野の三段階論は、さきに社会科学としての経済学の目標が、資本主義そのものにたいする根本的改革を求める社会主義の思想と運動に、物質的根拠をあきらかにすることにあるとしていたこととと、どのような関係にあるのであろうか。もともと日本資本主義論争をつうじ、講座派は日本社会の市民革命による封建的基礎の変革とその後の社会主義革命との二段階革命論を支持し、労農派は一段階革命論の論拠を示す対抗的な論争関係にあった。これにたいし、宇野は、原理論による社会主義の綱領的基礎の論拠とあわせて、段階論による帝国主義論での新たな資本主義の展開に対応する戦略的基礎をも考慮に入れて、一国の現段階論がそれにもとづく現実的変革への戦術論の基礎を、より総合的にあきらかにする学問的論拠を提示する方向を示そうとしていたと解釈できる。

もっとも、宇野によれば、資本主義社会の発展が、その内的矛盾の展開をつうじ、周期的恐慌を反復することは原理的に論証できるにせよ、また、それにともないその経済システム自体の社会主義への変革をもたらす可能性は示されるにせよ、その必然性までは論証できないところであり、『資本論』もその論証には成功していない⑤。その意味では、『資本論』第一巻第二版への「後書」において、N・ジーベルの論評に依拠しつつ、その理論体系において資本主義の秩序が必然的に成立するとともにその発展をつうじ他の秩序へ移行せざるをえない必然性を論証するという弁証法的方法がとられていると述べていたところに、事実上強い疑問が提起されていた。経済学によって示される社会主義の主張の基本的論拠や、さらにその戦略、戦術への客観的基礎の分析にもとづき、社会主義を実践的に主張し戦略、戦術を可能な幅から実践的に選択し決定するのは、あくまで労働運動など社会運動にもとづく政党の主体的活動の役割である、と考えられていたのである。

もっとも、現代の日本のように、社会主義への変革運動が、ソ連崩壊の直接間接の影響をもうけて、退潮期にあるなかでは、経済学研究の最終目標も、そのような社会主義との関係では考えにくい状況にある。それゆえすくなくとも直接的には、経済学の目標も広く世界経済と日本資本主義の現段階の正確な認識自体にあると単純に考えておくほうがよいのではないか、と考えられるかもしれない。

しかし、マルクスの経済学による現状分析は、他の経済理論による現状分析と異なり、資本主義市場経済を自然的秩序とはみなしえないのであって、その特殊な歴史的しくみと内的矛盾の現実的な展開が、とくに働く人びとや社会的弱者になにをもたらしつつあるかに体系的な関心をよせるものとならざるをえないであろう。それと同時にその批判的分析が、資本主義をこえる経済秩序の可能性に構想力を発揮する余地を示唆しつつ展開されるのでなければ、マルクス学派としての特徴と魅力を失うおそれが大きいのではなかろうか。この点は、マルクス経済学による現状分析をたんなる資本主義の多様な類型の比較研究なり、そのための細分化された実証研究のなかに拡散させないためにも留意しておいてよいところではないかと思われる。

4　流通形態論の方法

旧『原論』の「序論」第四項は、経済原論の篇別について、これを「流通論」「生産論」「分配論」とすると述べて、その理由を説いている。その篇別構成は、「資本の生産過程」「資本の流通過程」および「資本主義的生産の総過程」からなる『資本論』の三巻構成を大きく再構成したものである。内容的には、『資本論』の理論展開を再整理し、その第一巻第三篇以降第二巻までを「生産論」にまとめ、ついで『資本論』第三巻を、資本の競争を介する剰余価値の「分配論」として位置づけるとともに、『資本論』第一巻第一、二篇の商品、貨幣、資本の展開をあらためて「流通論」として、資本の生産過程論に先行する独立の篇としているのである。一見差異が目立つにもかかわらず、『資本論』の理論体系に学び、これを活かしたものとなっているとみることもできる。

とはいえ、宇野『原論』が、その第一編を「流通論」とし、資本の生産過程論から意識的に独立させるとともに、そこでの商品、貨幣、資本の規定を純粋の流通形態論として、その背後の生産関係や労働の社会関係にもとづく価値の実体規定にふれずに再構成したことは、その原理論としての最大の独創的特徴をなし、その後の宇野学派に共通の方法論的基盤のひとつをなしてきている。宇野によるこの「序論」四での篇別構成論も、第一編を「流通論」とすることに説明の重点をおいていた。

そのさい、本来の経済学は、資本主義経済を研究の対象とし、原理論はその研究の基礎をなすものとみなされながら、あらためてその研究課題の意義を、広義の経済学との関連で方法論的に確かめる視点が導入されている。

すなわち宇野によれば、古代、中世の社会と異なり、資本主義社会は基本的社会関係たる資本家と労働者との関係も商品形態でとりむすび、全面的な商品経済社会をなす。しかし、商品、貨幣、およびある種の資本は、古代、中世の諸社会にも出現する。「このことは商品形態があらゆる物に、それが如何なる関係の下に生産せられたかに関係なく、付与せられ得るものであることを明らかにするのであって、形態的には資本主義的生産を前提することなくして説明し得られることを示すのである。」（宇野 一九五〇、一九ページ）。こうした認識が、商品、貨幣、資本の形態規定を、資本の生産過程にも、あるいは社会的生産過程の基礎にもふれることなく、まず純粋の流通形態論として構成する方法論的根拠とされているとすれば、宇野原論の方法論的基盤は、純粋の資本主義社会の想定はもとより、資本主義経済をも歴史的にこえる広がりを有していることになる。

宇野はこれに加え、完全な資本主義社会を想定する「経済原論の世界でも」資本家的に生産されえない商品、あるいは商品として生産されないで、交換によってはじめて商品となるような商品が、重要な地位を占めているとして、労働力商品をあげ、そのような商品の存在からも、商品の性質をあきらかにするうえで、資本主義の生産過程やさらに一般的な生産過程をまずあきらかにしておく必要はない、と主張している。それに加えて、労働力の商品化の前提をなす、土地の私的所有にもとづく土地の商品化や、さらには信用証券、株式形態による資本の商品形態も、同様に商品形態が生産物以外に広く付着する原理論の世界での事例としてあげることができよう。

いずれにせよ、商品の性質をあきらかにし、ついでそれにもとづき貨幣と資本の形態的特質をあきらかにするには、資本の生産過程、さらには生産過程一般の規定を前提にしなければならないということはない。しかし、そのことは、実は『資本論』でも十分明確にされてはいなかったところであって、『資本論』の理論展開を宇野『原論』の「流通論」が再整理して、はじめて理論的にあきらかにしたことでもある。その意味では、ここでも経済原論の方法は、その理論展開自身に依拠して成り立つものであるといえる。しかしそれとともに、その背後には、純粋の資本主義社会を想定しその内部に反復される商品経済の法則をその機構とともに解明するという宇野自身の経済原論の方法論のみに縮約できない、商品経済についての広範な歴史性をめぐる広義の経済学につうずる重要な認識がたたみ込まれていることは、強調するに値するところである。[6]

こうして、商品、貨幣、資本の流通形態が、資本主義的生産過程や生産過程一般を前提することなくあきらかにしうるのに反して、「資本主義的に行われる生産過程は、商品関係、その発展としての貨幣、資本の形態的規定を明らかにすることなくしては、これを説明することはできない」(同上、二〇ページ)とされるのは、剰余価値の「分配論」にもむろんあてはまるところであるが、それは、資本主義的生産関係や分配関係の全体が、生産過程にほんらい外来的な商品経済関係により社会関係の基礎を包摂し処理するところに、特殊な歴史性を有していることを原理的に明確にする課題に深く関わることであったといえよう。

Ⅳ　新『原論』「序論」の方法論

旧『原論』に続き、宇野はその理論と方法論とをふまえ、続いて『恐慌論』、『経済政策論』、『資本論』と社会主義』、『経済学方法論』など、社会科学としての経済学の内容を革新し拡充する重要な作品をあいついでしあげた後に、旧『原論』を圧縮しつつ改善して新『原論』を執筆した。その「序論」では、『経済学方法論』などでの考究も取りいれて、上にみた旧『原論』にみられる方法論を継承しつつ、そこにいくつかの補整ないし補強を加えている。そこに加えられた変化や補強の意義を以下では二項目にわけて検討しておこう。

1　商品経済と資本主義

新『原論』の「序論」は、内部の節の区分を省いて述べられているが、それとともに旧『原論』の「序論」とは叙述の順序を組み替えているところがある。

すなわち、新『原論』の「序論」では、まず「経済学は、商品経済に特有なる諸現象を解明するものとして発達してきた学問である。」（宇野一九六四、一ページ）と説き始めながら、旧『原論』と異なり、学説史の内容にはただちには入っていない。むしろ直截に、商品経済とそれにもとづく資本主義社会の特質により経済学の課題が与えられる関係を述べてゆく。すなわち、商品経済を考察の対象とする経済学は、人間の経済生活を一般的に規定するものではないが、しかもこの経済生活の原則的規定自体が、商品経済という特殊な形態をもっておこなわれる資本主義経済を対象とする経済学によってはじめて与えられる。資本主義社会では、商品経済によるために経済生活がしばしば常識的には不可解な現象を示し、その解明を要することとなるとともに、経済生活が経済外的政治権力の支配から離れ、商品経済の諸形態により全面的に支配されるところとなる。そこで、そのような資本主義社会を考察の対象とすることにより、経済生活の一般的規定も、その特殊の形態規定とともに経済学によってはじめてあきらかにされることとなる。それはまた、古代、中世の社会にもつうずるマルクスの唯物史観における経済的基礎を、それ自身に存在し理解されうるものとしてあきらかにし、唯物史観を科学的に基礎づけるものとなる。

旧『原論』の「序論」では、まず経済学史にてらし経済学の発達につれ、その目標が客観的に変化しつつ確定されてきたことを説き、ついでマルクスにおいて唯物史観を指針として経済学の理論体系の基礎があきらかにされる道がひらかれたことを述べていた。それらの論点を含蓄しつつ、ここではむしろより直接的に、商品経済による資本主義の経済生活が複雑な現象を示すとともに、政治権力など社会の上部構造から分離された自律的過程を形成することを指摘し、その歴史的事実によって経済学が成立することに重点をおいている。同時に、そのような経済学により経済生活の一般的規定がその特殊な形態規定とともにあきらかにされるところに唯物史観の科学的基礎も与えられるとしている。その点は、さきにも唯物史観と経済学との関係をめぐって旧『原論』での論点をいくぶん敷衍して述べておいたところであるが、ここでは商品経済による資本主義経済の自律的発展過程自身に、経済学の成立発展の客観的基盤があり、そこからまた唯物史観の学問的基礎もえられる関係があらためて明示的に主張されるようになっているのである。

それとともに新『原論』では、「もともと商品経済はマルクスのいうように共同体と共同体との間の生産物の交換から発生したものであって、それはいわば物によって人間の社会関係を拡大するものとして、漸次に共同体に分解的影響を及ぼしつつその内部に浸透していったのであった。」（同上、五―六ページ）という重要な規定も明確に述べられるにいたる。

これに補足していえば、ある共同体社会の成員が他の共同体的社会の成員と生産物の交換に入るさいには、武力をもちいて略奪したり、権力的な再配分を強要する場合とは異なり、それぞれの共同体社会内部に支配的な政治権力、宗教、身分秩序などの規制から離れて、相互に平等で自由な立場にあるものと認めあって、取引の合意が成立するか、しないかのみが問われることとなる。それは、資本主義にさきだつ諸社会の内部の慣習的互酬や権力的再配分の秩序にたいしては、外来的で異質な経済関係をなし、したがってそれぞれの社会における経済生活の発達に外部から刺激や補足を与えるにせよ、内部に浸透し拡大しすぎれば、共同体的で身分制的な社会秩序を破壊する作用を有していた。資本主義社会の経済生活が、経済外的政治権力などの支配から分離された独自の自律性を示すのは、ほんらい共同体的な社会と社会のあいだの交易関係をなしていた外来的な商品経済の諸形態を、社会内部の経済秩序の基本とする特殊な歴史過程をなしているためである。

このようにして、もともと共同体と共同体とのあいだに発生した商品経済関係の外来的特質と、そのような商品経済をたんに周辺的な部分現象としていたような諸社会の内部にも共通する経済生活の基本的一般的原則との区分と関連が人類史的に広い視野にたって認識され、それが商品経済のもとに経済原則が全面的に包摂される資本主義社会の特殊な歴史性を理論的にあきらかにすることにつうじているとすれば、そこには商品経済の諸形態の人類史的に古くからの広い歴史性と、資本主義的商品経済の特殊な近代以降の歴史性との区分と重層的関連についての認識が、マルクスにもとづく宇野の原理論にはふくみ込まれていることになる。(7)

そのことは、一方で唯物史観の学問的基礎を再考しつつ、商品経済の役割に直接ふれていない唯物史観の定式自身にも、その点で補強を要請してよい論点をなしているともいえよう。他方で、唯物史観と経済学にもとづく社会主義の現代的再考にも有意義な論点をなしている。すなわち、宇野自身は、社会科学としての経済学は「資本主義の経済構造とその運動を支配する法則とを明らかにすることによって、経済過程に対する商品経済による盲目的なる法則的支配を自主的なる行動原則に止揚還元して社会主義を実現するという、その根拠を示すものとして、科学的に役立つのである」(同上、一五ページ)とするさいに、おそらくソ連型計画経済に信頼をよせ、ほんらい社会的経済生活に外来的な商品経済は排除して、経済生活の原則を全面的な計画経済によって自主的行動原則に還元することを社会主義の基本目標として想定していたように思われる。

しかしその後、ソ連崩壊の前後からの社会主義再考の試みのなかで、社会主義経済のモデルとして、全面的計画経済の体制のみにとどまらず、主要な生産手段の公有制にもとづき市場経済の調整機能や誘因を組み込んだ市場社会主義あるいは社会主義市場経済の多様な類型もあらためて選択肢として提唱されるようになり、また中国などではその実験もすすめられている。それらの試みは、古典派経済学や新古典派経済学により市場経済と資本主義経済とを区別せず、自然視する観点からは、その理論的可能性が理解されえないこととなろう。これにたいし、『資本論』とそれに依拠する宇野『原論』における市場経済の諸形態と資本主義の重層的な歴史性の区分と関係の理論的認識は、多様な社会的生産関係と古くから接合関係を形成し、共同体的諸社会のあいだにおける経済関係の調整や補足を果たしてきた商品経済が、主要な生産手段の公有制による労働者自主管理型の社会主義社会にも組み込まれてある範囲での経済的機能を果たす可能性にも、理解を広げる余地をふくんでいるとみてよいであろう(8)。

2 経済原論の対象

新『原論』の「序論」はついで、ほんらい諸社会のあいだの交易関係として発生した商品経済が、近世初期の西欧諸国の国際貿易関係として発展し、ついにイギリスにおいて生産過程自身をも商品形態をもっておこなう、商品経済社会としての資本主義を実現することにより、それ以前には断片的なものにとどまっていた経済学的知識も、独立の学問として発達する基礎をえたと述べ、経済学の発達の跡をふりかえる。

宇野によれば、その発達過程をつうじ、経済学は、富国強兵といった一国の特殊な目的にとどまらず、資本主義の発展にともない、資本主義経済の一般的構造と、その運動を支配する経済法則をあきらかにする原理的な研究に発展していった。そのさい、古典派経済学は、一七、八世紀から一九世紀にかけてのイギリスにおける資本主義の発展傾向にもとづき、資本主義社会を自由平等な理想社会とみなしていた。しかし、一九世紀二〇年代以降になると、周期的恐慌現象もくりかえされ、社会主義の主張もおこなわれるようになり、資本主義を理想社会とはみなしえなくなったのであって、マルクスは、社会主義の論拠を基礎づけるものとして、資本主義を一定の歴史過程としてその商品経済的機構をあきらかにする批判的方法に道をひらき、『資本論』において経済学の原理論を科学的体系として完成する基礎を与えた。

しかし、マルクスは一九世紀末以降の資本主義の変化を予想することはできなかった。すなわち、資本主義は一九世紀末以降漸次に金融資本の時代を展開し、多かれ少なかれ農民などの小生産者的社会層を残存せしめつつ、帝国主義政策を展開するようになるのであって、もはや単純に経済学の原理論に想定されるような純粋の資本主義社会を実現する方向にすすみつつあるものとはいえなくなる。そこで、経済学は、原理論のほかに、原理を基準としながら資本主義の歴史的発展過程を段階論的に解明する、特殊の研究を必要とすることになる。修正主義論争を経て提示されたマルクス経済学における帝国主義論はその具体的展開を示すものであった。

こうして、この新『原論』の「序論」になると、一九世紀末以降の資本主義の発展は、非商品経済的要因に影響されて、資本主義の純粋化傾向が阻害され、帝国主義論のような段階論の研究を必要とすることになることを宇野はあらためて強調するようになり、それによって経済学の研究が原理論と段階論と、それらにもとづく各国の、あるいは世界経済の現状分析とをもっておこなわれることがあきらかにされるようになる、と主張するようになる。それにともない、宇野はまた、経済学の原理論は、一九世紀中頃までにおける資本主義の歴史的発展傾向を延長して、「資本家と労働者と土地所有者との三階級からなる純粋の資本主義社会を想定して、そこに資本家的商品経済を支配する法則を、その特有なる機構とともに明らかにする」(同上、一二ページ)ことになると、明確に規定するにいたる。

『経済学方法論』などの宇野によれば、「原理論の対象をなす純粋の資本主義社会」は、現実の資本主義社会からなんらかの主観的立場によって抽象されるのではなく、資本主義の発展そのものが客観的に純化作用を有していることによる想定なのであるから、それは、たんに対象の模写であるにとどまらず、その「方法の模写でもある」（宇野 一九六二、一六四―一六五ページ）。経済学の発達の過程も、基本的には、資本主義の発展自体にもとづく、いわば唯物論的な方法の模写による「純粋の資本主義社会」の抽象の意義を、客観的な研究成果の展開のうちに示すところとみなされているわけである。[9]

こうして、経済原論の対象として、純粋の資本主義社会を想定する方法を、マルクス以降の歴史や帝国主義論の展開との関係までふまえて、意識的に明確化したことが新『原論』の方法論を大きく特徴づけている。それは、たとえばM・ウェーバー（Weber 1904）が、ドイツ歴史学派の継承者として、社会科学が価値判断から自由に社会政策などにつき客観的認識をすすめるうえで、理念型の構築とその現実社会についての実証の方法を提唱し、たとえばある政策についてであれば、その目的への賛否の判断は学問的には客観的にはおこなえないとしても、目的と政策手段との合理的適合性の検討は科学的に研究しうるとしていたことへの方法論的批判をも含意していた。すなわち、『資本論』にその大綱を提示されたような、社会科学としての経済学の原理論は、その理論体系の抽象の方法自体が、資本主義の歴史的発展にもとづいて与えられていることをいわば唯物論的認識方法として強調し、研究者のそれぞれが問題関心にしたがって構成するウェーバー的理念型論に残らざるをえない主観的方法とは異なるマルクスによる経済学の客観的方法の基本を、宇野は明確にしたとみてよい。そのような原理論を考察基準とすれば、一九世紀末以降に社会政策が帝国主義政策とあわせてなぜ重視されるようになるか、その意義と限界も、資本主義の世界史的発展段階の推移にそくして、段階論ないし現状分析としての応用研究において、客観的で批判的な研究が体系的に可能となると考えられる。

とはいえ、こうした宇野の三段階論の基礎とされる、原理論としての『資本論』の純化・完成をめざす方法は、イギリスにみられた一九世紀中葉までの歴史的傾向に抽象の方法を模写して、近代社会の三大階級のみからなる純粋資本主義を考察対象とする、いわゆる純粋資本主義論の方法によりながら、その内容において、すでにみたような商品経済の諸形態の広範な歴史性、あらゆる社会につうずる経済生活の原則の一般的規定、それらとの関連における資本主義社会の特殊な歴史性について、人類史的考察をも内包し、のびやかな広がりをもって展開されているのであって、確立された純粋資本主義社会にくりかえされている法則や機構の内部のみに理論的考察を狭く局限しているわけではない。

新『原論』の理論的規定の展開にさいしても、たとえば、貨幣の章の最後に、商品が共同体と共同体とのあいだに発生したのと同様に、商品、貨幣、資本の流通形態はいずれも外来的な経済形態の共同体内への浸透として展開されることに注記を加え、貨幣の資本への転化論では、資本主義にさきだつ諸社会にも古くからあらわれる商人資本や高利貸資本をあげて資本形式を規定し、資本の生産過程論の冒頭であらゆる社会に共通な経済生活の原則的基礎をなすところとして労働生産過程を規定し、さらにその規定の最後に剰余労働がどのように処理されるかが歴史的に社会形態を区別することに言及している。それらはけっして純粋な資本主義社会の内部の考察のみによりえられる規定ではありえない。

それとともに、もともと、商品経済の諸形態は、共同体的諸社会のあいだの交易関係に由来し、諸社会内部の再生産過程には外来的なものであって、そのような商品経済の諸形態により諸社会の経済生活の原則的基礎が全面的に包摂されるようになったところに、資本主義経済の独自の自律的運動法則とその機構の歴史的特徴があるとする見解は、あきらかにマルクスにもとづく宇野『原論』に示される重要な認識をなしていた。こうした認識はまた、『恐慌論』の「序論」において、宇野が、商品経済によって社会内部の経済過程を組織するにいたった資本主義社会にとっては、もはや他の社会とのあいだの交易関係も、異質な原理をなすものではなくなる、と規定し、対外的な経済関係を捨象する方法論を提示していることにもつうじている。そこでは、たとえば一九世紀中頃のイギリスにとって、工業品の輸出とひきかえに輸入される農産物は、同質的な商品と商品の関係をつうじ、使用価値の異なる物品を内部の資本主義的に生産される物品とおきかえるにすぎず、たんに量的に内部の社会関係を拡大する要因とみなせるから、「理論的にはこれをイギリスのような一社会の内部に移して工業から農業にいたる全産業が資本主義的に経営された場合の国内市場と理解してよいことになる。」（宇野 一九五三a、二六―二七ページ）とみなせるのであると主張されていた。

こうした宇野による外国貿易捨象の論理は、次章でみるように、宇野学派の内部に、経済学の原理論の考察対象は、むしろ現実の世界資本主義が商品経済関係を介して他の社会的諸生産に働きかけつつ世界市場的過程の中枢に展開する歴史社会の生成・成長・爛熟の自律的運動の内的論理そのものとみてよいのであり、一九世紀中頃までのイギリス社会の歴史的傾向にもとづきあらかじめ想定された純粋資本主義社会の内部にあるとみる必要はないとする、いわゆる世界資本主義論の方法を派生させる重要な論拠ともなった。

宇野自身の原理論の方法論が、イギリス社会の内部の一九世紀中頃までの発展傾向を延長して純粋の資本主義社会を想定し、その運動法則と機構とを解明するという主張をしだいに基軸とするようになりながら、それにとどまらず広く商品経済とそれにもとづき他の諸生産関係との接合関係も拡大しつつ進展する資本主義社会の自律的運動の論理を重視し、世界資本主義論の方法につらなる観点も内包していたことは、あきらかなところといえよう。

もともと『資本論』から学んだ宇野『原論』には、純粋な資本主義社会を想定し考察対象としながら、資本主義にさきだつ諸社会にきわめて古くから社会のあいだの交易関係として発生し、外来的な成長をとげる商品経済の諸形態の意義や、それら諸社会の内部に共通な経済生活の一般原則をも明確化しつつ、それらの意義をふくみ込んで資本主義商品経済の特殊な自律的発展性の人類史的特徴をあきらかにしようとする広い理論的視野が示されていた。その側面はまた、宇野が経済原論の抽象の方法論的根拠としても重視し、さらに原理論にもとづく経済学によって唯物史観の学問的基礎があきらかになるとみなすさいにも重要な意義を有していた。さらにまた原理論がそれにもとづく段階論と現状分析とあわせて、資本主義にさきだつ諸社会の経済史にも、さらには社会主義社会の研究にも、有力な研究基準を与えると主張されることにも深く関わっている。

そのような宇野『原論』の人類史的視野は、現代的にも、たとえば資本主義のグローバリゼーションとその作用の内実、地球環境問題、開発途上諸国の経済生活の変化やその困難についての研究や、市場社会主義論の可能性をふくむ社会主義の論拠の現代的再考などに重要な理論上の参照基準を与えるところともなるであろう。逆にまた、現代的なそれらの深刻な諸問題についての切実な関心が、いま資本主義市場経済の原理論を人類史的な観点のもとに読みなおし、再考することをあらためて求めているのではないかと考えられる。

V　経済原論の課題と方法

以上、われわれは主として宇野『原論』の「序論」部分を中心に、マルクスにもとづく経済学の原理論の課題と方法について、宇野理論の特徴的な見解を検討してきた。そのまとめとして、多少の重複はおそれず、いくつか強調しておきたい論点をあらためて三つに分けて摘出し、それらについていちおうの総括の試みを提示しておきたい。

第一に、マルクスは、『資本論』の体系を、その導入部における方法論的序論を省いて構成していたのにたいし、『資本論』に経済学の根本を学んだ宇野『原論』が、その点では大いに異なる構成をとり、かなりのページをさいて、内容のある方法論的「序論」を導入部においている。それは興味ある相違をなしている。そこでは、人類史的に広い商品経済の由来と経済生活の一般原則、それらによる資本主義経済の特殊な自律的運動の歴史的特性、その解明にさいしての社会思想の役割、経済学の発達過程の意義、さらには資本主義の世界史的な発展段階論や現状分析、さらには広義の経済学への研究基準としての原理論の位地などが、広い視野で取り扱われていた。それは、マルクスが主著への導入部にいちどは用意しようと試みた序論的な「経済学の方法」論を、マルクス以後の経済学の歩みまで考慮に入れて、独自にしあげてみせたものといえるかもしれない。

その「序論」の豊富な内容は、宇野『原論』の本論が、『資本論』にふくまれる資本主義の歴史的形成や発展についての史実の考察や分析を大きく省略し、さらにその生産様式の止揚にいたる推論を省いて、一九世紀中頃までのイギリス社会の発展傾向から抽象され想定された純粋な資本主義社会の内部にくりかえされる経済的な運動法則とその機構についての原理を、いわばエッセンスとして凝縮して抽出しているのにたいし、むしろ逆方向での広がりを示している。そのような「序論」は、経済原論とは別の導入部であり、経済原論自体は、それに続く本論の理論体系にかぎられるところなのであろうか。そうとすれば、「序論」は、ほんらいなら『経済原論』から省かれてよいことにもなろう。

しかし、それは、宇野『原論』の本論が、意識的に純粋の資本主義社会の内部に考察対象を純化、限定しようとしたために、むしろ必要性が増した補完的で不可欠の導入部であったとも考えられる。むろんこの「序論」は、宇野『原論』の旧版と新版とを読みくらべても、その展開の順序や内容には本論部分ほど厳密な論理必然性はなく、その意味でも本論とは性質が異なる部分をなしている。(10)

とはいえ、これをかりに省いたならば、宇野『原論』は、その本論の展開の意義も十分には理解されにくいであろう。社会思想、とくに社会主義思想との区別と関連も、経済学の応用的諸分野への研究基準としてのその意義も明確にならないおそれが大きい。マルクスによる経済学の原理がとうぜんにそなえているはずの広い人類史的視野にもとづき、社会科学としての経済学全体にとっての現実の考察対象との関連をあきらかにしているこの「序論」は、宇野『原論』にとってやはりその学問的魅力の大切な部分をなしているところである。そこで、経済原論は、こうした「序論」を削除しても本論だけで成り立つものとはせずに、むしろなんらかの形で、このような「序論」にあたる部分をもふくみ込んで成立しているとみるほうが、学問的に豊かで示唆に富む、社会科学としての経済学の基本的考察基準となるにちがいない。

もっとも、その内容にそくしてみるならば、『資本論』がその理論展開を支え導く方法論を前提せずに、その理論構成自体を他に依拠しない自立した学問的叙述として展開する方法をとっている精神は、宇野『原論』にも引き継がれている。その「序論」の内容は、豊かで広い視野におよんでいるが、そのいずれの側面も、原理論における本論の展開を直接に支え導く前提を説くものではない。むしろ『資本論』に学んだ経済学の原理論を、すでにほぼ確立された体系として予定しつつ、その篇別構成や、理論展開の始点と終点の意義を解説し、他の応用的諸研究分野や社会思想との関連で位置づけて、その基礎理論としての意義や役割を確定しようとすることに力点がおかれている。

その考察は、原理論の課題を確定して、それを混乱させる夾雑物や異なる研究次元から隔離するために、いわば消去法的に内容を純化するのには役立っているが、それによって原理論の展開内容が学問的に支えられ導かれるという意味でのいわば積極的な方法論を示すものではない。

そこでは『資本論』においてほぼ確立された社会科学としての経済学の原理論が、資本主義経済の発展過程の歴史的事実とそこにふくまれる基本的なしくみと運動法則の論理にしたがって、客観的で完結した理論的認識を構成しうることがいくつかの側面から主張されている。それと同時に、『資本論』から学べる経済学の原理論自体が方法論的基準となって、資本主義の世界史的発展段階論や現状分析における応用的諸分野の研究の分化を要請し、あわせて唯物史観の論拠をもあきらかにし、種々の社会思想や政策の意義を批判的に解明する参照枠組みをも与えるものとみなされているといえよう。

実際、宇野は『経済学方法論』（一九六二）においても、経済学研究の前提となり、支えともなるような、常識的な意味での方法論を説いてはいない。むしろ経済学の対象とする資本主義の重層的歴史性が、その原理論と段階論と現状分析への分化を要請し、経済学により唯物史観や弁証法の論拠も学問的に理解されうることを述べ、『資本論』に残された理論展開上の方法論的諸問題を、価値論、恐慌論、利子論、篇別構成にわたり検討しているにとどまる。それは、『資本論』の理論体系がその後の応用的分野における研究の基礎となりつつ、社会科学としての経済学の方法論的基準を、経済学の考察対象自体にもとづき体現しているとみなす発想に由来している。そこにも方法論的序論を省いたマルクスの学問的精神が継承されているように思われる。

第二に、宇野『原論』は、とくにその新版の「序論」において、『経済学方法論』での検討をもふまえつつ、イギリス社会に一九世紀中頃までみられた発展傾向を延長して純粋の資本主義社会を想定し、これを原理論の考察対象とするという、いわゆる純粋資本主義論の方法を明示するようになる。しかし、その「序論」ではまた、あきらかに人類史のなかできわめて古くから出現する商品経済関係の存在や、諸社会内部の経済生活の一般的原則、それらにもとづく資本主義の発生、成長、爛熟の世界史的過程の全体に広く考察の基盤をおいて、考察をすすめている。それは、むろんさしあたり経済学の応用的研究としての段階論や現状分析、さらには広義の経済学までふくむ経済学全体の課題と方法を、その原理的基礎とあわせて、「序論」で取り扱っているためである。

この「序論」部分を重視して読めば、宇野『原論』は、歴史過程から抽象された純粋の資本主義社会に考察対象を狭く限定するとしながら、実は、生産過程に外来的な商品経済にもとづく現実の資本主義社会の経済過程に特殊歴史的な自律的発展の過程や、さらには人類史的に古くからの諸社会における経済原則と商品経済の発生・発展との関係に考察の対象を通底させ、広げているところがある。いわば、人類史の雄大な展望をも可能とする万華鏡のようなコンパクトな純粋資本主義論として、『資本論』が圧縮・純化されていることをそこに示唆しているともいえる。

そのことは、「序論」部分にとどまらず、宇野『原論』の本論の理論構成にも読み取れるところが少なくない。たとえば、新『原論』の「序論」でも、最後に篇別構成にふれ、生産論にさきだち商品経済の諸形態を取り扱う流通論から始める理由をつぎのように述べている。すなわち、「商品経済は、経済生活の基礎をなす生産過程自身から発生するものではなく、いわば生産過程と生産過程との間に発生した交換関係に特有なる形態をもって、漸次に生産過程に影響し、浸透し、これを把握することによって、生産過程にその実体的基礎を確保することになったのであって、いわゆる生産論をもって始めることはできない。」(宇野一九六四、一六ページ)。さきにⅢの4で旧『原論』の「序論」のこれに該当する箇所を検討するさいにも、この点にすでに言及しておいたところであるが、商品、貨幣、資本の経済形態を生産過程による社会的実体関係から分離して、純粋な流通形態として再構成する宇野原論の方法論的基礎は、それら商品経済の諸形態が、ほんらい共同体的社会の生産過程と他の共同体社会とのあいだに発生するという広い人類史的認識にあると考えれば、その理論構成の意義はわかりやすくなる。とくに貨幣の資本への転化論は、その意義を明示するところとなっていた。

むろん商品、貨幣、資本の経済形態は、資本主義社会の基盤として、その内部にも存在し、純粋の資本主義社会の基本形態をもなしている。しかし、それら流通形態論としての諸規定は、その展開の最後に導入される労働力の商品化にもとづく産業資本的資本形式の規定をまって、はじめて社会的生産過程を包摂し、それに実体的基礎をおく資本主義的商品経済形態の考察に展開されることとなる。それにさきだつ商品、貨幣、資本の流通形態の規定は、資本主義社会の内部の経済形態としての意義をすくなくとも即自的には示すことができないところとなっているのである。

そこに、すでに述べたように、資本主義にさきだつ古くからの、人類史上に生産過程と生産過程とのあいだの交易関係に生じていた商品経済の諸形態にもつうずる原理が示され、原理論の理論展開にもそのことが含蓄されることになるとともに、そのことがまた、商品経済の諸形態を社会内部の秩序に内部化して生産過程自身をも組織する資本主義社会のしくみやその運動の特殊な歴史性を、広い視野のもとに理解するうえでの重要な鍵となる。

とくに社会科学としての経済原論が、『資本論』にもとづき、資本主義経済のしくみと運動法則を体系的にあきらかにすることによって、資本主義をこえる社会主義の論拠をも明確にし、社会主義社会の経済的しくみの考察にも有力な分析基準となりうるとすれば、それはこうした方法論的含意によるところが大きいといえよう。おそらくこれと同様の方法論的含意は、経済原論の理論体系とその方法論の考察対象としての資本主義の歴史性の重層的な広がりをめぐり、流通論にかぎらず、宇野『原論』の生産論における経済原則の規定、あるいは分配論における土地所有の歴史的意義の規定などにも読み取れる。こうした意味で、宇野のいわゆる純粋資本主義論の方法は、実は内容的にはそれほど単純でも純粋でもない。考察対象の深い歴史的な奥行きと広がりを大切に内包しているものであったと考えられる。またそうであるからこそ、経済原論が、資本主義の発展段階論や現状分析にかぎらず、さらに社会主義経済論をもふくむ広義の経済学の基礎理論として役立つともいいうるのであった。

第三に、宇野理論は、『資本論』を経済学の原理論として位置づけて整理し、それにもとづく帝国主義論を一環とする資本主義の世界史的発展段階論を原理論とともに考察基準として、日本資本主義分析のような現状分析にあたる三段階論の方法により、経済学の研究を体系化したと考えられ、たしかにそこに宇野の重要な方法論上の貢献が認められる。しかし宇野『原論』の「序論」に示唆されている経済学研究の課題は、この三段階の研究次元につきるものではない。たとえば、つぎの三つの研究領域が、原理論、段階論、現状分析の外に提示されていたといえよう。

その第一の領域は、経済学史である。

ことに旧『原論』の「序論」では、経済学の発達が、経済学の目標を客観的に変化させせつつ、理論的認識をしだいに体系的に深化させ、『資本論』において社会科学としての経済学の原理論を確立させるにいたる、として、経済学史をもっぱら原理論の形成史として扱い、学問としての経済学の原理が経済思想を媒介にしつつ、事実上、経済思想から分離されて内容的に確立される経緯をあきらかにしていた。資本主義の発達にともなう経済学の歩みが、原理論の課題をなす純粋の資本主義社会の理論内容や経済学の目標自体をしだいに明確にする方法論的試みを示していたとみなされているのである。

新『原論』の「序論」では、これに加え、マルクス以後の修正主義論争やそれを介して形成された帝国主義段階論にも言及して、一方で資本主義の発展段階論の必要性を、他方でそれにさきだつ一九世紀中頃までの資本主義の発展傾向に純粋の資本主義社会の想定を原理論の考察対象として抽象する方法のいわば唯物論的根拠があることを主張することとなっていた。そうしてみると、経済学史は、ひとつは原理論、段階論、現状分析のそれぞれの形成、展開の歩みをあきらかにする課題をも有し、そのかぎりでは三段階論の研究方法を補完する重要な研究領域をなすとみることができる。

その観点からみれば、宇野理論の方法と理論展開自体、たとえば、三段階論の方法やとくに流通形態論の純化などをふくめ、なぜ二〇世紀中葉にはじめて成立しえたのか、経済学史の歩みのなかで、それをどのように位置づけ、歴史的背景や他の学派との関連において、その意義をどのようにみるかも実は残された興味ある課題をなしている。(11)

しかし、経済学史の研究は、現実にはそのようなマルクスによる原理論、段階論、現状分析の生成と展開をめぐる課題をこえて展開されており、重商主義に始まる主要な諸学派やそれを担った経済学者に特徴的な社会・経済思想やその時代背景、それらとの関係における研究手法やその理論的・実証的研究成果の意義の検討には、三段階論による方法論への補完にとどまらない内容が事実上ふくまれてきているとみなければならないであろう。ことに、新古典派経済学の限界理論によるミクロ経済学とケインズ以降のマクロ経済学の展開をどのように学説史のうえで、批判的に整理するかは、マルクスにもとづく経済学において、それ自体重要な研究課題をなしている。

その課題は、おそらく宇野が経済学史研究の重要な範例とみなしていた、マルクスの『剰余価値学説史』のような、原理論の形成史として、原理論の内容を補足しあるいは深化させる役割をかならずしもともなわないかもしれない。むしろマルクスの用語でいえば、経済理論のいわゆる俗流化の歩みをその思想的枠組みとあわせて批判的に整理する課題となる公算も大きい。しかし、宇野が、ベーム＝バヴェルクのマルクス価値論批判とヒルファディング以来のそれへの反論に真摯に取り組み、流通形態論の純化にもとづく労働価値説の論証の新たな体系化を試みたように、現代世界に展開された新古典派、新リカード派、マルクス派のあいだでのマルクス価値論と転形問題論争をどのように正確に理解し解決するかは、マルクス派としての重要な理論課題をなしている。(12) 欧米マルクス経済学の現代的新展開にも重要な影響を与えている置塩信雄（一九七七、一九八七など）のように、新古典派経済学の数理経済学の手法を用いて、マルクスの価値論や蓄積論に新たな理論的考察を深める試みもおこなわれている。新古典派経済学の研究のなかにもマルクス経済学からみても参考になる理論、現実分析、認識手法、政策論などは提示されうるのであって、それらは原理論、段階論、現状分析、さらには社会主義論などにわたり、批判をふくめ役立てる試みもおこなわれてよいであろう。

いずれにしてもそうした新古典派経済学をどのように位置づけその意義と問題点を批判的に理解してゆくべきかは、マルクス学派としても軽視しえないところとなっている。

『資本論』による原理論とそれにもとづく三段階論による研究は、広くそのような課題にもわたり、経済学史の研究にも有力な参照基準を与えうる。経済学史のなかでも主要な学派ごとに、その意義と限界のあり方は、マルクスによる原理論や段階論にてらしてみても異なることが、その背景をなす資本主義発展の歴史的特質の変化ともあわせて、批判的にあきらかにされてよいわけである[13]。そのようにみるなら、宇野が想定していた原理論の形成史としての経済学史の課題設定は、狭きにすぎたように思われるのであって、宇野理論を学説史研究に活かす試みには、まだ広く展開、開拓の余地があるように考えられてならない。

第二の研究領域は、広義の経済学である。

宇野の三段階論は、主として資本主義経済について、狭義の経済学の方法論を体系化したものと考えてよい。しかし、宇野は旧『原論』の「序論」以来、『資本論』にもとづく経済学の原理論は、経済史による古代、中世の社会についての研究の基礎となるとして、広義の経済学の余地を認め、さらにその延長上に社会主義社会の研究の必要にも言及していた。

資本主義世界システムの周辺におかれ、資本主義的発展軌道に容易に参加できなかったような旧植民地やその後における開発途上諸国の内部の社会・経済生活の研究にも、広義の経済学的な接近方法が求められる余地があろう。とくに、それらのうちで少なからぬ諸国では、植民地解放闘争から社会主義化が急進的に試みられることともなっていた。それらの諸国にも、ソ連型社会主義の挫折と崩壊の打撃は大きいのであるが、そうであるだけに、あらためて資本主義をこえようとする社会主義の理念、社会主義経済についての多様な理論的モデルの可能性、さらに現実に形成された社会主義革命後の諸社会における経済システムの成長、変化と限界、中国型社会主義市場経済の実験の意義など、二〇世紀をつうじ大きな関心を集め続けてきた社会主義の諸問題は、理論と実証研究の両面にわたり二一世紀にも重大な検討課題としてもちこされている。

これに関連して、社会主義経済計算論争のようなオーストリー学派と社会主義経済学者との論争にも、マルクス経済学の原理論にわたり再考を要する問題がふくまれ、その現代的な展開の試みも要請されている。宇野自身がその余地を示唆していた広義の経済学は、ことにソ連型社会崩壊をうけて、あらためてこうした社会主義をめぐる一群の問題群に拡充され、展開される必要性が大きい。後に第四章でもたちもどって検討するが、経済原論はその基礎理論としても活用されなければならないであろう。

それとともに、現代的な社会主義の危機にむきあい再考をすすめることは、その問題群をふくむ広義の経済学にも考察の基準を与える役割にそくして、『資本論』による経済原論を再解釈し、原理的諸規定の重点やその理論体系上の意義を再考する試みをもともなうものとなってよいのかもしれない。宇野は、マルクスにたいし、一九世紀末以後の資本主義の新たな発展をも経験し、考慮に入れることができることが、歴史の理論的解明を原理論と段階論とに区分してすすめる方法論を容易に認識可能とする基礎となっていると考えていた(14)。われわれは、宇野にたいし、その没後のソ連型社会主義崩壊にともなう社会主義の歴史的危機とそれをのりこえようとする世界的な試みの展開、および資本主義のグローバルな競争的再活性化の動向をあわせて、歴史の理論的解明をすすめるうえでの経済学の原理論とその方法論的意義の再考のための新たな機縁をえているのではなかろうか。

最後に第三の研究領域として、宇野の『原論』の「序論」や『経済学方法論』に示されているような経済学方法論は、事実上、三段階の研究次元に区分される経済学の原理論、段階論、および現状分析や、さらには広義の経済学の研究成果を離れて成り立つものではなく、むしろそれらに依拠しつつ、その意義や相互関連をあきらかにする意味が大きいとはいえ、やはり三段階論によりそれぞれの分野に区分された狭義の経済学のみではすまない高次の総合的研究領域をなしているのではなかろうか。

この領域では、広く歴史観、弁証法、政治思想、社会思想、政治権力などとの関係において、経済学の研究が果たす役割や、歴史学、哲学、政治学、社会学、さらには自然科学の諸分野などとの経済学の協力関係のあり方などに批判や反省が求められるところもあろう。経済学史や広義の経済学における研究の進展も、そのような配慮を方法論の研究に要請するにちがいない。経済原論はその「序論」にこうした経済学の方法論の要点を、簡潔にでもふくんでいることが望ましいし、そのような部分をふくんで経済原論は成り立つものともいえるであろうが、経済学の方法論は、広範な問題領域にわたる可能性に富み、経済原論の「序論」部分においてそのすべてに言及することは、あきらかにできないところでもある。

経済学の研究では、そのどの領域を追究していても、かならず原理論の体系とそれにもとづく方法論を事実上は前提し、考慮しながら考察をすすめることとなると思われるのであり、それは原理論の内部における個別的テーマの研究にもあてはまるところである。しかし同時に、そのような方法論の総合的で自覚的な検討の試みは、経済学の諸分野における研究を広く関連づけて再考し、他の学問分野や社会思想との関係などをも考慮することをつうじ、経済学の各分野における研究の新たな発展への契機をもたらす触媒の作用を果たしうる。経済学が各専門分野に分化しすぎて、それらをつうずる総合的な方法論がむしろ検討されにくくなっているところに、経済学の現代における衰退と危機が生ずる一原因があるといえるかもしれない。

このような三つの研究領域にみられるような、資本主義経済についての三段階論にもとづいて区分された研究分野のみに限局できない広い経済学の研究の展開にも視野をのばし、その研究全体の内実を豊かなものにしてゆく試みが、現代における歴史の危機とそれにともなう経済学の閉塞感を克服してゆく有力な方途のひとつとして、重要性を増してきているのではなかろうか。

次章では、こうした可能性をも広く念頭におきつつ、第二次大戦後における現代資本主義論の課題と方法をめぐり検討をすすめてみよう。

注

（1）最近の新自由主義も、その意味では、高度情報技術の普及に物質的基礎をおきながら、資本主義商品経済に本来的な思想にたちもどり、資本主義経済のグローバルな再活性化を図ろうとするところがあり、たんなるケインズ主義の挫折をうけての一時的反動にとどまるものとはいえない根の深さを有しているとみなければならないであろう。

（2） F・エンゲルスは、「さまざまな人間社会が生産し交換し、またそれに応じてそのときどきに生産物を分配してきた、その諸条件と諸形態とについての科学としての経済学――こういう広義の経済学は、これからはじめてつくりだされなければならない。今日までにわれわれがもっている経済科学は、ほとんどもっぱら、資本主義的生産様式の発生と発展とに限られている。」と述べ、従来の狭義の経済学にたいする広義の経済学の必要性を指摘していた（Engels 1877–78, 訳 一五五ページ）。

（3） そのような資本主義の世界史的発展段階の推移をもたらす、支配的資本形態の発展は、原理論における商人資本的形式、産業資本形式、および株式資本の規定に有力な理論的参照基準を有していると思われる。しかし、その照応関係は、宇野『原論』では、商人資本的形式が、むしろ古代以降の古くからの資本によって規定され、さらに株式資本が、それ自身に利子を生む資本の具体化としてのみ説かれるにとどまるので、そう「簡単に片づけるわけにはゆかない」（宇野 一九六七、一一五ページ）ともされている。これにたいし次章であらためてみてゆくように、宇野学派内の世界資本主義論の方法は、自由主義段階までの資本主義の発展に依拠する宇野自身の原理論の方法と異なり、資本主義の世界史的発展段階の全体を抽象の基礎とすることにより、資本形態の原理的規定の展開が、段階論における支配的資本形態の考察基準となる関係をさらに積極的にあきらかにしようとするものとなっている。

（4） たとえば、宇野弘蔵（一九六二、六〇―六一ページ）などをも参照されたい。

（5） 宇野弘蔵（一九六五）は、その点を『資本論』第一巻第二四章第七節「資本主義的蓄積の歴史的傾向」における、資本主義的発展をつうじ「収奪者が収奪され」「否定の否定」が実現されるという展開を取り上げて、理論的に検討しあきらかにしている。

(6) 宇野は、原理論の端緒におかれる商品は、歴史上のいわゆる単純商品からではなく資本主義的生産の基軸をなすものとしての商品を抽象した規定であり、そこに、貨幣、資本の形態を展開して、資本主義経済を理論的に展開する復元力も与えられる、とみていた(宇野 一九六三の一など)。にもかかわらず、産業資本形式の資本にさきだつ、商品、貨幣、資本の諸規定は、純粋の流通形態として展開されているかぎり、古代、中世の商品経済の諸形態にも共通する規定を与えるものとなることは、宇野自身がくりかえし認めているところでもあり、とくに貨幣の資本への転化論では、商人資本的形式G—W—G′と金貸資本的形式G…G′とを古代、中世の諸社会の周辺にも出現していた資本にもとづき規定し、それによって産業資本形式の歴史性を対比的に明示するものと扱っていた。そこにも宇野による純粋資本主義の想定による原理論が、実は広い人類史的視野を同時にふくんで展開される、重層的な歴史の理論的解明をなしていることが示されているといえよう。

(7) マルクスから宇野が継承している、こうした商品経済の共同体諸社会にたいする古くからの外来的歴史性の人類史的認識は、K・ポランニーが遺稿集『人間の経済』(Polanyi 1977)において、「人間の経済における主要な統合形態とは、われわれがみるように、互酬、再配分、および交換である」(邦訳I、八九ページ)と述べている経済人類学的歴史認識とも呼応し重なり合っている。しかし、資本主義に先行する共同体的諸社会においては社会に埋め込まれ統御されていた市場交換の形態が、ポランニーのいうように、近代以降「社会から離床して」悪魔の挽き臼のように異常に肥大化し、あらためてその「大転換」が求められるようになっている(Polanyi 1944)のはなぜか。その基本は、マルクスに依拠して宇野が強調しているように、労働力が商品化されて、社会的規模で労働過程を組織する生産関係が資本の価値増殖の手段として全面的に商品による商品の生産に転化されたことにある。「大転換」がもとめられる意義とその方向も、こうした理論的認識を補って検討されなければならないところと思われる。

(8) 古典派経済学や新古典派経済学では、市場経済とそれにもとづく資本主義経済との理論的区別があきらかにされないまま、市場経済社会こそが自然的な秩序とみなされているので、計画経済による社会主義はもとより、市場社会主義ないしは社会主義市場経済も不自然で人為的な歪みをともなうものとみなされることになる。これにたいし、市場経済と資本主義経済の歴史性の理論的な区別と関連を、マルクス経済学の原理論において正確にあきらかにしておくことが、現代の社会主義論、とくに中国などにおける社会主義市場経済の理論的可能性を理解し検討するうえでも重要な意味をもっていると思われる。その点については、本書第四章でもたちもどって検討するが、さらに伊藤誠（一九九五）、佐美光彦（二〇〇一）などをも参照されたい。

(9) たとえば、宇野弘蔵（一九七三、下、七四七—七五〇ページ）をもみよ。この観点からみると、櫻井毅（二〇〇二、一七七ページ）が強調しているように、宇野による純粋資本主義社会の想定は、重田澄男（一九七五、四四ページ）らの批判するように認識論的循環論をなすものではない。資本主義発展の歴史過程にもとづく経済学説の進化の成果をうけた認識であるとみなしてよいであろう。

(10) 宇野自身、『経済原論』における流通論、生産論、分配論が弁証法的トリアーデをなし体系的に完結するものとして構成されていると述べているが、これにたいし旧『原論』の「序論」は内容的にも四つに区分されており、正反合をなすものではないと認めていた（宇野一九七三、下、七三六—七三七ページ）。

(11) 伊藤誠（二〇一〇）では、価値形態論をめぐるアリストテレス、マルクス、宇野の対論をめぐり、宇野の流通形態論の純化の方法がなぜ二〇世紀に提示されえたのかを問題として提出し検討している。迂遠なようであるが、そこでは宇野理論は、スラッファ理論と同時代性をもち、それぞれにソ連型計画経済の存立可能性からインパクトをうけてはいなかったか、という試論を提示している。あわせて参照し検討していただきたい。

(12) この点について、さらに詳しくは伊藤誠（一九八一）における検討を参照されたい。

(13) 伊藤誠編（一九九六）、伊藤誠（二〇一五）は、宇野理論にもとづきある程度そのような試みを提示している。なお、ケインズ学派をふくむ広い意味での新古典派経済学の意義と限界にマルクス学派として学説史的に批判、検討を加えたものとして、伊藤誠編（一九九六）の第七・八章のほかに、杉本栄一（一九五三）、B・ローソン (Rowthorn 1980, I)、J・ウィークス (Weeks 1989)、野口真（一九九〇）らもある。

(14) たとえば、宇野弘蔵（一九六六、一二四―一二五ページ）をみよ。

第三章　現代資本主義とマルクス経済学の方法

本章では、現代資本主義の考察枠組みをめぐって、宇野理論の発展の試みを中心に、『資本論』にもとづく経済学の方法論を現代的に追究する観点から再考してみよう。それをつうじ、一九七三年以降の資本主義は、それにさきだつ一世紀にわたる歴史の進展を大きく逆流させてきたとする、わたくしの「逆流仮説」の方法論的意義についても、一連の批判に応えつつ省察を加えたい。

Ⅰ　世界資本主義論の方法と現代資本主義

前章でみたように、宇野弘蔵は、経済学の研究次元を原理論、段階論、現状分析に分けて、『資本論』とそれにもとづく帝国主義論と、その両者を考察基準とする日本資本主義分析の体系的関連を方法論的に明確にしようとしていた。そのさい、『資本論』のような原理論は、一九世紀中葉にいたるイギリス社会の発展傾向を延長して、資本家と賃金労働者と土地所有者の三大階級のみからなる「純粋の資本主義社会」を想定して展開されるものとみなしていた。これにたいし、一九世紀末以降の資本主義における純化傾向の鈍化逆転は、資本主義の世界史的発展段階論の一環をなす帝国主義論によって解明される。そうした段階論では、原理論を考察基準としつつ、資本主義の発生期をなす重商主義段階、成長期をなす自由主義段階、爛熟期にあたる帝国主義段階において、それぞれ羊毛工業、綿工業、重化学工業といった主導的産業と、それらにもとづく商人資本、産業資本、金融資本といった支配的資本の運動が、いかに中心国の経済政策の基礎をなすかが、典型論的に解明される。原理論では考察されえない具体的主導産業の性質や、国家の役割、世界市場編成の世界史的変化も、この段階論で考察される課題とされていた。

帝国主義段階は、古典的には先進的イギリスの海外投資とその圏益の植民地的支配の再強化に挑戦する、後発的ドイツの金融資本の組織的成長を基礎とする対外進出にともなう植民地再分割の要求をめぐり、あい争う列強諸国の帝国主義戦争としての第一次世界大戦を生じた。その社会的危機を契機にレーニンの指導したロシア革命が実現され、その後の資本主義は現実のソ連社会主義との対抗関係に規定される一面をともなうこととなった。その側面を宇野は重視して、第一次大戦後の時代は、世界史的には社会主義への過渡期に入り、その意味で、資本主義はもはやそれ自体の発展段階論としては扱えなくなり、世界経済論としても、日本資本主義のような周辺的な国民経済の歴史的発展の推移とあわせて、むしろ現状分析の課題となるとみていた。

こうした方法論的整理にもとづき、原理論とともに後発的ドイツの帝国主義的発展の段階論的典型をも考察基準として、日本資本主義論争の焦点をなしていた農業問題にもその特殊性と一般性とを具体的に解明する理論的基礎が整えられた。それとともに宇野は、非資本主義的経営体としての小農民を広範に残す農業問題を現状分析としての世界経済論の課題としても重視し、社会問題としての農民保護をも一環としていた帝国主義政策や、さらには大戦間期に社会主義に対抗して強化されるようになる雇用政策や福祉政策の意義をもふくめ、資本主義諸国の政策にも資本主義的には不純な要因が重要性を増してきたことを、古典的帝国主義段階以降、とくに第一次大戦以後の現代資本主義の基本的傾向として重視していた。

それとともに現状分析は、原理論やそれにもとづく段階論と区分されて、「無限に複雑な個別的具体性」（宇野 一九六二、六三ページ）を究明する課題を与えられていた。その結果、現状分析は、世界経済や各国経済、さらには個別企業などにわたる個別具体的考察や、歴史学派的な個別事象についての資料的検討や分析へと拡散してゆく傾向も生じていた。

これにたいし、現代資本主義の総括的考察を宇野理論にもとづき展開する二つの重要な試みが提示される。世界資本主義論の方法と国家独占資本主義論とである。そのうちの国家独占資本主義論については、次節で検討することとし、本節では、世界資本主義論の方法の意義を検討しておこう。

鈴木鴻一郎編『経済学原理論』上下（一九六〇、六二）と岩田弘『世界資本主義』（一九六四）は、宇野が一九世紀中葉にいたるイギリス社会にみられた歴史的傾向を延長して、純粋の資本主義社会を想定し、経済学の原理論が展開されるとみなしていた、いわゆる純粋資本主義論の方法に疑問を投じ、つぎのような再解釈を主張した。すなわち、原理論の考察対象は、現実の世界資本主義の歴史過程自体に求められてよいのであって、そこから分離抽象されて想定された純粋な資本主義社会の内部にあるとする必要はない。もともと、宇野が、市場経済を形成する流通形態を商品、貨幣、資本の自生的な相互関係として、背後の社会的実体にふれずに再構成し、それを基礎とする資本主義的生産の自律的運動の原理を解明する展開を示していたのは、現実の資本主義が、世界市場の自己組織的関連を基盤に、その中枢に労働力を商品化して自律的に発展する歴史的形成体として、発生、成長、爛熟する過程そのものを考察基盤とし、その内的原理をあきらかにするところと理解できる。

こうした再解釈につうずる原理論の抽象の方法は、前章でみたように宇野自身の『経済原論』の旧版と新版の「序論」にも、商品経済にもとづく資本主義の経済的運動の特殊な自律性をめぐり、提唱されていたところともいえる。ことに、宇野の『恐慌論』(一九五三a、二〇一〇)の「序論」において外国貿易を原理的考察において捨象しうる論理を『資本論』に学び、つぎのように説いていたことに由来しているところが大きい。すなわち、世界市場において商品交易を介し海外農産物原料を取得する関係は、確立されたイギリス産業資本の自律的運動からみれば、その工業製品とひきかえに取得される海外の農産物原料は、自国の産業資本の一部を農業生産にあてて産出したのと質的に変わらない関係を、量的に効率的に実現したところとみなしうる。それゆえ、イギリス産業資本の自律的運動の内的原理の解明には、異質な要因を加えるものとはならないので、捨象してよい。世界資本主義論の方法は、この抽象方法を原理論全体にとっても妥当するところとみなし、原理論の考察の基盤は、現実に世界市場の中心に自律性をもって形成、展開される市場経済にもとづく資本主義的生産にあることを強調した。

この世界資本主義論の方法からみれば、資本主義的生産の自律的運動は、世界市場におけると同様に国内的にも農民や職人的零細経営などの非資本主義的諸生産を広く残しながら、その中枢に形成され発展しうる。その意味で、資本主義経済は、世界的にはもとより国内的にもつねに部分性を有する社会的生産体制にとどまりながら、市場経済にもとづく内的自律性を展開しうることに注目しなければならない。たとえば、農業は、資本主義的生産が工業的に発展するなかで、同様の雇用関係で組織しにくい季節的繁閑をともない、むしろ内外の非資本主義的な小農などの諸経営にゆだねられる傾向を有していた。そのことは宇野も『農業問題序論』（一九四七a）などであきらかにしていた。

それとともに世界資本主義論の方法にしたがえば、農業問題が重要性を増す一九世紀末以降の資本主義についても、世界市場の中枢に部分性をもってではあれ、その支配する賃労働関係を拡大しつつ、特殊歴史的な自律性を展開する原理を認識することは十分可能ではないかと考えられる。こうした発想に立って、世界資本主義論は、爛熟期の支配的資本となる金融資本の形成・展開も原理的考察の対象におさめて、固定資本の巨大化にともなう株式資本としての資本の最高の展開形態の規定とそれにともなう景気循環の変容に、原理的考察を拡大し、市場経済と資本主義的生産の原理論の展開が、現代にいたる爛熟期の資本主義にも基礎理論として妥当することを重視する見解を主張していた。

それは、『要綱』執筆段階のマルクスが、「資本」の理論的考察プランを資本一般、競争、信用、株式資本と予定していた構想を、マルクス以後の金融資本段階に株式資本が支配的資本の基本形態となるにいたる史実にまで原理論の抽象の基礎を拡大しつつ、実現したものといえる。同時に、宇野原論の終結規定をめぐり、前章（Ⅲの2）でもみたように、なお未確定な問題があるとうけとられているところについて、資本の商品化としての株式資本の規定を、金融資本の基礎規定としても重視して、原理論の最終規定とする主張を示したのであった。①

そのさい、鈴木・岩田世界資本主義論において、株式資本の原理的展開にさいし、巨大化された固定資本の集積にともなう過剰資本を個別資本的な競争戦による破壊によって処理しえなくなり、「したがってまたその生産様式の限界内で生産力と生産関係の矛盾を解決しえなくなるやいなや、総じて、利潤率の均等化とその統一的な社会的生産としての全体的編成とを実現する機構をうしない、これを容認しかついんぺいするあらたな資本形態を要請せざるをえなくなるのであって、それを実現する資本形態こそ、株式資本にほかならぬのである」（岩田 一九六四、二三一ページ）と総括していたのは、どうであったか。

たしかに株式資本としての資本の商品化を要請し、またその資本形態に促進される固定資本の巨大化を重要な要因として、古典的な周期的景気循環が変容し、不況基調が長期化して、長期波動論的現象も複合的にあらわれる原理は、資本市場の投機的役割とあわせて基礎理論においても扱える可能性のある問題をなしている。とはいえ、すでに別稿（伊藤一九七四、注18）でも指摘したように、固定資本の巨大化とそれにともなう株式資本の発達は、利潤の配当利回りの形態において、利潤率の相違を均等化するとともに、利潤率の実体的均等化を遅滞させる側面はあるにせよ、利潤率をめぐる資本の競争とそれをつうずる社会的生産の調整と編成機能を失わせるものではない。むしろ高利潤部門に資本と労働の再配分をうながして、価値法則にしたがい生産の調整を促進する機能を高度化する一面も現代にいたる株式資本には認められる。その意味では、信用制度とともに、株式資本も利潤率をめぐる資本の競争機構の高度化の展開として原理的に位置づけることができるのではなかろうか。山口重克『経済原論講義』（一九八五）のように、純粋資本主義社会を想定する方法を宇野から継承しつつ、株式資本論をそのように位置づけて原理論で扱う試みも示されている。

そのさい、資本の最高の組織形態をなす株式資本としての資本の商品化は、利潤率の均等化の遅滞をともなう不況基調の慢性化をふくんであらわれながら、これを全体として解決する組織としてではなく、すくなくとも直接的にはむしろ部分的に私的な営利目的に資金を動員し、資本を集中するしくみにとどまり、その発達の基盤としても資本市場に上場されない広範な中小企業や家族的諸経営を存続させる性質を脱しえない。そこにもほんらい社会的生産にたいし外来的な商品経済にもとづく資本による生産編成の歴史的で非普遍的で部分的な社会組織としての制約を、その究極の発展形態において原理的にあきらかにするものと考えることはできるであろう。

こうした世界資本主義論の方法からみれば、原理論は、世界市場の中枢に生成、成長、爛熟する資本主義的生産の自律的発展を考察の対象とし、その意味では資本主義の世界史的発展段階論と考察の対象を共有しつつ、その自己組織的原理を抽象して展開する課題にあてられる。これを考察の基準とする資本主義の世界史的発展段階論は、具体的な主導的産業やそれにもとづく支配的資本の変化を中心国の国家の役割とあわせて解明する課題を有し、現状分析は、より現実的な世界資本主義の発展・変化とその枠内での一国資本主義の分析を主要課題とするものとみなされることになる。

もっとも、こうした再解釈の結果、世界資本主義の内的自律性の解明を考察課題とした原理論は、宇野にしたがい「純粋の資本主義社会」を想定し、考察する場合とくらべ、事実上、最終部分の株式資本としての資本の商品化の規定とそれにともなう景気循環の変容の理論的考察を除けば、宇野原論と大きく異なるところはないとも論評されてきた。その論評にもかなりの妥当性はあった。とはいえ、一九世紀末以降現代にいたる資本主義も、世界資本主義論としての方法論を延長して適用すれば、世界市場と国内市場との自己組織的流通諸形態の関連をつうじ、多様な非資本主義的諸生産や諸経営と交易や金融関係を拡大し深化しつつ、その中枢に自律性をもって発展する性質を有し、「純粋な資本主義社会」の内部からみれば不純な諸経済主体との関連をたえず広げながら、原理的運動をそのなかで保持し、世界的にも国内的にも経済生活全体をその律動により規制する傾向を貫徹する性質がある側面を重視する分析の可能性も大きく開かれる。

ことに侘美光彦（一九八〇）は、世界市場の中枢に資本主義的生産が自律的運動を展開する論理は、とりわけ恐慌を一環とする景気循環の律動に集約して理解しうるとみなし、世界資本主義論の方法として恐慌論的接近を重視する見解を提示していた。その見地にたって、帝国主義段階の支配的資本としての金融資本も、各国の景気循環を統一的に媒介していたロンドン金融市場の機構にそくして考察していた。その考察を前提とし侘美は、『世界大恐慌』（一九九四）では、第一次大戦の打撃により、ロンドンからニューヨークに世界金融の事実上の中心が移行する過渡期に、戦債賠償問題の国際通貨体制におよぼした歪みもあって、一九二九年に始まる大恐慌が金本位制による国際金融機構を崩壊させ、世界経済を分断するデフレスパイラルを進行させる悲劇を生じたことに総合的分析をすすめていた。さらにそれに続き、日本経済の一九八〇年代末の巨大バブル崩壊に続く一九九一年にはじまる平成不況のデフレスパイラルを、大戦間の大恐慌にも通底するものとして現状分析的に考察した『大恐慌型不況』（一九九八）も注目を集めた。

こうした侘美による一連の考察は、世界資本主義の中枢部の運動機構を国際通貨・金融システムのポンド体制からドル体制への移行を重視しつつ、恐慌論的接近視角から、現状分析と発展段階論とにわたる再考を試みた作業をなしていた。これにさきだち、岩田弘（一九六四）は、アメリカを中心とする第二次大戦後のドル体制が、しだいに動揺しつつあり、やがてその崩壊が一九三〇年代のようなブロック経済化、世界経済の収縮とそれにともなう諸国の政治体制の危機を生ずると推論していた。それは、株式資本としての資本の商品化が、実体経済における生産力と生産関係との矛盾を解決しえなくなっている事態の隠蔽形態であるとやや性急に総括していたことにも対応し、同様にやや性急にドル体制の危機を資本主義の政治経済的危機をひきおこすものと推論するところとなっていた。侘美世界資本主義論は、その問題関心を一面で引き継ぎつつ、他面で補整する実証研究をすすめる意義を有していた。

このような世界資本主義論の方法による宇野理論の発展の試みは、同時代的に欧米マルクスルネッサンスの一翼を担う従属学派のなかから、I・ウォーラースティン（Wallerstein 1979）が、中世までの帝国の支配による世界システムと異なり、近代資本主義の世界システムは、周辺部の多様な諸生産を中枢部が世界市場をつうじて搾取し利用し続ける構造を形成していると認識していた世界システム論とも呼応している。とはいえ、ウォーラースティンの資本主義世界システム論は、ややスタティックに中枢諸国と周辺諸国との国際分業の世界市場的関連での搾取構造と周辺部諸国での低開発性の困難を強調していた。それは、世界市場の商品連鎖をつうじ、統合的国際分業に接合される周辺諸国の多様な生産諸様式の低開発性の構造的問題に強調点をおき、そこからの脱出は資本主義世界システムからの離脱《デリンク》を必要とするという含意をともなっていた。

これにくらべ、宇野理論による世界資本主義論は、中枢部の資本蓄積様式とその産業的基盤の歴史的変化にともなう、経済政策の基調の変化を立体的にダイナミックに考察し、それによって中枢部自体にも経済的困難や危機が生じうることに考察をすすめる可能性に富んでいたと思われる。両者はともに一九八〇年代以降顕著となる新自由主義的グローバル資本主義としての現代資本主義の変容に、重要な考察枠組みを用意していたともいえる。と同時に、その変容からアジア諸国など低開発諸国に生じている顕著な工業化などをふくめ、世界資本主義に生じた新たな局面について、その方法論的意義をそれぞれに問われる側面も残していたといえよう。

II　国家独占資本主義論とレギュラシオン理論

本節では、宇野理論による国家独占資本主義論の提唱の試みを、同時代的な現代資本主義論の展開のなかに位置づけて再考してみたい。

ふりかえってみると、第二次大戦直後の危機から再建期にかけての一〇年近く、マルクス学派の現代資本主義論を代表していたのは全般的危機論であった。それは、レーニンが第一次大戦以降の時期について示した規定を、スターリンが継承発展したものとされていた。ソ同盟科学院経済学研究所の『経済学教科書』(一九五五)などにも定式化されていたように、全般的危機の根本的特徴は、世界が資本主義と社会主義の二つの体制に分裂し、帝国主義の植民地体制が危機にあり、市場問題がはげしくなり、大量失業が慢性化していることにあると規定されていた。そしてロシア革命に続く全般的危機の第一段階から、第二次大戦後は東欧、アジアの中国などの人民民主主義諸国の資本主義からの離脱により、全般的危機の第二段階が広がっているとみなされていた。

ところが、一九五〇年代以降のアメリカを中心とする先進資本主義七ヵ国（米、英、仏、西独、伊、日、カナダ）は、一九七三年にかけてのほぼ四半世紀に年平均四・九％の高成長を持続し、実質経済規模をほぼ三倍に増大させた。それは歴史上かつてなかった実質経済成長の伸びであり、資本主義の「黄金時代」とさえ特徴づけられている。その過程で、全般的危機論は説得力を失っていった。それとともに、帝国主義段階に形成された独占資本の競争制限をともなう投資の停滞、中小企業の抑圧、労働者大衆の雇用と所得の制約によって、経済的停滞傾向が慢性化せざるをえないとする、一九三〇年代の大恐慌には適合性が高いと思われた、いわゆる独占停滞論（独占資本の支配的な時代には経済停滞が避けられないとする理論）にも反省が求められた。

当時アメリカを中心とする新古典派総合の観点からすれば、この持続的高成長は、一九三〇年代の大恐慌を契機に、ケインズ政策がマクロ経済学にもとづき、財政・金融政策による総需要管理の手法を確立した成果であり、ほぼ完全雇用がそれによって確保された水準での各経済主体への所得や財の配分は、ミクロ経済理論にもとづき市場で合理的に決定されるものとみなされていた。

そこで、高度成長期の資本主義についてのマルクス学派の考察は、その内容上、ケインズ主義的な国家の役割をどのように位置づけるべきか、それを高度成長の持続の主要因とみなすべきか否かをめぐって、方法論的に二類型に分かれて展開されてきた。そのひとつは、ケインズ主義的な国家の役割を、福祉国家政策の拡充とあわせて、さまざまな限界や問題点はあるにせよ、この時期の継続的成長の主要因とみなす一群の見解である。他方で、この時期の高度成長は、発端はともかく、その進行過程においては、国家の政策を主要な支えとするというより、中枢諸国の資本蓄積の自律的進展に主たる動因をおくものとなっていったとする分析も提示される。

ケインズ主義的国家政策の役割を独占停滞論に接合して、現代資本主義の戦後の高度成長をマルクス学派として批判的に解明する有力な視座を提示する、第一の類型の有力な試みのひとつは、P・バランとP・スウィージーの『独占資本』(Baran and Sweezy 1966)であった。そこでは、つぎのような論理が強調されていた。すなわち、寡占的な巨大産業諸企業は、価格競争を回避しつつ、非価格競争の面で生産費切り下げの努力をすすめ、生産力を高め、経済余剰を増大させる。しかし、独占的諸企業は、過剰生産能力の増加を避けようとするので、増大する経済余剰に産業的投資のはけ口が十分与えられず、慢性不況の泥沼におちいりやすい。しかし、現代の資本主義は、むだの多い大企業の販売努力とあわせて、市民的および軍事的政府支出の増大をつうじ、都市の過密化や荒廃、道徳的規範の衰退などの退廃性を深めつつ、過剰な余剰を吸収し、雇用水準を維持し、先進国の労働者階級を革命的行動から遠ざける体制をなしている。

それは、国家の政策に軍事支出や都市の荒廃を招く退廃性が増していることに批判を加えつつ、労資協調的雇用政策としてのケインズ主義の定着効果をやや一般化して現代資本主義の先進国における特徴として認める見解をなしていた。それとともに、資本主義を変革する革命的行動は、むしろ途上諸国の労働者大衆に期待する方向が示唆されていた。さきにふれたウォーラーステイン、さらにはG・フランク、S・アミン、A・エマニュエルらの従属学派は、これに呼応して、周辺途上諸国の低開発性が先進諸国との世界市場における構造的関係において容易に克服しがたい困難をなしていることを強調して、資本主義世界からの離脱が解決の道であることを主張していたわけである。

他方、ソ連圏からも、第二次大戦後の資本主義経済への国家の継続的介入による高成長の持続体制を、あらためて国家独占資本主義論として展開する試みが提起される。たとえば東独のK・ツィーシャンク(Zieschang 1957)は、レーニンが第一次大戦中の戦時経済を国家独占資本主義の体制と規定した用語を転用して、これを生産力の新たな発展に適応して形成された「資本主義的生産関係の一発展段階」と規定し、古典的帝国主義段階から区分した。そこでは、巨大化した投資規模に応じた資本の創出や市場の確保のために、国家が経済に引き入れられ、所得再配分、生産調整をつうじ、景気の発展に大きな影響を与えるようになったことが強調されていた。

こうして、ケインズ主義的国家の役割の増大を、生産力の発展による資本主義的生産関係の発展とみることは、マルクスの唯物史観における経済的下部構造と上部構造との区分を不明確にするものではないか、と考えられる。にもかかわらず、日本では今井則義(一九六〇)、井汲卓一(一九七一)らにより、このツィーシャンク理論が支持され、さらに「政治的国家」ないし「上部構造としての国家」にたいする

「経済的国家」ないし「下部構造としての国家」の分離可能性の発想がつけ加えられて、いわゆる構造改革論（一九五〇年代以降イタリア共産党などからソ連社会主義への批判をもふくんで、民主主義と社会主義とを両輪として、平和的手段で社会主義を実現しようとするユーロ・コミュニズムの戦略構想を日本に移入しようとした主張）の基礎としてある程度の影響を広げていった。

しかし、こうした国家独占資本主義論の規定では、生産関係の概念が不明確にされるとともに、国家の経済的役割の増大が、抽象的に生産力発展の帰結とされ、古典的帝国主義段階と異なるケインズ主義的体制がなぜこの時期に成立したのか、その歴史的意義も、さらにはその体制を支えていた現実的諸条件も十分あきらかにされていたとはいえない。全般的危機論と同様に、国家独占資本主義論の多くが過少消費説的恐慌論に依拠していたところにも、方法論上の問題が残されていた。

これにたいし、大内力『国家独占資本主義』（一九七〇）は、宇野理論による経済学研究の三段階への分化の方法を前提に、原理的考察基準も宇野恐慌論におきなおして、国家独占資本主義としての現代資本主義の本質をつぎのように定式化していた。すなわち、現代資本主義を特徴づける国家の経済的機能は、宇野が重視していたように第一次大戦後の社会主義体制の成立成長にともない、社会主義と競合し対抗関係におかれた資本主義の全般的危機を重要な背景として展開されている。ことに一九二九年に始まった大恐慌にともない、体制的危機は資本主義諸国に内面化されてうけとられ、それとともに金本位制を放棄し管理通貨制度に移行して、実質賃金の騰貴による恐慌を回避し予防するインフレーション政策を操作可能とする体制を形成するにいたった。

こうした大内国独資論は、帝国主義段階論と現状分析としての現代資本主義の考察との中間に国家独占資本主義の「一般的規定」を、橋渡しとして挿入しようとする発想を示していた。それは、宇野三段階論を三・五段階論に改訂する方法論を提起するものであろうか。現状分析としての研究次元とは異なる抽象次元で、管理通貨制によるインフレ政策を国家の機能として恐慌を回避・予防する体制として、事実上ケインズ主義的政策の有効性を現代資本主義の本質として過度に一般化して認めることにならないであろうか。この点では、さきのバラン・スウィージーの現代資本主義認識やツィーシャンクの国独資論と、社会主義に対抗する資本主義としての認識と基礎理論の違いはあるにせよ、近接した発想も示されていた。

たしかに、ケインズ主義的政策は、一九二九年以降の大恐慌の破壊的打撃を緩和するニューディール型の雇用政策として導入された。しかし、その政策は実質賃金の騰貴を抑制することを目的とするものではなく、むしろ有効需要の不足を、財政・金融政策により反転させる課題を重視していた。しかも一九三七年恐慌によりあきらかにされたように、その政策効果には限界があり、大恐慌は、実際には第二次大戦の軍事需要によって解消されたのであった。戦後の高度成長もたんなるケインズ主義的景気政策の操作に支えられて実現されたものとはいえないであろう。その発端には、戦後の復興政策や、冷戦下での朝鮮戦争（一九五〇—五三年）をふくむ軍需需要の役割があきらかに大きかった。

しかし、その後は、先進諸国の資本蓄積が、その進行に有利な一連の現実的諸条件に支えられて、むしろその内部から有効需要を拡大する自律的過程に、高度成長の持続は基盤をおくものとなっていったのではないか。そのことを明確にしておかないと、高度成長がなぜ終焉して、その後にケインズ政策が景気政策としても有効性を発揮しえない経済危機と再編の時代が訪れるのかも、論理的に十分な分析をしえないことになる。

その問題に直面して、大内国独資論も『国家独占資本主義・破綻の構造』（一九八三）になると、たんなる国家のインフレ政策のゆきすぎや誤作動によるものとはせずに、むしろ高度成長期の資本蓄積を現実に支えていた技術革新、IMF国際通貨体制、原料資源、労働力の供給余力などが失われたことに、高度成長の破綻の構造の重要な要因があったことを重視するようになっている。それによって、ケインズ政策の有効性をやや現代資本主義の一般規定として、宇野学派的に三・五段階論的に図式化した試みを、「作業仮説」とみなし、方法論的には、より現状分析的次元で事実上その図式を補整する考察を提示していた。

他方、欧米マルクス学派のなかでは、E・マンデル『後期資本主義』(Mandel 1972) が、高度成長の終焉をどのように理解すべきかをめぐり、さかのぼって高度成長の持続要因をケインズ主義的国家の役割とはみなさないさきの第二類型の見解を示していた。そこでは、久しく埋もれていた、ほぼ五〇年周期での景気循環の長期波動論を現代的に復活させる試みが提示される。そのさい、N・D・コンドラチエフ（Kondratieff 1926）が、貨幣・金融面の動態に重点をおき、長期波動論を経済内的要因から考察していたのを批判して、L・トロツキー（Trotsky 1941）が長期波動は、古典的景気循環と異なり、戦争や社会変革のような経済外的変動に主要因があるとみなしていた見解を、マンデルは継承しつつ、第二次大戦による労働運動の抑圧、軍事技術から派生した新技術、それによる固定資本の低廉化、一次産品諸国との「不等価交換」などが利潤率を押し上げて、高度成長を可能にした、とみなしている。と同時に、高度成長期の継続的な資本蓄積をつうじ、こうした一連の諸要因の効果が失われて、マルクスのいう資本構成高度化による利潤率低下圧力が強まり、長期波動の下降局面に入りつつあると分析していた。その後マンデル（Mandel 1980）は、こうした考察を一般化して、長期波動の上昇局面は経済外的諸要因で始動されるが、その下降局面は資本主義経済の内的矛盾から生ずると定式化している。しかしその定式は、一九世紀末の大不況から第一次大戦にいたる長期好況的局面への推移とその長期好況終焉の論理にはあきらかに妥当しない。マンデルも、長期波動論については方法論的に過度の一般化をおかしていたといえよう。とはいえ、その定式化は、マンデルが主として関心をよせていた第二次大戦後の高度成長期の資本主義の動態にはかなりの程度適合していたことは認められてよい。

同様に、M・アグリエッタ（Aglietta 1976）、ついでR・ボワイエ、A・リピエッツ、B・コリアらのフランスのレギュラシオン学派も、ケインズ主義政策の有効性を過度に一般化して理論化する国家独占資本主義論への批判を事実上ともないつつ、つぎのように説いていた。すなわち、高度成長の持続は、一九二〇年代のH・フォードの自動車工場で先駆的に試みられた高生産性—高賃金の蓄積様式が、第二次大戦後の先進諸国に一般化されて、社会的に生産性上昇にほぼ比例する実質賃金の上昇が社会契約的に労資の協調により実現される「フォード的蓄積体制（フォーディズム）」が形成され、資本蓄積の内部から、有効需要が拡大されたことに基礎をおいている。

レギュラシオン理論によれば、一九世紀の資本主義は不断の生産性上昇をかならずしも条件としない「外延的蓄積体制」によっていた。ついで二〇世紀になると、不断の生産性上昇を条件とする「内包的蓄積体制」に転換する。そのもとで生じた大衆的「大量消費なき内包的蓄積体制」が、生産基準と消費基準との不整合を生じて大戦間期の大恐慌をもたらした。戦後のフォーディズムは、これにたいする資本主義経済の自己調整（レギュラシオン）的対応による「大量消費をともなう内包的蓄積体制」をなしている。こうした蓄積体制の歴史的転換が長期波動の内容をなしてきたのであり、戦後資本主義の高度成長は、その一局面としてのフォード的蓄積体制の形成にもとづくものであった。

アメリカのマルクス学派からも、D・M・ゴードン／R・エドワーズ／M・ライク（Gordon, Edwards and Reich 1982）やS・ボールズ、J・クロッティらの理論家たちが、労使関係の歴史的変容に着目しつつ、蓄積の社会的構造論を、長期波動論の基本として、提唱している。その重要な契機をなしたのは、H・ブレイヴァマン（Braverman 1974）による二〇世紀のアメリカにそくした労働過程の批判的研究であった。そこでは、テーラー主義やフォード主義によるいわゆる「科学的労務管理」が、労働の単純化、低質化を一貫して実現していると分析していた。これにたいし、蓄積の社会的構造論はつぎのような歴史的変化を強調している。すなわち、一八二〇年代から一九世紀末までは、「労働の初期プロレタリア化」の時代で、労働者がまだ労働過程への支配力をある程度まで保持しており、不均質な労務管理がおこなわれていた。その蓄積の社会的構造がゆきづまり、転換をせまられて、一九世紀末からブレイヴァマンの重視した「労働の均質化」ないし低質化の時代に移行した。その蓄積体制が一九三〇年代の大恐慌の危機により衰退し、戦後のアメリカ資本主義には「労働の区分化」が、ことに大企業の体系的で官僚主義的な労務管理が、人種差別、性差別も効果的に利用しつつ定着し、高度成長持続の長期波動を実現する社会的基礎をなしている。

こうした蓄積の社会的構造論の分析も、戦後の持続的高度成長が、ケインズ主義的国家の財政金融政策により、いわば上から操作され実現されたものとはみなさないで、その基本は労使関係（ないし生産関係）の民間レベルでの再編に基礎をおいていたとする見解を、レギュラシオン理論やマンデルらの長期波動論と共有しているとみることができる。実際、高度成長の過程では、ケインズ主義が資本主義世界の指導的教義とみなされていながら、経済成長にともなう税収の「自然」増により、公共事業も福祉政策も拡充され、ケインズ的な赤字財政による雇用政策が操作されたケースは少なく、国家財政はむしろ健全財政に近い姿で推移していた。管理通貨制度のもとで、金融政策の面では、利子率は利潤率に比して相対的に低位にとどめられ、マイルドなインフレにより実質利子率はさらに低位にとどめられ、資本蓄積に有利に作用する傾向もあった。とはいえ、利子率の相対的低位は、それだけで経済成長を高める作用をかならずしも発揮しえない。そのことは、ケインズも認め、高度成長後の資本主義の経験もこれをくりかし実感させるところとなっている。

そこからふりかえってみると、第二次大戦後の高度成長期の資本主義は、総体として冷戦構造の枠組みのもとで、アメリカを中心とするブレトンウッズ国際通貨体制により通貨・信用の相対的安定性を維持しつつ、先進諸国では労資協調的な資本蓄積を継続するうえで、必要な一連の具体的諸条件にも恵まれ、レギュラシオン学派が強調していたように、有効需要をその蓄積の内部から拡大して高度成長を続けることができた。それに加え、労資協調体制が、国家レベルでの社会民主主義的福祉国家への歩みとしても、ソ連圏に接しているヨーロッパ諸国から拡充されてゆく傾向も補完的に拡充され機能していた。

むろん第一次大戦までの古典的帝国主義段階に引き続き、金融化された巨大株式会社の支配的資本としての役割は存続していたが、ニューディール型の社会民主主義は、もはや金融独占資本のみの利害を政策的に追求し実現するものとのみいえない側面をもっていた。社会主義に対抗する資本主義としての労資協調体制が、労働者大衆の利害にそった経済民主主義を社会主義との競合関係においても、それを背景とする先進諸国内部の労働運動の組織的強化との関係においても、さらにはケインズ主義的雇用政策や社会民主主義的福祉政策としても、資本主義の存続のために必要とされていたのである。冷戦構造は、あきらかにその側面を強化していた。

アメリカを中心とする世界軍事秩序の帝国主義的維持も、古典的帝国主義段階とは異なり、資本主義列強間のたんなる金融独占資本の利害や圏益保護のためにとどまらず、社会主義との対抗・競合のうえで、「自由世界」としての資本主義世界の保全に主要課題が移されていた。しかし、その軍事スペンディングも、朝鮮戦争の場合は高度成長への発端を促す作用をたしかに有していたが、一九六〇年代末から一九七五年までのベトナム戦争では、むしろ高度成長の終焉を促進する一因になり、経済効果はマイナスに転じていた。

こうした諸側面をふくめ、戦後の高度成長期に、冷戦構造を枠組みとして、国家の役割は、帝国主義段階以降、その課題や作用に変化をも生じながら、いぜん強大で重要であった。その役割は、たんなる景気対策としてのケインズ主義の機能にとどまるものではなかった。とはいえ、高度成長が軌道にのった後には、その持続の主要因は、国家による上からのケインズ主義的インフレ政策にあるとみなす国家独占資本主義論の認識よりも、むしろ資本主義企業内のフォード的蓄積体制の自律的拡大が、一見ケインズ主義的政策の成功にみえる有効需要の拡大をその内部から持続させていたとするレギュラシオン学派の認識のほうが、妥当性が高かったといえよう。

とはいえ、レギュラシオン学派のフォード的蓄積体制による先進諸国の高度成長の分析も、その蓄積体制を可能としていた現実的諸条件を十分正確に考察していたとはいえないところがあった。現代資本主義の高度成長を終焉させて、その後の危機と再編の時代をもたらした論理をめぐり、さきみた世界資本主義論の方法をも念頭において検討を続けよう。

Ⅲ　高度成長とその終焉の論理

古典的帝国主義段階は、金融資本の対外投資圏益をめぐる列強の植民地再分割の闘争を介し、第一次大戦を生じ、その危機を契機とするロシア革命をもたらした。その後第二次大戦にいたる両大戦間期は危機の三〇年ともいわれる。第一次大戦の衝撃をうけて、イギリスから資本主義世界の覇権を引き継ぎつつあったアメリカにも一九二〇年代のブームの後に、世界経済を内部から崩壊、分断させる大恐慌が発生し、深刻化する。その圏外にあって五ヵ年計画で工業化を進展させているソ連社会主義の計画経済との対比においても、資本主義諸国の大量失業の脅威は重大な社会問題となった。

これに対処する資本主義諸国は一九三〇年代にニューディール型とファッシズム型との二類型に分かれ、その争いから生じた第二次大戦に、ソ連も参戦して、大戦の終結過程で赤軍の進駐した東欧と北朝鮮にソ連型社会主義を広げている。宇野によれば、こうした第二次大戦は、第一次大戦と異なり、たんに金融資本の利害にもとづく資本主義列強の争いとして理解できるところではない。社会主義に対峙する資本主義としての危機が政治経済的に問われるところとなっていた。

資本主義世界においては、大戦中にさらに経済力の優位を圧倒的に高めたアメリカのニューディール型体制が、対ファッシズム世界戦争に勝利をおさめ、その後、管理通貨制によるケインズ主義的インフレ政策を操作するしくみを、アメリカの金ドル交換の国際公約と、各国通貨の対ドル固定相場での維持を柱とするブレトンウッズ国際通貨体制のしくみとあわせて、戦後の資本主義先進諸国の枠組みとして普及する。その過程も、社会主義の勢力拡大に対抗する資本主義世界の防衛的結束としての意義が大きかった。宇野(一九七一、「補記」二六七ページ)は、いわゆる国家独占資本主義の体制も、こうした資本主義の世界史的発展の文脈をあきらかにする現状分析として解明されなければならない、と方法論的に位置づけてつぎのように述べていた。

すなわち、「第一次世界大戦後の資本主義の発展は、それによって資本主義の世界史的発展の段階論的規定を与えられるものとしてではなく、社会主義に対する資本主義として、いいかえれば世界経済論としての現状分析の対象をなすものとしなければならない。もちろん、それは各国の、とくに主要諸国の特殊の情勢に対する現状分析を前提とするわけであるが、その各国がまた世界経済の動向によって多かれ少なかれ規定せられる関係にあり、殊に社会主義諸国の経済建設のいかんに影響されるものといってよいであろう。」

こうした認識は、両大戦間期の危機の三〇年とそれに続く戦後の高度成長期の資本主義の世界経済論としての分析に、方法論的に重要な意義を有していた。しかし、その方法論的整理にしたがって、戦後の高度成長の世界経済論としての現実分析をすすめてみると、社会主義に対抗する資本主義としての国家の諸政策は、その発端にとくに重要な役割を果たし、冷戦構造としての政治的・軍事的世界秩序の外枠を形成してはいたものの、高度成長の進行の内実においては、世界市場的関連のなかで与えられていた以下のような一連の恵まれた諸条件を、中枢諸国の資本蓄積の自律的発展に、いわば内面化して活かし、世界資本主義の方法が強調していたような、資本主義に本来的な労資関係の中枢部における自律的拡大を世界システムとして実現する過程をもなしていた。

第一に、アメリカが圧倒的な経済力とそれにともなう貿易黒字を保持して、戦後の復興援助や軍事支出をつうじ巨額なドル資金を資本主義世界に散布しながら、ブレトンウッズ国際通貨体制の基軸国として、金ドル交換の公約を維持し続けていた。アメリカの輸出競争力が強いかぎり、対外ドル散布も有効需要をアメリカに還元する作用をともなっていた。先進諸国は、対ドル固定相場の制約のもとで、過度のインフレを抑制され、資本主義世界にはマイルドなインフレが続き、相対的に安定した国際通貨の体制が主要諸国の資本蓄積に促進的に作用していた。

第二に、アメリカから主要諸国に、各種家電製品や乗用車などの耐久消費財の大量生産を拡大する一連の産業技術の革新が、軍事科学技術の転用をふくんで、あいついで伝播していった。その一部はすでに大戦間期にアメリカで始まり、第二次大戦中にその可能性が拡大されていった。その産業技術は、鉄鋼業、電機工業、機械工業、化学工業などに重厚長大型の設備投資を誘発しつつ、主として各種耐久消費財を最終生産物として高度化しつつ、より安価に大量に供給してゆく。古典的帝国主義段階の世界的鉄道建設に重点がおかれていた時代と異なり、その耐久消費財は、主として先進諸国の労働者階級に主要な市場をもとめる傾向を強めていた。そのため、雇用の増大とあわせて、高生産性—高賃金のフォード的蓄積体制が、冷戦構造のもとでの労資協調、福祉政策の効果とあいまって、先進諸国内部の有効需要を拡大する重要な役割を果たしていた。

第三に、バレルあたり一ドル台の原油をはじめとする、各種一次産品を、先進諸国は世界市場で工業製品とひきかえに有利な交易条件で入手し続けることができた。第三世界諸国の多くは、一次産品輸出国として、あいついで植民地体制からは政治的に独立をかちとりながら、交易条件の不利と悪化とに苦しみ続け、世界市場において主要諸国の高成長から除外され、低開発性を脱しえない状況におかれていた。これがさきにふれた従属学派の批判的分析と資本主義世界からの離脱《デリンケイジ》戦略を生ずる背景をもなしていた。

第四に、軍隊や軍事産業に動員されていた人びとの復員、人口増加、農村部に滞留していた相対的過剰人口と農業の生産性上昇によるその増加傾向、移民の流入などをふくめ、先進諸国では、資本蓄積に動員可能な労働力の供給に余裕があった。たとえば先進七ヵ国では、それらによって、一九五〇年から二〇年間にほぼ六〇〇〇万人、民間賃金労働者総数の六割にあたる雇用の増大を可能とされていた。少数の例外はあっても、その多くは、労働運動としても冷戦構造の枠内で、労資協調的なフォーディズムや福祉政策などの経済闘争に主力をおく傾向を強め、高度成長の促進に結果的に支障を生ずることはなかった。

こうした四つの具体的条件に支えられて、戦後の資本主義主要諸国には、それにさきだつ危機の三〇年とは、まったく様相の異なる「黄金時代」の高成長が四半世紀にわたり実現されていた。その構造は、社会主義に対抗する資本主義としての枠組みを発端において形成しつつ、その内実においてしだいに民間の資本蓄積の自律的成長に主力をおくものとなっていた。レギュラシオン学派のフォード的蓄積体制論は、有効需要の蓄積過程内部からの拡大システムとしての一面で、この内実をやや抽象的に図式化していた。それは、ケインズ主義やその有効性をマルクス学派的に重視していた国家独占資本主義論にたいして、批判的優位性を示していた。とはいえ、そのフォーディズム論も、戦後の高度成長が、実際にはこうした具体的四条件に基礎をおき、冷戦構造を外枠として支えられていたという現実的分析が補われなければ、十分な認識とはならないであろう。

こうした認識は、宇野の主張する、原理論と段階論としての帝国主義論とを前提とする現状分析としての世界経済論の研究としては、とうぜんのところと考えられる。加えて、世界資本主義論の方法にしたがい、もともと世界市場的関連をつうじ、非資本主義的諸生産や国家の諸機能との関連をたえずともないつつ、その中枢に資本主義的生産の労資関係が、自律性をもって成長し、爛熟する現実的発展が、抽象の次元は異なれ、原理論と、世界史的発展段階論と世界経済論としての現状分析とにわたる一貫した考察対象をなしているとみるならば、方法論的にいっそう容易にこうした具体的認識が可能となるといえる。

そのような観点にたてば、両大戦間期とその後の高度成長期との世界資本主義のつぎのような特徴的な現実的推移の相違も容易に理解しやすくなる。すなわち、第一次大戦後の資本主義は、たしかに社会主義に対抗する資本主義としての特性を加えてはいるが、その特性のもとでそれ以前の古典的帝国主義段階にいたる世界システムとしての統合性を容易に回復しえず、むしろ大恐慌による崩壊をともなう危機の三〇年を経過した。これと異なり、第二次大戦後の高度成長期には、上記の四条件を活かして、冷戦構造の枠組みのもとで、世界システムとしての相対的に安定した自律的蓄積体制を中枢諸国に再構築しえた。それは、宇野の提示していた古典的帝国主義段階までの資本主義の世界史的発展段階論との関連でいえば、爛熟期の帝国主義段階の延長上に、支配的資本としての金融資本が産業的基盤を耐久消費財の大量生産に発展させて、社会主義に対抗する労資協調的蓄積体制を発展させて内部市場拡大型の成長を実現した時期にあたる。

そのような現状分析としての方法論が重要であると思われるのは、高度成長を持続的に可能としていた現実的諸条件を学問的に十分に正確に理解するためばかりではない。ついで、一九七〇年代初頭にかけて、高度成長がゆきづまりインフレ恐慌を生じて終焉する論理もまた、現状分析としての確実な総括をぜひとも必要としているためでもある。

たとえば、さきにもみたように、ケインズ主義的政策の有効性を高度成長の主要な要因とみなしていた国家独占資本主義の規定からすれば、インフレを抑制していたブレトンウッズ国際通貨体制が一九七一年八月のニクソン大統領の金ドル交換の停止により崩壊したのはなぜか。また、それにともない先進諸国の通貨・信用膨張が容易となり、ケインズ主義的財政・金融政策が各国ごとに操作されやすくなった状況のもとで、その操作が経済危機の発生と進行を抑制しえず、逆に悪性インフレ加速の一誘因となったのはなぜか。あるいは、国家独占資本主義論に対立していたレギュラシオン学派についても、高度成長の主要因としていた労資協調的なフォーディズムによる高生産性―高賃金の蓄積体制が、この時期になぜ機能不全を生じたのか。

こうした一連の問題に体系的に解決を与えるためには、世界資本主義の中枢諸国をつうじ、高度成長期の資本蓄積を可能としていたさきの四つの基本条件が、四分の一世紀にわたる長期好況の進展過程でほぼ使い尽くされて、その蓄積体制を持続することが困難となっていったことが現実分析としての世界経済論の次元で再確認されなければならない。

すなわち第一に、アメリカ金融資本の内部には先進的な耐久消費財生産をめぐる産業技術の革新的発展性が成熟し、設備投資が停滞化し、独占体制再編への傾向があらわれ、一九六〇年代にかけて第三次合同運動も展開されていた。これにたいし、アメリカからの産業技術を導入しつつ、その競争圧力のもとで生産量を高める立場におかれた西独や日本は、不均等な高成長を続け、周辺農村地域からの相対的に安価な労働力の吸収可能性にも恵まれ、高水準の設備投資を継続し、輸出競争力を増強していった。

こうした不均等発展をつうじ、アメリカの貿易黒字は、一九六〇年代に大幅に減少してゆき、一九七一年には貿易赤字に転落している。しかも、アメリカは当時ベトナム戦争などによる対外政府支出も増加させ、民間資本も対外投資を増して、産業空洞化への傾向を生じつつ、資本収支も赤字を増していた。

その結果、一オンス＝三五ドルでの金ドル交換のアメリカの国際公約がいつまで持続しうるか、その信認が疑われて、対米金ドル交換の請求が波状的にドル危機としてくりかえされるようになり、ブレトンウッズ国際通貨体制の基軸となっていた金ドル交換が一九七一年に停止され、一九七三年三月には全面的な変動相場制に国際通貨体制が移行する。その過程で、中枢諸国の通貨・信用供給の国際的規律が失われ、インフレの加速、悪性化を招く一誘因が与えられたのであった。

その過程はまた、第二に、各種家電から乗用車にいたる耐久消費財の重厚長大型設備投資による生産技術の発展が、先進的アメリカにおいて成熟期をむかえ、そのことが西独、日本などのキャッチアップを容易とする背景をもなしていた。この高度成長期の産業技術の発達は、石油への依存度を高めつつ、エネルギー多消費型の産業・消費構造を先進諸国に拡大している。長期波動の上昇局面を思わせるそのような産業技術のアメリカから先進諸国への普及過程がほぼ一巡して、新たな技術革新の波動が望まれる局面が訪れつつあったといえよう。

第三に、世界市場で主として途上諸国から入手されていた原油、鉱石、木材、農産物原料などの供給余力にたいし、先進諸国の資本蓄積が過剰化して、それら一次産品の需給が逼迫し、価格があいついで高騰する傾向が生じ、それまで先進諸国に有利に推移していた交易条件を反転悪化させることとなった。それは一次産品を産出する途上諸国の政治的結束による、「新国際経済秩序（NIEO）」の出現を示すところともみなされていた。一九七三年秋の第四次中東戦争勃発を機に、石油輸出国機構（OPEC）が原油価格の四倍化を実現したのも、その顕著な事例とされていた。しかし、その後の経緯からみても、こうした一次産品価格のあいつぐ上昇は、たんにその供給諸国の結束による政治力のみで実現されたものとはいえない。その背後に、長期にわたる高度成長がもたらした先進諸国の資本蓄積のそれら一次産品の供給余力をこえる過剰化が進展し、一次産品を供給する途上諸国に有利な需給の好転が生じており、それが途上諸国の政治的結束をも容易にし、「新国際経済秩序」をもたらしつつあるかのような世界経済の変化を生じていたことが見逃されてはならない。

第四に、先進諸国の資本蓄積は、それぞれの内部の労働市場においても、高度成長をつうずる継続的雇用拡大の結果、その末期に動員可能な労働力商品の供給余力にたいし、過剰化して、人手不足による実質賃金の上昇を不可避的に生じていた。当初は、それにともなう利潤圧縮も、A・グリン／B・サトクリフ（Glyn and Sutcliff 1972）などに典型例が示されていたように、労働組合の賃上げ圧力の強化によるところと分析されることも稀でなかった。しかし、その後の経緯からみても、労働組合が容易に大幅賃上げを獲得しえた背景には、資本がみずから生産しえない労働力商品の供給制約にたいする資本の過剰蓄積がもたらした労働者側に有利な需給の逼迫が生じていたことに注意しなければならない。そのことを指摘したわたくしとの意見交換を経て、グリンらも後には（Armstrong, Glyn and Harrison 1991 などで）その論理を重視するようになっていた。

一次産品と労働力の供給余力にたいする先進諸国の資本蓄積の過剰化から、それらの実質価格が上昇し、それを主要因として、資本主義主要諸国の利潤率は、一九六〇年代なかば以降のピークから一九七三年にかけて二〇―四〇％の幅で圧縮され低下している。(2) 第一次石油ショックはその困難をさらに追加的に深刻化したのである。宇野原論が『資本論』から学んで恐慌に発現する資本主義の原理的矛盾の根源として強調していた労働力商品化の無理は、一九世紀中葉の古典的恐慌の発現過程でも、現実には非資本主義的諸生産に世界市場的関連において供給を依存していた原料綿花のような一次産品の供給制約とあわせて、資本の過剰蓄積を生じていた。世界資本主義論の方法は、宇野『恐慌論』における外国貿易捨象の方法論にしたがい、原理的には、この後者の側面も、前者の労働力商品化の無理にもとづく資本蓄積の過剰化の矛盾に内面化して理解しうるとみなしていた。高度成長の長期好況をその末期にゆきづまらせたのは、宇野学派が『資本論』にもとづく恐慌論で重視してきた、労働力商品（および現実には一次産品の供給制約）にたいする資本蓄積の過剰化の困難を基本とし、その意味では、資本主義の原理的限界を深部から露呈する経済危機であったといえよう。

もっともこの経済危機は、労働力商品と一次産品の供給余力をこえる先進諸国の資本の過剰蓄積が、労賃と一次産品価格の騰貴による利潤率の圧縮を生ずるとともに、ブレトンウッズ通貨体制の崩壊にともなう通貨・信用膨張にうながされて、一般物価のインフレの悪性化に転化され、実質利子率が（しばしばマイナスにさえ）抑制されて一次産品や原材料などの投機的在庫形成を促進し、古典的恐慌とは異なり、貸付資本としての資金の過多と生産に要する多くの商品の不足により再生産が混乱し困難を生ずる。古典的恐慌では、貸付資本としての資金の不足が、商品の過剰化をもたらしていたのとは、逆転したインフレ恐慌の様相を特徴としていた。とはいえ、その根底に、宇野が『資本論』から読み取って、資本主義経済の内的矛盾の原理的解明の基本とみなしていた労働力商品にたいする資本の過剰蓄積の論理が強力に作用していたことは見逃されてはならない③。

ふりかえってみると、宇野は、一九世紀末以降の資本主義の発展がそれ以前にみられた純化傾向を鈍化・逆転して、固定資本の巨大化にともなう金融資本の組織化がすすむとともに、そのもとで農業問題や帝国主義的国家の役割が重要性を増し、そこから生じた第一次大戦後は、さらに社会主義に対抗する側面も加え、その世界経済の枠組みのもとでの現状分析にさいしては、むしろ原理論はいったんは忘れて、資本主義の原理からみれば不純な諸要因の作用を具体的に考察する方法をとることをすすめていた。それは、原理論にたいし、資本主義の世界史的発展段階論を媒介的な考察基準とする方法を、とくに社会主義に対抗する資本主義の現実的枠組みとあわせて重要視する観点を示すものであった。

しかし、その観点は、現代資本主義の高度成長の終焉とその後の危機と再編の大規模な転換の論理とその意義とを正確に理解するうえで、方法論的な障害となっていたおそれもなくはない。たとえば、大内国独資論の延長上では、当初、高度成長からスタグフレーションとしての危機も、インフレ政策のゆきすぎとその引き締めの不況効果の反復によるかのように理解されがちであった。これに批判的に対立していた岩田世界資本主義論でも、危機の焦点はむしろブレトンウッズ国際通貨体制の崩壊による世界経済の一九三〇年代のブロック経済化への分断の可能性におかれていた。しかし、ブレトンウッズ体制の崩壊を誘因のひとつとして生じていたスタグフレーションとしての経済危機の背後には、資本主義中枢諸国における労働力（および一次産品）の供給余力をこえる資本の過剰蓄積が、一時的に労働者とその組合運動にごく有利な労働市場の需給関係とそれにもとづく利潤率低落をもたらす、まさに資本主義の原理的限界を露呈する矛盾の発現が生じていたのである。その論理は、さきにもふれたように事実上、大内力『国家独占資本主義・破綻の構造』（一九八三）では現実的に認識され、それにより当初の国独資論の抽象的図式が補整されるにいたる。

それは、マンデル以来の欧米マルクス学派が、長期波動論を再興しつつ、その上昇局面としての高度成長の終焉をめぐり、その発端とは異なり、資本主義経済に内在的な蓄積体制の原理的限界によるものとなるのではないかとみていた論点に、ほんらい宇野学派がその特徴的恐慌論にもとづき有力な貢献を果たしうるところでもあった。そのことをあきらかにしておくことは、その後の資本主義中枢諸国の危機と再編の長期的下降局面に生じた新自由主義的グローバル資本主義の動態の歴史的必然性と意義とを総括的に理解しやすくする前提ともなるであろう。

IV　逆流仮説と新自由主義的グローバル資本主義

一九七三―七五年のインフレ恐慌を経て、現代の資本主義は、戦後の高度成長期の長期好況に代わる、危機と再編の長期下降局面に移行した。この局面を大きく概観すると、古典的景気循環の不況局面にあたるような資本蓄積体制の再構築への試みが、先進諸国に大規模に長期にわたり反復されてきている。その過程は、第一次大戦後の現代資本主義としては、大戦間期の危機の三〇年としばしば対比され、あきらかに戦後の高度成長期とは異なる、第三の長期衰退局面をなしている。

この現代資本主義の第三局面は、新自由主義的グローバル資本主義としても特徴づけられる。というのは、インフレ恐慌後のインフレと不況（スタグネーション）の共存するスタグフレーションを介し、一九八〇年代には、戦後資本主義の支配的経済政策の基本とされたケインズ主義に代わる新自由主義に主要諸国の政策基調が変化し、競争的で自由な市場こそが合理的で効率的経済秩序をもたらすとみなす市場原理主義が、新古典派ミクロ経済学にもとづく政策理念の基本とされる。と同時に、さまざまな社会的規制や統御から解き放された資本主義企業の多国籍化、グローバルな投資や営業活動が、資本主義経済のグローバリゼーションを顕著に推進してきているからである。

そのような現代資本主義の一連の変化を、宇野三段階論における現状分析としての世界経済論的研究次元において考察しつつ、その主要な特徴をわたくしなりに、世界資本主義論的に総括して「逆流する資本主義」と規定した(伊藤 一九九〇)。それは、アメリカ、西欧、日本を三極とするにいたった世界資本主義の中枢に、この時期に生じたつぎのような重要な変化の歴史的意義を方法論的にどのように理解すべきかを問いかける意図をともなっていた。

すなわち、すでにみたように一九世紀末の「大不況」(一八七三―九六年)を契機に、世界資本主義は金融資本を支配的資本とする帝国主義段階に移行し、国家の経済政策に規制される側面を強めてきた。とくに第一次大戦後は、ソ連社会主義の成長と対抗する資本主義として、大戦間期の大恐慌に対応するなかで生じたファッシズムとニューディール型社会民主主義的国家政策との抗争が、第二次大戦後の冷戦構造のもとで、ニューディールを引き継ぐケインズ主義的雇用政策や福祉国家路線をもたらしていた。それにともない、現代資本主義の世界経済論としての現状分析は、資本蓄積の原理を考察基準とするだけでは方法論上、あきらかに不十分であって、むしろ国家による戦争や対社会主義の政策に規定される諸側面を、帝国主義段階論をも十分に考察基準として活かす方法が大切であると考えられてきた。

ところが、新自由主義的グローバル資本主義への現代資本主義の転換は、そのような方法論的枠組みでは、その意義が十分とらえきれない。ことに、社会主義に対抗する資本主義としての戦後の社会民主主義的福祉国家主義への歩みが大きく逆転され、帝国主義段階への移行以来ほぼ一世紀にわたる国家の経済的役割の強化への傾向が反転されて、市場原理主義にもとづく社会的諸規制の緩和・撤廃が資本の活力再生の方途とみなされている。その面では、産業革命を経て確立された資本主義がイギリスを中心として、重商主義的保護政策に反対して古典派経済学が主張していた自由貿易主義をあいついで実現し普及させていった歴史的経験を強く想起させるところがある。

現代資本主義にもたらされた新自由主義への逆流も、たんなる経済政策の発想の転換によるものではない。一九七〇年代初頭にかけて資本蓄積の内部に生じた労働力の商品化の無理に深く関わる収益性の危機にたいし、マイクロエレクトロニクス（ＭＥ）の発達にもとづく情報通信技術（ＩＣＴ）の高度化と普及が、大規模な技術革新の新展開の広範なインパクトを、資本主義世界の諸産業や経済生活におよぼし続け、それが新自由主義への政策基調の変化を支える新たな物質的基礎をなしている。

なかでも労資関係の再編に直接間接に与えた変化はきわめて大きい。すなわち、資本主義企業は、一九七〇年代後半以後、不況期に特有な生き残りをかけた競争圧力のもとで、労賃コストの「合理化」をくりかえし追求しあい、すでに人手不足は経済危機とともに反転解消されているにもかかわらず、工場でもオフィスでも情報通信技術を取り入れたオートメーション化をくりかえし推進し、雇用を削減し、多くの職場で熟練や経験を不要として、労働者を容易に代替可能とする傾向を拡大してきた。その結果、安価な非正規のパート、アルバイト、派遣などの雇用形態が中枢諸国にも激増している。とくに女性が大量にこの非正規の雇用形態で利用可能な労働力として動員される傾向が広がっている。それにともない、就職難、失業や半失業の脅威にさらされる産業予備軍を相対的過剰人口として再形成する傾向が顕著に強化され続けている。

その結果、高度成長期とは異なり、オートメーション化にともなう労働生産性の上昇にもかかわらず、実質賃金は抑制され、下方圧力をうけ続けている。家族の生活費を女性もともに支える生活様式が一般化するにつれて、マルクスも指摘していたような、労働力の価値が複数の家族成員に分割されて引き下げられる原理的(労働力の価値分割)作用も影響を広げてきている。

情報通信技術の高度化にともない、企業の多国籍化も容易となり、海外途上諸国の安価な労働力を利用して労働コストを削減する傾向も大きく促進され、それも先進諸国の労働者の雇用とその条件とにきびしい競争圧力を与えている。こうして高度成長期の末期に生じた資本の過剰蓄積によって一時的に実現された先進諸国の労働者階級に有利な産業予備軍の枯渇傾向にもとづく雇用条件の大幅な改善、実質賃金の上昇は、その後の危機と再編過程で、あきらかに反転されて、先進諸国の内部においても世界市場におけるグローバルな労働雇用の拡大においても、ともに資本に利用可能な産業予備軍の再形成が長期にわたり大規模に進展している。

同時に、その過程を促進した高度情報技術の普及は、高度成長期のような大規模なコンビナート型の重厚長大型設備投資をかならずしも必要とせず、軽薄短小型の投資単位で雇用の削減や非正規化を実現しうる効果をあげやすい特性も示してきた。それに加えて先進諸国をつうずる雇用の抑制、不安定化、実質賃金の停滞にともなう内需の不振から、各産業企業は遊休設備をかかえて設備投資の規模を停滞させやすい。それは、あたかも古典的景気循環の不況局面が慢性化して継続し、グローバルに諸資本の競争圧力を強化し続けているような状態といえる。その過程で、先進諸国の大企業は、自己金融化への傾向を顕著に強めていった。とくに日本の大企業の多くは、高度成長期に設備投資用の銀行からの借り入れに依存していたオーバーローン体質を、この時期にあいついで解消し、自己金融化をすすめ、むしろ巨額な内部留保資金を金融的に運用する財テクにふりむけるようになる。

それに呼応しつつ、金融部門にも高度情報技術のインパクトは大きく、たとえばアメリカで一九三〇年代の大恐慌時の金融崩壊の経験をふまえて銀行業務と証券業務の分離を定めたグラス＝スティーガル法（一九三三年）が、金融ビッグバンとよばれる一連の変化のなかで、事実上のりこえられ、証券と銀行の両業務を兼営する投資銀行のもとで統合され、銀行の資金も投資信託、金融派生商品《デリバティブ》、さまざまに組成された抵当担保証券などの取引をつうじ、大量に投機的な資本市場に直接間接に注入され、そこで運用されるようになっていった。ブレトンウッズ体制崩壊後の変動相場制のもとで、為替相場の大幅な変動がくりかえされて、主要諸国の通貨自体が投機的取引の対象となり、いまや実需の一〇〇倍をこえる通貨取引が主として投機目的で日々反復されている。そのことも各種先物やデリバティブ、さらには複雑に組成された各種擬制資本としての証券類の国際的金融取引に、大幅な不安定性とそれにともなう投機的利得の取得可能性とを増加してきた。

そのような投機的利得も重要な推進動機として、先進資本主義諸国における現代の資本主義は、この時期に実体経済の不振と対照的に、金融化資本主義といわれるような金融部門の興隆・肥大化を生じている。たとえばアメリカでは、一九七〇年代―八〇年代には、各種金融会社の利潤総額は、非金融会社の利潤総額の五分の一程度であったのに、二〇〇〇年には二分の一になり、その後七割をこえる年もみられる。

こうした現代資本主義の大規模な構造変化の諸側面は、総じて先進諸国の経済政策基調の新自由主義への変化を要請し、またその変化によって助長されてきた。一九七九年に政権についたサッチャー、ついで一九八一年に大統領となったレーガン、同年に日本で発足した臨調行革は、それにさきだつケインズ主義の挫折と、それにともなう国家財政の危機をうけて、国家の経済的役割を縮小する新自由主義に政策基調を大きく転換する。その政策の論拠は、自由で競争的な市場経済こそが、合理的で効率的な経済秩序を実現するとみなす、新古典派ミクロ経済学におきなおされ、その観点から、公企業が民営化され、日本でとくに顕著にみられたように、そこに伝統的基盤をおいていた戦闘的労働組合運動に解体的な攻勢がかけられていった。同時に労働者保護的な各種の労働立法が、あいついでその解釈や規定を改変されて、各種の非正規雇用諸形態が広範に許容される方向に社会的規制緩和がおこなわれている。労働者の実質賃金の抑制や雇用の不安定化をともないつつ、資本主義企業が有利な雇用諸形態を自由に選択的に拡大しうる方向に変化させ、労働組合の弱体化をうながすことは、新自由主義政策に一貫した特徴をなしている。

それに加え、市場原理主義的な個人主義の観点から、医療、育児、教育、年金などの公的サービスや支援が抑制されて、それら諸領域での個人負担が顕著に増大してきている。福祉国家への歩みが反転しているのである。他方で、法人税、所得税、相続税などには富裕層に有利な国際的な引き下げ競争が、民間活力強化の方策としてくりかえされてきた。この新自由主義的施策が、T・ピケティ（Piketty 2014）の重視している一九八〇年代以降の資産と所得の格差再拡大の重要な一因をなしていることはあきらかなところである。

他方、冷戦構造の枠組みのもとで、集権的計画経済による経済建設をすすめていたソ連型経済は、やや遅れて一九八〇年代にかけて、重厚長大型設備投資による工業化にゆきづまり、自然資源や労働力の制約も増して、その成長に「摩滅」現象が広がるなかで、高度情報技術の民主化への転換やそれを弾力的に可能とする政治経済システムへの変革に成功しえなかった。すくなくともそれを重要な一因として、ソ連型経済は、東欧革命（一九八九年）とソ連解体（一九九一年）とにより崩壊する。それにさきだち、一九七八年以降、改革開放政策に転じ、やがて社会主義市場経済の建設を標榜する中国は、海外からの多国籍企業の投資を歓迎し、交易関係も拡大して、資本主義世界に進行する新自由主義的グローバリゼーションと抵触する存在ではなくなっていた。

それゆえ、第一次大戦後の現代資本主義を特徴づけていた、社会主義に対抗する資本主義としての側面は、この時期に大きく損なわれたとみなければならない。そこからF・フクヤマ（Fukuyama 1992）のように、マルクスによる社会主義は失敗し、いまやリベラルな民主主義と適合的な自由主義経済こそ繁栄への望ましい道筋を与えることが判明した、と「歴史の終わり」を総括する風潮も広がっている。ソ連型社会主義の崩壊は、あきらかに新自由主義に大きな支援要因をなしている。空間的にもグローバルな資本主義的企業の支配を新自由主義的に再拡大する作用をもたらしている。

しかし、新自由主義的グローバル資本主義は、その実績において効率的で合理的な望ましい経済秩序を実現しているとはとてもいえない。

市場原理主義による社会的規制の緩和、撤廃は、先進諸国の企業の多国籍化、それにともなう産業空洞化をうながし、先進諸国の雇用を抑制し、不安定で安価な非正規雇用の比率を大きく増大させる傾向をもたらしてきた。それは大多数の労働者からみれば、けっして望ましい変化ではない。もっとも、日本の産業諸企業は、一九八〇年代までは、周辺アジア諸国を下請け的に再編利用して、先進諸国のなかでなお例外的に第二次産業の雇用を日本国内でも増加し続け、変動相場制による円高傾向にもかかわらず、強い輸出競争力を保持し続けていた。日本経済は、その当時「ジャパン・アズ・ナンバーワン」と評され、実際に平均四%余の実質成長をなお維持し、新自由主義のもとでその強さを誇示していた。しかし、その日本資本主義にも、一九八〇年代末にかけて、アメリカとの貿易摩擦回避のためにとられた内需拡大政策に誘発された不動産と株式の投機取引による巨大バブルが膨張し、一九九〇年代以降、その崩壊にともなう失われた二〇年余が続いている。一九九三年以降は日本でも第二次産業の雇用が減少し、産業空洞化現象が顕著となり、日本経済は平均一％にみたないほとんどゼロ成長に近い超低成長に衰退する。④ こうした日本資本主義の長期的停滞化は、その発端をなした投機的バブルの打撃とそのもとで生じている資産と所得の格差再拡大、労働条件の劣化、内需の冷え込みとあわせ、先進諸国の多くが新自由主義のもとで経験する困難を先駆的に示しているとさえみなされるようになる。

実際、新自由主義のもとでの情報技術を利用したＩＴ「合理化」にともなう労働条件の不安定化と劣悪化、子育て、教育、医療への公的支援の削減と個人負担の激増、個人主義的な雇用・職場環境と消費スタイルの拡大、それらにともなう結婚難、シングルスの増大は、日本をはじめ多くの先進諸国に少子・高齢社会化をもたらし、経済生活の原則的基礎をなす人間の再生産自体を単純な規模でも実現しえない傾向を招いている。それはあきらかに先進諸国の多くの社会の深部に広がる経済再生への重大な課題のひとつをなしている。

もともと労働力を商品化することにより、共同体的社会の市場経済社会への分解をすすめてきた資本主義は、家族共同体にも大家族から核家族へ、さらには核家族にも核分裂をもたらしているようなアトミスティックな個人へと、消費生活の単位も分解して、市場を深化拡大し、雇用関係や職場の作業も個人単位に解体して、社会の共同体的連帯を解体し続ける作用を示してきた。いまやその傾向的作用がＩＴ「合理化」にともない、新自由主義のもとでいわば過度に成功し、その結果、社会の原則的存続の基礎を損ない、荒廃させつつあるのではなかろうか。マルクスの指摘する「産業病理学」の対象となるような、とくに神経症的な深い疲労感、癒されにくい孤独感、ストレスの蓄積に悩む人びとが、顕著に増していることも、こうした孤独な個人への社会的共同性の過度の分解作用にともなうところが大きいとみてよいであろう。それも現代的な労働力商品化の無理の病状のひとつといえよう。

それとともに、人間の経済生活が依拠してきた自然資源や自然環境の荒廃にも、憂慮すべき課題が累積している。地球温暖化のもたらすおそれのある気象条件の巨大な変化やその原因とされるCO_2排出量の規制に、新自由主義的市場原理主義では、とうてい的確な対策を用意できるとは思えない。東日本大震災における東京電力福島第一原子力発電所の過酷事故の教訓から、ドイツ、イタリア、オーストラリアなど脱原発にふみきった諸国も少なくないにもかかわらず、当事国の日本は、アメリカ、フランスなどにしたがい、しだいに新自由主義的な原発再開、原発輸出に復帰する方向をたどりつつあり、安心のゆく自然環境保全への人びとの願いに背を向けようとしている。アメリカの主導するＴＰＰ（環太平洋連携協定）への参加は、各地域の自然環境を保持してきた農業に大きな打撃を与えるおそれの大きい新自由主義的市場開放政策であるが、多くの人びとのこれへの危惧やそれに応じていた選挙公約もいまやアベノミクスのもとでは無視されつつある。

ふりかえってみると、こうした人間と自然の荒廃をもたらす傾向は、市場原理にしたがう営利企業の支配する資本主義経済に内在する作用であり、その原理的限界として、マルクスも批判的に注意をうながしていたところであった。新自由主義的グローバル資本主義は、そのような資本主義の原理的限界を、現代的様相のもとに、深部から大規模に露呈しつつ、その作用を抑制し、解決する社会的規制や試みには背を向ける傾向が強い。

しかも市場原理主義的に民間活力による経済成長の回復を期待した先進諸国の経済は、実績において、いまや日本のみならず多くの諸国で、少子高齢化の負担も重く、途上諸国の急速な工業化の競争圧力の強化をも誘発しつつ、むしろゼロ成長の定常状態を基調として定着させつつあるとする予測も有力視されている⑤。

そのような閉塞感からも生じている先進諸国の内需の停滞、景気回復の困難、設備投資の不振にともない、金融諸機関には過剰な資金が大量に遊休しやすく、それを株式や不動産の投機的取引の膨張に動員することがくりかえし世界資本主義の景気回復の契機とされ、その投機的バブルの崩壊がまた多大な社会的費用を生じつつ、人びとの経済生活をおびやかす不安定性と抑圧作用の主要因となってきている。

たとえば、日本に生じた巨大バブルとその崩壊は、ついで、周辺アジア諸国に転移して一九九七年にアジア危機をまねいたバブルとその崩壊を生じ、二〇〇一年のアメリカのＩＴバブルの崩壊を経て、さらにその後のアメリカの住宅バブルとその崩壊にともなう二〇〇八年のサブプライム世界恐慌⑥をあいついでひきおこすバブルリレーの世界的連鎖の発端ともなった。こうしたバブルリレーの連鎖は、新自由主義的グローバル資本主義のもとで、世界資本主義のとくに中枢諸国において、社会的諸規制から解き放された資本主義市場経済が、自由で競争的な市場原理にしたがいつつ、効率的で合理的な経済秩序を実現しえず、一方で大多数の労働者の経済生活に、いかに不況期に特有な労働力商品化の無理の負担を、不安定で劣悪な雇用条件や公的支援の削減をつうじ継続的におしつけつつあるか。同時に他方で、それにともなう現実資本の蓄積の困難を反映し、とくに金融システムの側面において、資本主義に内在する不安定で自己破壊的な矛盾をはらむ投機的運動をいかにくりかえし展開せざるをえないこととなっているか、を雄弁に告げている。

世界資本主義に連続的に生じているそのような投機的バブルとその崩壊は、ポスト・ケインジアンのH・ミンスキー(Minsky 1982)の投機的金融不安定性論による景気循環論の妥当性を印象づけている。しかし、そのような不安定なバブル経済とその崩壊の反復とが、なぜこの時期に特徴的に発生し続けているのかは、ミンスキーの金融不安定性の一般化された理論では、方法論上問題とされえない。この時期の新自由主義的グローバル資本主義の中枢諸国における現実資本の蓄積の長期停滞とそれを反映する金融資金の過剰化の処理の困難に深く関わるところとして、その問題も位置づけられ、解明されなければならないであろう。

こうした論点をふくめ、現代の新自由主義的グローバル資本主義は、すでにみてきたようにつぎのような三面において、歴史の流れを反転し逆流させる反動の時代を螺旋的にもたらしているのではなかろうか。

すなわち、第一に、一九世紀末以降の帝国主義段階に始まり、第一次大戦後の危機の三〇年を経て、社会主義に対抗する側面をともない、国家の政治経済的役割が増大し、高度成長期には福祉政策や雇用政策もふくめ、労働者や農民にも協調的諸政策がとられる傾向があったのにたいし、新自由主義のもとで、国家の経済的役割が削減され、民間活力の再強化にむけて、資本主義企業や資本家階級への税負担が軽減され、公企業が民営化され、福祉政策や雇用政策も抑制されて、資本主義市場経済がそれを統御する社会的規制から解放される傾向が顕著になっている。高度成長期まで、日本でも「一億総中流化」がすすんでいると考えられ、社会民主主義がさらに強化されてゆけば、やがては社会主義が理念としている経済民主主義や、所得の平等化が歴史の進歩として漸次達成されてゆくであろうという期待も広がっていた。しかし、そのような期待は、新自由主義のもとで大きく裏切られ、とくに大多数の働く人びとからみれば、歴史はあきらかに逆流し反動の時代をむかえているといえよう。

第二に、そのような国家の経済的役割の反転・縮小への傾向は、その経済的基礎に、情報通信技術の高度化と普及にもとづく資本のグローバルな競争的再編の進展をともなっていた。すでにみてきたように、その過程で、先進諸国の金融資本の産業的「合理化」は、高度成長期までの重厚長大型設備投資に代わり、軽薄短小型の投資が主流となり、しかも海外の安価な土地や労働力を求めて、工場や営業拠点を広く多国籍化して、グローバルな競争を展開し、中枢諸国には産業空洞化をもたらす傾向を生じている。それにともない、先進諸国の内部には、かつての金融資本の産業的独占組織の役割が大幅に解体され、巨大産業株式会社もグローバルな競争圧力でその存続を危うくされるケースも目立つ。先進諸国では、産業空洞化にともなう各種サービス産業の雇用比率が増大して、サービス経済化が著しい。なかでも金融部門の肥大化が、過剰資金の投機的運用をめぐり、バブルとその崩壊をくりかえす経済の不安定化をうながしつつ、グローバルな各種金融商品の取引の膨張をもたらしている。新自由主義による資本の投資や取引、さらには雇用関係についての社会的規制の緩和・撤廃は、こうした資本のグローバルな競争的市場での運動を容易としつつ、またそのような資本の運動の基礎的変化を反映するところとなっている。

第三に、こうした資本のグローバルな競争的再編は、さらにその根底において、労資関係の広範な組み替えを継続的にもたらしている。ふりかってみると、高度成長期までの金融資本の独占的蓄積体制のもとで、公共部門とあわせて、主として成年男子労働者を中心とした労働組合運動の成長が、冷戦構造の枠組みのもとで、労資協調的なフォード的蓄積様式や福祉国家への歩みを促進する大きな役割を担っていた。しかし先進諸国におけるその蓄積体制は、労働力と一次産品にたいする資本の過剰蓄積により、資本主義経済に内在する根源的矛盾を露呈しつつ、インフレ恐慌を生じ、ゆきづまった後に、高度情報技術を基礎に大規模に変革され、新自由主義的グローバル資本主義のもとで、ほぼ一貫して、各種非正規雇用の不安定で低廉な雇用の増大、とくに女性の非正規雇用比率の増大、それにともなう労働組合の組織率の低落とその交渉力の削減が顕著にすすんでいる。この間、公企業の民営化も、労働組合運動に大きな打撃を与えた。日本の戦後の戦闘的（左派）労働運動のナショナルセンター総評への打撃とそれにともなう日本社会党の衰退はその動向を端的に示す事例といえる。

その過程で、先進諸国の労働者の多くは、グローバル化する資本の雇用戦略のもとで、海外途上諸国の安価な労働者とも競合させられ、内外にわたる産業予備軍の再形成圧力にさらされて、労働組合の規制や国家の社会的規制が弱められた競争的労働市場で、不安定で低廉な各種非正規の雇用に個人主義的に組み込まれる傾向を強めている。その結果、ワーキング・プアなどの新たな貧困問題が、老後の深刻な生活不安をともないつつ拡大し、孤独な個人への社会の解体、少子高齢社会化への傾向とあわせて、不況局面での労働力の商品化の無理が現代的様相のもとで長期化し構造化しつつある。(7) 高度成長期とは異なり、高度情報技術による物量的労働生産性の向上の成果が、労働者階級の実質所得の向上に還元されず、富裕な資産所有階級が所得税や法人税の軽減の恩恵を受けてきたこととあいまって、資産と所得の貧富の格差再拡大が、この新自由主義のもとでの顕著な傾向となっている。

こうした三面にわたる新自由主義的グローバル資本主義の中枢に生じている変貌は、両大戦期の危機の三〇年を経て、戦後の高度成長期に現代資本主義が社会主義に対抗しつつ、労資協調的な社会的規制や政策を強化し、資本主義の枠内ではあれ、社会民主主義的な経済民主主義と所得の平等化にむかっていた歴史の流れを逆流させ、さらに競合していたソ連型社会主義の解体ともあいまって、資本主義をこえる労働者社会への変革の構想と社会運動をきわめて困難にする傾向をもたらしている。

このような諸側面に示される逆流する資本主義としての現代資本主義の新自由主義的展開についての

わたくしなりの批判的見解は、宇野三段階論とその世界資本主義論としての継承の試みに依拠しつつ、現状分析としての世界資本主義の中枢部の危機と再編の動態をめぐる仮説的総括として提示された。そのさい、宇野の原理論、資本主義の世界史的発展段階論、現状分析の三次元への研究次元の区分の方法との整合性やその活かし方になっているのかどうか。とくに帝国主義段階論との関係性をどうみるか。逆流するさきはどこになるのか。長期不況と宇野恐慌論との関係をどうみるか。といった論点をめぐり、北原勇、山田鋭夫の両氏から論評をうけ、これにいちおうの回答は試みておいた（北原・伊藤・山田一九九七）。そこでの論議をふりかえりつつ、あらためて「逆流」仮説として総括して述べた内容をそれらの方法論的問題にそくして手短にまとめておこう。

もともと宇野が、三段階論の方法により、第一次大戦後の世界経済論は現状分析の次元で考察をすすめるべきであるとみなしていたさいにも、その研究は、「無限に複雑な個別的具体性」にそくして追求されるのみですまないはずで、資本主義の原理論と世界史的発展段階論とを考察基準としているかぎり、それらにてらして現状分析の次元においても特徴的な各時期の政策基調の意義と限界の総括的解明を重要な一課題としてよいはずである。たとえば宇野は、社会主義に対抗するようになった現代資本主義が、とくに大恐慌を介し、ニューディール型とファッシズム型とに分かれ、ソ連と三つどもえの抗争を経て、第二次大戦後ニューディール型のいわゆる国家独占資本主義の政策を支配的とするにいたったとみなし、さらに管理通貨体制を定着させた意義を、社会主義に対抗する資本主義の現代的対応の基本として重視していた。そのような総括は、資本主義の世界史的爛熟期としての古典的帝国主義段階の帰結のひとつとしてのソ連社会主義の誕生と成長が、資本主義世界に与えたインパクトを重要視しつつ、管理通貨制への移行による雇用政策の可能性を、むしろ原理論における資本主義の基本としての労働力商品化の矛盾や貨幣・信用制度の原理的規定にてらし、対比的に検討しようとしていたところがあった。その発想は、国家独占資本主義の概念規定をかならずしも是認するものではなかったが、大内国独資論の仮説的総括の試みにもくみ取られていた。

かりに宇野三段階論は、現代資本主義の考察を、原理論は直接適用せずに、原理論にもとづく帝国主義段階論をもっぱら考察基準とする方法をなしていると理解するなら、それは宇野自身の発想とは異なるであろう。宇野の現状分析としての地租改正の研究（宇野編 一九五七、五八）にせよ、現代資本主義についての右のような見解にしても、あきらかに段階論とあわせて、『資本論』の原理的諸規定をともに考察基準として活用する認識をなしていた。

宇野三段階論を世界資本主義論の方法として継承する発想では、爛熟期の資本主義の中枢部にも原理論の抽象の基礎が拡大され、現代につうずる資本主義の原理的作動が、景気循環の変容の側面とあわせて、方法論的にいっそう重視される傾向をふくんでいた。それとともに、資本主義の世界史的発展段階論と世界経済論のとくに総括的考察とは、その内面において自律性をもって生成、成長、爛熟する資本主義の原理を考察基準としつつ、世界市場的関連のなかで、中枢諸国の国家の役割の基本的変化の意義を重視しつつ、世界資本主義の歴史的、具体的な発展の推移を解明する研究次元にともに位置づけられてよいであろう。爛熟期の資本主義は、その推移の歴史的変転にそくして、第一次大戦を必然化していった古典的帝国主義段階にたいし、その後の現代資本主義の動態をめぐり、大戦間期の危機の三〇年、第二次大戦後の高度成長期、およびその後の危機と再編の長期停滞期、といった様相の異なる三局面に区分して総括することを要請していると考えられる。

そのうちの高度成長期について、ケインズ主義的国家の役割が現代資本主義に経済危機を回避する体制を定着させたとみなす「国家独占資本主義」の段階をもたらしたとする規定には、さきにもふれたようにケインズ政策の有効性を過度に一般化する方法論上の問題点があった。他方、高度成長後の危機と再編期を「新自由主義的グローバル資本主義」と総括することには、違和感が少ない。しかしこの局面も、帝国主義段階の規定にとって代わる新たな支配的資本にもとづく資本主義の新たな段階をなしているとみなすことができるかどうか。アメリカを中心とする軍事的政治的世界秩序の維持に日本やヨーロッパの主要諸国が協力する帝国主義的支配は、多国籍化した金融資本の利害にもとづき、いまだに世界資本主義の重要な一面をなしており、流動的な危機と再編の過程からどのような新たなポスト帝国主義の世界史的段階が出現するのか、すでに明確になっているとはいえないであろう。

日本をはじめ各国資本主義について、その構成要素としての各国財政や個別産業・企業やその労資関係などをふくんで、より具体的な現状分析をすすめるさいにも、こうした現代資本主義の世界史的推移の動向を、大きな枠組みとして前提しつつ、それとの関連で研究がすすめられなければならないであろう。

ほぼこうした方法論的観点にたって提唱した「逆流」仮説は、戦後の高度成長期の終焉の過程において世界資本主義の中枢諸国に生じている政治経済問題の根本に、帝国主義段階以降の世界戦争の破滅的危機でもなく、ケインズ主義的マクロ経済政策の誤作動や破綻でもなく、さらにその外枠をなしていたブレトンウッズ国際通貨体制の崩壊だけにも帰着させえない、高度成長期の資本蓄積の自律的運動の内的矛盾が、労働力商品化の無理にもとづく資本自体の過剰蓄積の困難として、原理的限界を深部から現代的様相のもとに露呈したことを重視している。その論理は、それにさきだつ高度成長期の資本蓄積が、その進行過程で、ケインズ主義的マクロ経済政策よりも、労資協調的な雇用拡大によるフォーディズム型の内需拡大を基調とする自律的発展を内実としていたことに由来している。

ついで、一九七〇年代初頭にかけて先進諸国の資本にその結果生じた深刻な収益性の危機からの脱出の方途として、各種電子情報通信技術の高度化、普及が、それに続く長期不況局面に特徴的な技術革新の基調とされ、工場にも事務・営業領域にもオートメーション化があいついで推進され、一時有利であった労働者階級の立場が反転される。物的労働生産性は顕著に高めつつ、その成果を大多数の労働者には還元せず、むしろ実質賃金の抑制、非正規雇用の激増により不安定で安価な雇用関係をより広範に実現し、産業予備軍の再形成が大規模に進展している。高度情報通信技術は、先進諸国の資本のグローバルな投資や営業活動をも促進し、それにともない利用可能な産業予備軍が国内的にのみならず海外諸国の労働市場をもふくめて再編・拡大されている。

新自由主義はこうした先進諸国の内外にわたる資本のとくに労働関係をめぐる競争的活力再生への方向を促進する政策基調として登場し、その役割を果たしてきた。

その特徴は、古典的景気循環の不況局面の長期・慢性化にあたるところが多い。過剰設備能力を抱えた資本の競争圧力のもとで、技術革新がうながされ、産業予備軍が再形成されて、労働力商品化の無理が相対的過剰人口の競争圧力を労働者の多くに経済生活の困難を与える状況に転換され、しかもそれらの困難が悪循環をなして長期にわたり継続しているのである。その結果、金融諸機関は、産業企業に融資先を十分えられないまま、過剰な遊休資金の運用先を求め、不動産や証券の投機的バブルをくりかえし生じつつ、住宅金融などの消費者金融を拡大し、不況期の労働力の商品化の無理に、労働力の金融化傾向を積み重ね、労賃からのローンにたいする元利払いや手数料、保険金などによる搾取を広げている。

すでに通常の五〇年周期の長期波動の下降局面をこえる不況基調の執拗な継続性を示している、この長期下降局面は、しばしば一九世紀末の「大不況」や戦間期の「大恐慌」期と対比される、世界史の転換期を形成しつつあると思われる。とはいえ、これまでの経緯では、反復されるバブル崩壊の打撃による経済危機は、「大恐慌」型の急性的世界経済の崩壊にいたらずに、変動相場制のもとで弾力性を増した先進諸国の財政・金融政策の緊急経済対策により大企業や富裕層に救済融資や公的資金の貸与・投入が、市場原理主義とは不整合にくりかえされ、財政危機を深めながら、経済危機は先延ばしされ、慢性化しつつ、緩和されてきた。

そのなかで、ニューディール型労資協調的社会民主主義への転換も、二〇〇九年の米日での民主党への政権交代において、公約され試みられたものの、政策潮流として定着しえなかった。ニューディール期と異なり、労働組合運動の育成などの政策が欠けていたところに問題があったともいえる。さらに一九世紀末の「大不況」期には、重工業の発展にともないそこに労働組合組織が拡大し、デフレのなかで、生産性上昇にともなう実質賃金の上昇が実現されていたのであるが、今回の長期不況では、それとは逆に労働組合が組織率と交渉力を低下させられ、実質賃金や雇用の安定性を守れない傾向が強い。それはＩＴそのものの作用というより、新自由主義的市場原理主義による資本主義のＩＴ利用の結果にほかならないであろう。

いずれにせよ、こうした現代資本主義の新自由主義的グローバリゼーションのもとで生じている一連の政治経済秩序のこれまでの変化は、方法論的にみて、戦後の高度成長期にいたる一九世紀末以降の資本主義の発展の方向を大きく反転して、それ以前の競争的資本主義のもとでの個人主義的労資関係や、そこからマルクスが抽象していた『資本論』における資本主義経済の基本的原理に、再編の方向を逆流させ、押しもどしているところが顕著に認められるのではなかろうか。加えて、先進諸国に進展している産業空洞化傾向にともなう景気回復の投機的バブルへの依存と、その崩壊による経済危機による打撃の反復の様相において、現代資本主義の動態には、一七二〇年に英仏で生じたサウスシーバブルズとロー・システムの連動した崩壊にみられたような重商主義段階の恐慌現象を想起させる側面も、併存しているともいえる。こうした、現代資本主義の経済危機の錯綜した多重性には、資本主義の原理論と世界史的発展段階論における研究の全成果を考察基準として、方法論的に総合して活かす必要がある。

むろん、新自由主義は政策基調として、その実績上、すでにみてきたように期待された経済回復や合理的経済秩序の実現に成功していないばかりではない。いくつかの意味で首尾一貫もしていない。バブル崩壊の危機にさいしては、大企業、金融諸機関、富裕者に有利な緊急経済対策が、公的資金の投入による救済融資までふくめて、財政金融政策として反復されている。当初に目的とされた、国家財政の危機に対処する課題も達成しえないまま、多くの先進諸国で財政危機がむしろ深化し、そのつけは労働者大衆に転嫁される傾向が強い。古典的帝国主義段階のような先進列強間の世界戦争の危機は薄れているにもかかわらず、中国や北朝鮮などの仮想敵国との政治的軍事的対抗関係や、恵まれない途上諸国の大衆のなかに支持を広げやすい反（アメリカ）帝国主義や反グローバリゼーションの変革運動、その一部に生ずる国際テロへの軍事的攻撃とその準備に、アメリカをはじめとする先進諸国には、新自由主義的市場原理主義とは不整合な軍事力の現代的強化がしばしば国際協力をともなう新たな帝国主義的政策としてすすめられている。それはアメリカを中心とする国際軍事秩序の維持強化が、軍需産業とその裾野に広がる諸産業、さらには科学技術の発展にグローバルな資金と有効需要をもたらし、経済政策としても重要性をもっているためである。

現代の長期不況は、この側面でも大戦間期の危機の三〇年や、一九世紀末の「大不況」のもたらした帝国主義世界戦争への歴史的悲劇の経験を、（冷戦終結による国際平和、核軍縮への可能性に背を向けて）現代的様相のもとに局部的にせよまたもやたどろうとする危険も内包している。日本の安倍政権のもとで、戦争法案（安保法制）が、立憲主義や平和憲法にあきらかに違反しているにもかかわらず、立案され強行採決をみたのも、アメリカを中心とする新たな帝国主義的国際連帯に参加し、実績として成功していないアベノミクスに軍需産業による打開の道筋をつけようとする意図も多分にふくむものではなかろうか。

こうした新自由主義の不整合な首尾一貫しない側面をもふくめて、方法論的にはその歴史的意義と限界とを、資本主義の原理と世界史的発展段階論とを総合的にともに活かして、考察することが強く求められている時代となっていると思われる。「逆流する資本主義」という現代資本主義の仮説的総括には、山口重克氏にはあまり違和感がないとされおり（山口二〇一三）、A・グリンには支持されたが、その他には、実はあまり積極的賛同はえられていない。しかしそこには、帝国主義段階論とあわせとくに原理論の現代的意義を、新自由主義的グローバル資本主義批判のうえで強調したい意図が含意されていた。労農派の知的伝統に惹かれているふしもなくはない。さきにふれた北原、山田両氏との対論でも述べたように、「逆流」という用語にあまりこだわるつもりもないが、いまだにそれに代わる適切な規定にも出会えない。いずれにせよ「いまや時代は『資本論』」ともいわれている。『資本論』のような原理論を、現代資本主義の考察の方法論的基礎として、新自由主義批判にどのように活かすべきかは、うたがいなく現実世界の動向から要請され、重要性を増している論点ではないかと思われる。

本書でみてきたように、あらかじめ方法論を前提せずに、資本主義経済の歴史過程を考察対象とし、史実と論理にしたがい、その原理を抽象したものと読める『資本論』の理論体系と、その意義を重視して、資本主義の発展自体にその原理を抽象する方法を模写しうる特性があることを強調していた宇野の発想に学びつつ、本節では、宇野三段階論の現状分析の次元で、現代の世界資本主義について、その歴史的発展の現実的動態の史実から、その時期区分やその各時期の特徴的推移の変転について総括規定を探求する試みのなかで、新自由主義的グローバル資本主義の時代に「逆流する資本主義」という仮説的総括を提示した由縁を述べた。その試みも一助として、『資本論』による経済学が、現代世界の基本的動態の解明にどのように活かされてゆくか、その方法論的脈絡をさらに体系的に確かめてゆく作業がすすめられればと願っている。

V　宇野三段階論の継承と発展の試み

その観点から、本節では、新自由主義的グローバル資本主義の動態を批判的に「逆流する資本主義」

と総括して特徴づける方法論的意義を、あらためて同時代的な宇野学派内部の最近の原理論と段階論の発展の試みと重ね合わせ、省察してみよう。

まず、宇野学派内部での世界資本主義論の方法については、すでに述べてきたようにその発想に協力し影響もうけてきてきた。世界資本主義の方法も、純粋資本主義の方法も、ともに宇野による『資本論』の経済学の原理論としての研究に基礎をおき、それを現代の資本主義の考察にどう活かすべきか、という問題関心を共有している。それゆえ、『資本論』の基本を経済学の原理論として深化・完成させるとともに、それをいかに現代世界の理解に役立てるか、という観点にたって方法論的にそれぞれの意義を相補的に理解し、そのそれぞれの積極的成果を利用する発想もありうるであろう。すくなくともわたくしとしては、欧米マルクス学派に宇野理論の方法論的特徴や、それにもとづく『資本論』研究の成果、およびそれにもとづく現代資本主義の現実分析を伝え、研究上の交流をすすめるさいには、ほぼそのような発想にしたがうことが多かった。

実際また、宇野学派の内部からも、純粋資本主義論と世界資本主義論との方法論的差異にあまりとらわれることなく、あらためて宇野三段階論の方法を、現代資本主義の高度成長からその後の新自由主義的グローバリゼーションの時代への展開の意義をめぐり、再考しようとする試みが、段階論と原理論の研究次元のそれぞれにおいて進展している。

まず、段階論の研究次元において提示されている、三つの類型の試みをとりあげ、ついで、原理論の内容とその活かし方をふくめ、現代資本主義の変容の考察方法をめぐる山口重克氏と小幡道昭氏との最近の論争に若干の検討を加えてみよう。

1　第四段階追加説

カナダのヨーク大学において関根友彦氏と共同研究を推進して、カナダ宇野学派の形成に指導的役割を担ってきたR・アルブリトン氏の労作『資本主義発展の段階論』(Albritton 1991) は、宇野の発展段階論を重商主義段階から自由主義段階、帝国主義段階を経て、第四段階としての「コンシュマリズム段階」を追加し、その内容にレギュラシオン学派によるフォード的蓄積体制の規定も取り入れつつ、他面ではレギュラシオン学派の構造主義的で非歴史的一面をのりこえる現代資本主義論を宇野の段階論の発展として提示する意欲的試みを提示している。そのさい、四つの世界史的発展段階をつうじ、それぞれに特徴的なイデオロギー、法、および政治の役割を明示的に取り扱い、それらとあわせフェミニズムとエコロジズムの現代的問題関心を、資本主義の各発展段階にそくして考察していることも、注目すべき貢献といえる。

その貢献に敬意を払いながら、わたくしとしては、この第四段階追加説には、主に二つの理由で違和感があり、全面的にはなお賛同できない。

第一に、宇野の古典的発展段階論やその世界資本主義論としての継承の試みでは、商人資本、産業資本、金融資本が、それぞれ発生期、成長期、および爛熟期の資本主義に支配的資本として規定されているが、それに代わる第四段階の支配的資本の新たな規定が、「コンシュマリズム段階」には示されていない。

第二に、現代資本主義論としてみると、「コンシュマリズム段階」の特性はアルブリトン氏自身認めているように、戦後の高度成長期に最もよくあてはまるところであった。その内容は、それを可能としていた先述の四つの基本的諸条件とともに、その特殊歴史性がより現状分析的に確定されてよいところではないか。それとともに、その後に生じている新自由主義的グローバル資本主義としての市場原理主義への政策基調の逆流は、同じ「コンシュマリズム段階」内における「大量債務の段階」への推移として理解してよいのかどうか。わたくしとしては大戦間期の危機の三〇年が、「コンシュマリズム段階」とは規定しえないように、高度成長の後に生じている大規模な危機と再編の時代も、イデオロギー、法、政治の各面にわたり、高度成長期までの資本主義の発展をむしろ逆流させる傾向が顕著であり、その意味で、第一次大戦後の現代資本主義の推移としてみれば、第三の局面をなしていると考えたいのであるが、どうであろうか。

2　段階論の現代的再構成の試み

他方、世界資本主義の自律的システムを国際通貨体制として集約していたポンド体制が、大戦間期の危機の時代を介し、ドル体制に変転し、その背後にパックス・ブリタニカからパックス・アメリカーナへの再編がすすんだことを重視するとともに、ブレトンウッズ国際通貨体制の崩壊とともに、アメリカの経済覇権が大きく動揺して、危機と再編の局面に入ったという、覇権国家の交代をめぐる段階論の現代的再構成の試みもすすめられている。そうした発想は、さきにもみた侘美光彦（一九八〇、一九九四）による一連の研究に提示され、河村哲二（一九九五、二〇一六）らに継承され、グローバル資本主義の考察に展開されている。

こうした発想と近接しつつ、加藤榮一（一九八九）は、資本主義の世界史的発展段階論を、自由主義段階までの初期資本主義、その後の福祉国家化への進展を示す中期資本主義、およびそのゆきづまりによる転換過程をなす後期資本主義に再区分する、読みなおしを提唱している。

こうした試みは、現代資本主義の考察に、それぞれ重要な見地を提示するところとなっている。とはいえ、それらは宇野の資本主義の世界史的発展論の古典的で緊密な体系構成を無意味とするものとはなっていない。たとえば、パックス・ブリタニカの段階といっても、加藤説での初期から中期への資本主義の段階といっても、その内部に資本主義の発生期の重商主義段階、成長期の自由主義段階、さらに爛熟期の帝国主義段階への政策基調の変化やその基礎となる支配的資本と基軸産業の変転は、重要な考察課題として体系的に認識されていなければ、資本主義の世界史的発展の意義を十分理解できなくなるであろう。むしろパックス・アメリカーナや、その内部での福祉国家の拡充の意義は、そのゆきづまりと再編の過程とあわせて、むしろ宇野による資本主義の世界史的発展段階論を原理論とともに考察基準として、現代資本主義のとくに世界資本主義としての現実的分析の次元でそれぞれの特徴的局面の総括的考察の内容に活かされてよいのではなかろうか。

世界資本主義論の発想からみても、世界市場の中枢に自律性をもって形成され発展する資本主義の内的原理を解明する『資本論』のような原理論を方法論的考察基準として、より具体的な国家の政策基調の世界史的段階の推移や、それをもたらす支配的資本とその産業的基盤の史的変化を、宇野が体系化して定式化したような古典的発展段階論として、第一次大戦までの世界史の推移を、重商主義、自由主義、帝国主義の各段階に総括することは、あきらかに重要な認識をなしている。

その体系的な認識をふまえ、第一次大戦後の危機の三〇年、戦後の高度成長期、さらにそれに続く危機と再編の新自由主義的グローバル資本主義への変転・逆流の時期への変転の考察は、パックス・アメリカーナとそのもとでの福祉国家政策の役割とそれらのゆきづまりの問題をふくめて、方法論的には古典的段階論に代替する認識としてではなく、原理論と古典的段階論とを考察基準とする現代資本主義の現実分析の次元でのそれぞれに異なる諸時期の推移にそくしてすすめられ、総括されることがさしあたり学問的に確実な方法として求められているのではなかろうか。宇野が、ほぼ高度成長期までについて強調していた社会主義に対抗する資本主義としての側面の世界史的意義もふくめて、その後に生じたグローバル資本主義としての逆流現象をあわせ、現代資本主義の世界史的発展段階論を、資本主義の古典的段階論の延長上に、あらためて新たな段階論として組み替えることができるのかどうか。その方法論的な基礎と理論的内容は、なお十分あきらかでないように思われる。

3 中間理論構築の提唱

他方、野口真（一九九〇）や横川信治（一九八九、一九九五）などにみられるように、ケインズやポスト・ケインズ派の理論的枠組みを宇野理論の観点から位置づけて吸収し、ケンブリッジのB・ローソンの提唱する「構造的マクロ経済学」の発想もそこに活かして、現代資本主義分析への中間理論の構築をめざす試みも提起されている。もともと、資本主義の世界史的発展段階論としての研究次元も、原理論と現状分析とのあいだに方法論的に想定されている中間理論とみなせる側面はあった。そこで、「構造的マクロ経済学」の成果や、フランスのレギュラシオン学派、アメリカの蓄積の社会的構造学派などの労資関係の歴史的変化を重視した中間理論ないし段階論的考察の成果なども糾合して、方法論的に、従来の宇野理論におけるにとって代わるような資本主義の世界史的発展段階論を新たに構築することが課題とされているのか。あるいは、従来の宇野学派での資本主義の生成、成長、爛熟の世界史的発展段階論を前提に、第一次大戦以降の現代資本主義についての現状分析的研究に、ケインズ主義的財政・金融政策の役割や金融不安定性論の意義などを、もうひとつの中間理論として挿入して、より具体的な現実分析に役立てようとしているのか。その点がここでは方法論的に問われているところがある。

わたくしとしては、そのうちの後者の方法に近い観点にたって、大戦間期の危機の三〇年間にその必要が認識されたケインズ主義が、戦後の高度成長期に支配的政策基調とされて、その現実的基盤となった労資協調的フォーディズムとあわせ長期好況的好循環を形成していたのにたいし、その資本蓄積体制のゆきづまりから反ケインズ的新自由主義的発想のもとで労資協調体制も崩されて、福祉国家の逆流現象も広がる長期衰退期への現代資本主義の変容について、ある種の中間理論的総括は、必要でもあり望ましいところと考えている。その場合、ケインズ自身もポスト・ケインズ派も、非歴史的な「一般理論」として、資本主義の金融的不安定性を定式化しがちであるのにたいし、マルクス学派の中間理論としては、ケインズ主義の外見的成功やその挫折、さらにはバブル的投機による金融不安定性の現代的反復などが、どのような現代資本主義の歴史的変化をあらわしているか。あくまで歴史を理論的に解明するマルクスにはじまる方法論による中間理論的総括であることが求められるのではないかと考えている。

むろん、こうした方法論をめぐる検討は、原理論や段階論のあり方について、現代世界の問題関心からも、さらにさまざまな観点からの基本的補充や拡充の試みがありうることを排除するものではない。そのような試みは、宇野学派のなかで原理論の内容やその活かし方をもふくめて、現代世界の変容の考察への方法論的な検討としてもくりかえされてきた。その近年の顕著な事例として、ついで山口重克氏と小幡道昭氏の主張とその両氏の論争にふれておこう。

4　山口―小幡論争

方法論的には宇野の純粋資本主義論の方法によりながら、山口重克氏は『経済原論講義』(一九八五、四ページ)などで、「商品経済的な利益の最大化を唯一の行動原則とする経済主体を想定し、このいわゆる経済人に自由に行動させ、そのいわば思考実験の結果として進行する社会的編成を観察する手続き」にしたがい、原理論の整備をすすめ、その展開のなかで、さきにもふれたように、宇野原論とは異なり、信用機構の限界をこえる資本の競争の補足機構として、株式資本による結合出資の機能とそれにもとづく資本市場の原理的規定にも展開をすすめ、事実上、一九世紀中葉までの資本主義の段階的特殊性の制約から解放された「資本主義一般」の本質的運動とその機構を原理論とする試みを示していた。それとともに、経済原論は、資本主義の本質規定をあきらかにすることにより体制選択の基準を示すにとどまらず、多種多様な資本主義の現状分析のための基礎理論としての役割も果たしうるよう構成されるべきであるとし、原理論を総括する景気循環論も、資本主義の段階論的変容の類型分析や現状分析をすすめてみて、その分析基準として解明が必要である論点を確定し、それをフィードバックしてその内容を改善し拡充してゆくべき部分としていた(同上、二六七ページ)。

山口氏は、さらに著書『類型論の諸問題』(二〇〇六、六六―六七ページ)などで、原理論では市場経済にとって外的諸条件としてブラック・ボックスに入れて純粋な資本主義としての原理的世界を構成していた、人間・自然・生産力・国家の具体的ありようを取りだして、原理論の世界に投入することで、どのように原理的世界が変容するかをみる類型論が構成され、現状分析に役立てられると提唱していた。

わたくし自身は世界資本主義の方法に協力する見地にたちつつ、純粋資本主義による理論家の諸研究、とくに山口氏のきわだって緻密な一連の原理論研究にはつねに敬意を払ってきたし、教えられるところも多い。その類型論の方法は、たとえばレギュラシオン学派において、ポスト・フォーディズムの時代に資本主義のアメリカ型への収斂傾向が変化して、むしろ資本主義の蓄積軌道の多型化に関心がむけられ、さらに加えてグローバリゼーションのなかで、途上諸国や旧社会主義諸国の資本主義化が進展しているなかで、それぞれの国の現実的様相の種差をもたらす諸要因を解明するうえで役立つところが多いと考えている。山口氏による原理論と方法論が後続世代の研究者仲間に与えている影響も多大なものがある。

小幡道昭氏もその影響を大きく受け続けている理論家のひとりである。大きくみて、原理論と資本主義の発展段階論との関連を現代資本主義の考察基準として再考する課題を、原理論自体の内容から方法論的に省察してゆこうとする試みは、世界資本主義論の方法としても提起されていた。山口氏の純粋資本主義論の方法は、これに対峙しつつ、純粋な資本主義の原理に、実は人間の行動規範としての文化や自然の地勢的条件、生産力の具体的内容、国家の関わり方で、異なる類型の資本主義を生ずる潜勢的可能性がブラック・ボックスとして埋め込まれているものとみて、それらの諸要因を取りだして原理的世界の変容を検討すれば、類型論としての中間理論が、資本主義の世界史的発展段階論をふくめ、理論的に再構成可能ではないかと提唱するものとなっていた。小幡氏は、『マルクス経済学方法論批判』(二〇一二)において、こうした発想を事実上継承しつつ、原理論に埋め込まれているとされているブラック・ボックスの重要なケースは、資本主義の変容をもたらす「開口部」としてむしろ原理論の体系のいくつかの箇所に明示して、原理論自体を変容論的アプローチに組み替え、純粋資本主義論としての小原理主義に代わる大原理主義をとらなければならない、と主張している。そしてそのような開口部の例として、貨幣信用制度、労働者の生活様式、技能形成、労働組織のあり方、土地に代表される自然と市場を利用したその利用形態などをあげている。景気循環論もそのもうひとつの事例とされているといえよう(小幡 二〇一四)。

ほぼこうした発想にたった小幡氏の山口批判とそれへの山口氏の反論が、一連の論争を形成している。そこには最近の学界ではめずらしいヒートアップした興味ある応酬がくりかえされているが、それだけにときには誤解も重ねつつ手探りで細部にわたり論議が深められているように思われる。それをつうじ本章で述べてきた現代資本主義の動態とそれを解明する方法論的基準をめぐるわたくしの理解にも重ね合わせて、以下の三つの論点について、この論争から読み取れる示唆を摘記しておきたい。

① 宇野三段階論をどう活かすか　第一に、現代世界の現実的考察に宇野三段階論の方法をどのように活かすか、あらためてその意義や方途が根本的に問われている。すでに述べてきたように、わたくし自身は、基本的には世界資本主義論の見地にたちながら、宇野の原理論、発展段階論、現状分析の三つ

の研究次元の区分と関連の方法は、社会科学としてのマルクス経済学の体系的関連をあきらかにした方法として、現代世界の解明にも多大な意味を有していると考え続けている。

山口氏の類型論の方法は、この三段階論における発展段階論と現状分析の次元をともに包括して資本主義の多様な発展経路を生ずる諸要因、諸条件を、原理論に埋め込まれているブラック・ボックスをあけて取りだし、原理的世界がそれによりどう変容するかを中間理論的に検討しうるとする見解を示している。その類型論的考察のなかで、資本主義の世界史的発展段階論の内容が拡充・補整されるべき研究次元と、現状分析としての現代資本主義の研究次元でのたとえば各国ごとの資本主義の変容や多型化を中間理論として検討すべき課題とは、区分されてよいのではなかろうか。

そのさい、第一次大戦後の現代資本主義の多様な類型的多様化も、世界資本主義としての大戦間期の危機の三〇年、第二次大戦後の高度成長期、ついでその後の新自由主義的グローバリゼーションの時代に大きく区分される三つの異なる枠組みのなかで、それぞれの差異も類型的に位置づけて考察することが求められるように思われる。わたくしとしては、世界資本主義としてのこうした枠組みの変転についてて、戦後の高度成長を可能としていた諸条件と、そのゆきづまりによる危機と再編の時代への中枢諸国にそくした考察に重点をおいて検討をすすめてきた。日本も高度成長末期から、アメリカ、西欧とともに世界資本主義の中枢三極を形成するにいたっている。そのなかで、世界資本主義の政策基調が総じて新自由主義に変転していることの意義をその経済的基礎とあわせてどのように理解しうるか。

この新自由主義的グローバル資本主義の時代にも、アメリカを中心とする世界軍事秩序に西欧も日本も協力し、途上諸国の反体制的変革運動に抑圧・介入をくりかえしつつ、金融化された巨大企業としての金融資本の世界市場と国内にわたる利害は厚く保護する、帝国主義的世界秩序の一面は保持され続けている。とはいえ、そのもとで戦後の高度成長期までは、社会主義に対抗しつつ拡充されてきた、福祉政策・雇用政策の諸側面は、市場原理主義の発想により削減して、ワーキング・プアなどの新たな貧困や雇用条件の劣化をもたらしてきた新自由主義的グローバリゼーションは、資本主義の弊害を社会的に統御し変革する方向への歴史の進展を反転する「逆流する」資本主義をもたらしていると批判的に総括しうるのではないか。小幡氏からの批判に応えるなかで、山口氏もこの規定に「それほど違和感をもっていない」としていた（山口二〇一三、八ページ）。

小幡氏の変容論的大原理主義の主張も、わたくしの理解では、段階論を原理論に吸収して解消しようとするものではない。しかも帝国主義段階に続く、第四段階の規定を現代資本主義論として追加する発想もとっていない（小幡二〇一五）。そのかぎりでは、宇野三段階論の方法を批判的に再考しつつ、その大きな枠組みは踏襲していると読める。とはいえ、原理論を純粋の資本主義社会内部の考察に限定し、資本主義の変容をまねく重要な諸要因に明示的に論及しない純粋資本主義論の方法に反発して、段階論、現状分析に考察基準として役立つ変容論的大原理を主張している。その点では、山口原論の方法に多くの示唆をうけながら、世界資本主義論に近い方法論的発想によっていると解釈できる。

実際、小幡氏は、帝国主義段階以降の資本主義を純粋資本主義の原理にてらし不純化したとみなすことには反対し、その点でも事実上、世界資本主義論の一面を重視している。とはいえ、世界資本主義論にも従来引き継がれてきたと思われる、没落期の資本主義としてのレーニン以来の帝国主義段階の規定にも強く異議をとなえている。この規定は、高度成長期の資本主義までにみられた途上諸国の低開発性の継続的困難とあいまって、小幡氏も認めているように、すくなくともその時期までは妥当性が広く容認もされていた。

しかし、小幡氏によれば、一九七〇年代以降のグローバリゼーションの時代は、従来長らくテイクオフが困難であった第三世界諸国に工業化の流れが移り、大規模な地殻変動が生じている。それを推進しているのは、先進諸国の変化というより、むしろ後進国の新たな工業化のうねりであり、その意味で後進国底流説により、その地殻変動の本質が理解されなければならない。その現実は、宇野理論の「拡張」ではなく抜本的な「再転換」をせまるものである。新たな資本主義が発生する没落期というのは語義矛盾となる。この底流からみれば、過去への「逆流」といったのでは、戻る先もないので、逆流仮説では新たな資本主義の起源も無視されることになる。

批判されているわたくしの逆流仮説による現代資本主義論は、たしかに後進国底流説によるものではない。世界資本主義の中枢諸国に生じている高度成長後の長期的な停滞、危機と再編が、新自由主義的グローバリゼーションを推進する動因をなしているとみなし、その歴史的必然性と意義を解明することに主要な問題関心をよせている。逆流仮説もこの問題関心にそって提示されたもので、むろん資本主義の先進的中枢部の世界史的発展の推移についての認識であり、最近工業化しつつある途上諸国にとって戻る先はどこかといわれても、問題自体がすれ違う。小幡氏も一面で認めているとおり、後進諸国の内発的発展は、先進諸国の現実的資本蓄積の長期停滞化、それにともなう金融資本の対外進出による多面的な多国籍化と深く連動している。その両者は、簡単に分離できないところでもある。世界資本主義の新自由主義への政策基調の転換の歴史的必然性と意義は、後進国側からというより、やはり先進中枢諸国の資本蓄積の動態から分析され理解されるべきところなのではないか。

また、山口氏も指摘しているように、後進諸国の資本主義的工業化は、古典的帝国主義段階にもドイツや日本に生じたことで、最近の中国やインドの工業化がそれと質的にどう異なるかは、まだあきらかなところとはいいがたい。それに加え、もともとこの後進国底流説としての小幡グローバリゼーション説が、変容論的開口部をともなう小幡原論の変容論的大原理主義と方法論的にどう関連しているのかもまだ明確にされているとは思えない。

現代の資本主義が没落期の資本主義といえるかどうか。レーニン的規定ではすまないところがたしかにあり、小幡氏の重視する途上諸国の新たな工業化もそのひとつの問題提起といえよう。しかし途上諸国の工業化をつうじ、現代資本主義が提示している原理的諸限界がのりこえられるかどうか。むしろ非マルクス学派の水野和夫氏の『資本主義の終焉と歴史の危機』(二〇一四)が広い関心を引きよせているように、資本主義の歴史的役割は、現代的な多重危機のなかで突破できない限界に達しつつあるのではないかという危惧も広がりつつある。流動的な資本主義の転換期をなしているグローバル資本主義をいかに解明するか、小幡氏も「基本的方向さえ定かでない」模索を続けていると述懐している（小幡 二〇一五、四七ページ）ように、方法論的にもそう容易に解決できないところも折り重なっている。そうであるだけに、『資本論』を原理論として現代世界の現実理解に活かす方法論を、宇野理論にもとづき再考してゆく試みにあたり、たがいに問題関心のすれ違いや誤認も生じやすい混迷の時代でもあるが、そのことにも配慮しつつ宇野三段階論の方法論的枠組みをどのように再考し、活かしてゆけるか、たがいに思索と理解を深めあいたいところである。

② 原理論の歴史的基礎　第二に、大きな方法論的枠組みとして、宇野理論にもとづき、資本主義の発展段階論と現状分析とにわたる考察基準として、『資本論』を経済学の原理論と位置づけ、その内容を整備することが重要であるとする発想は、本書も山口、小幡両氏と共有しているところである。そのうえで、『資本論』から宇野原論が読み取った内容をそれぞれにどう継承し発展させるかが、現代資本主義の分析にも関連し、あらためて問われていると考えられる。

もともと宇野原論は、『資本論』に学び、一九世紀中頃までのイギリス社会の発展傾向を延長して純粋の資本主義社会を想定し、その内部に反復される原理を考察する方法によりつつ、共同体と他の共同体とのあいだに古くから発生していた商品経済の諸形態が、労働力の商品化という特殊な前提を与えられて、共同体社会にもつうずる経済原則としての労働・生産過程を全社会的に包摂する、資本主義経済が成立する論理を、人類史的視野で解き明かしていた。それは、歴史を理論的に解明するマルクスによる社会科学としての経済学に特有な、特殊な歴史社会としての資本主義のしくみと動態の原理の体系的考察において、人類史上の他の諸社会にもつうずる一般的経済行為の意義もまた学問的に明確にすることができる方法を内容的に提示するところともなっていた。その発想は、一九世紀中葉までのイギリス社会に抽象の基礎をおき、したがって自由主義段階の資本主義の特性を理論内容にともないながら、『資本論』や宇野原論が、その後の資本主義の変容や、現代資本主義の世界史的特性を考察する方法論的基礎となりうることにも多分につうじうることとひとまず理解しておくべきであろう。

山口原論(一九八五)はこれをうけて、宇野と同様に一七、八世紀から一九世紀にかけての商品経済の全面的な浸透を抽象の基礎として純粋資本主義社会が想定されるとしつつ、その抽象は、さきにもみたように、商品経済的利益を最大化する経済人を想定し、その自由な行動についての思考実験の結果を観察する手続きによると述べていた。それにともない、山口原論には、宇野原論とおなじく事実上自由主義段階の資本主義の特性をふくみつつ、資本主義商品経済一般につうずる原理をあきらかにしようとする側面と、自由な経済人の行動についての思考実験にともない、一九世紀末以降現代の資本主義までの資本主義市場経済に抽象の基礎をおいて、その妥当性を検討しうる原理を純粋資本主義論として構想しうるように読み取れる側面とが方法論的に二重にふくまれてきたのではなかろうか。

たとえば山口原論（一九八五）の株式資本の展開は、事実上、一九世紀末以降の資本主義に抽象の基礎を延長して理解するほうがわかりやすい。周期的恐慌を一環とする景気循環の原理を資本主義経済の機構的総括として展開しつつ、これに景気循環の段階論的変容の研究をフィードバックして拡充する余地を「あとがき」に記していたのも、原理論の抽象の基礎を広げて考える側面の事例といえる。

小幡原論の場合、山口原論にふくまれていた二面のうち、現代にいたる資本主義経済一般に抽象の基礎と妥当性を求める側面を重視して、原理論の変容論的アプローチを構想しているように読める。宇野原論が『資本論』に学び自由主義段階に抽象の基礎をおき、それを理論構成にも反映させつつ、資本主義の原理を展開している側面は、山口原論の純粋資本主義論には読み取れるところであるが、その側面は小幡原論にはあまり引き継がれていない。たとえば、山口原論でブラック・ボックスに埋め込まれている外的諸条件のいくつかを明示的に開口部に示して、大原理としての変容論を構成すべきだとする小幡氏の方法論は、変容を生じうる原理論の抽象の基礎自体の拡大をともなって主張されていると読める。しかし、そう解釈してよいとすれば、さまざまな変容を生ずる資本主義市場経済の基礎となる一般的原理が、どのような歴史的抽象の基盤からとらえられたものか、それを考え理解する決め手はどこからとらえられるのか、方法論的に実はかなりやっかいな問題が残るのではなかろうか。

たとえば、貨幣システムにしても、共同体と共同体のあいだに自生的に発生した市場経済の形態原理としては、商品貨幣がさらに金を貨幣に定着させた姿が資本主義のほんらいの基礎をなしていたのであり、二〇世紀の世界戦争と大恐慌のような資本主義の危機にさいしての国家の介入により、不換銀行券による管理通貨制度への変容が定着したとみるほうが、資本主義の歴史を理解するうえでもわかりやすいのではなかろうか。それらにつうずる市場経済の一般的貨幣の原理を、資本主義の通史からまず抽象して構成し、そこから金貨幣制度への変容も、不換銀行券制度への変容もともに導けるとする方法論は、その変容のそれぞれの歴史的意義もかえってわかりにくいことになるおそれはないか。

小幡原論でのもうひとつの開口部の例とされる景気循環論は、資本主義経済の運動機構の総括とされるだけに、その内容に歴史的抽象の基礎がいっそう具体的に問われるところがある。ここでも小幡原論は、資本主義の世界史的発展の全過程に抽象の基礎を広げて、好況と不況の二つの相の交替を労働雇用の推移やそれにもとづく剰余価値率の動向を主因として景気循環の基本原理とみなしている。その結果、好況から不況への相転換が「必ず激発的な恐慌を経由するという積極的証明まではできない」、「相転換の現実は、いくつかの可能性の束であり、現実の恐慌過程は、歴史的現象として分析すべき対象なのである」（小幡 二〇一四、一八九ページ）とみなしている。わたくしの理解では、こうした景気循環の原理の再整理は、広く『資本論』にもとづく経済学における景気循環論の中心課題が資本主義経済の内的矛盾の発現としての恐慌論にあるとする方法論的伝統から離れ、結果的に非マルクス学派のG・ハーバラー（Harberler 1937）などの景気循環論にむしろ方法論的に事実上近づくものとみなされるおそれもなくはない。

一九世紀の古典的景気循環に抽象の基礎をおき、労働力の商品化にもとづく資本主義経済の内的矛盾が信用制度の不安定な弾力性をも介して、恐慌の周期的で激発的な反復に、法則的に機構的な経済システムの自己崩壊をもたらしていた論理を、『資本論』が原理的に解明しようとしていた意図を、宇野恐慌論がひきとって完成する試みをすすめていたことの意義も、原理論では活かされず、恐慌現象の史実の現実分析の課題とされるのでは、むしろ変容論的アプローチによる原理論としても不十分な内容にならないであろうか。山口氏が示唆していた景気循環の段階論的変容の研究をフィードバックして原理論を拡充する余地をも考慮にいれて、一九世紀末の大不況や二〇世紀の大恐慌の研究もすすめ、周期的景気循環が、固定資本の巨大化にともない変容し、複合的な長期波動を生じ、そのなかで恐慌も不確定性を増すことについては、拙著（伊藤 一九八九）でも論理的展開を試みている。小幡氏（二〇一二、一六五ページ）には、大内国独資論の方法との対比で、伊藤は原理論不変容の立場にあると批判されているが、両者の原理論にあたる著書自体（大内 一九八一、一九八二、伊藤 一九八九）の内容としては、あきらかにその逆となっている。大内国独資論の解釈としても変容の「原因」を原理論のうちに求めていたものといえるかどうか。いずれにせよ小幡景気循環論は、一九世紀末以降の変容した景気循環のなかで、激発的恐慌がかならずしもつねに好況から不況への転換を媒介しなくなった時代の様相をむしろ原理とし、それにさきだつ一九世紀の古典的な周期的恐慌の必然性や意義の理論的考察を原理的課題の外におく、方法論的偏向を生じているように読まれることにならないであろうか。

小幡氏による変容論的原理論はこの点で、その抽象の歴史的基礎をどこにおき、資本主義の歴史的発展についてどこからどこへの変容を論ずることになるのか。宇野原論の流通論、生産論、分配論にあたる諸領域をつうじ、一様には扱えないところかもしれないが、この点をめぐっても、さらにおたがいに思索を深め再考しなければならないところがあるのではないかと思われるが、どうであろうか。

③ 社会主義への過渡期論の解釈　第三に、宇野は、第一次大戦後の現代資本主義について、世界史的には社会主義への過渡期に入った時代の世界経済として考察しなければならない、とみなしていたが、山口氏によると、さきに（本書一六六ページに）も引用した『経済政策論』改訂版（一九七一）への「補記」において、その旧版での過渡期説を放棄していた。この山口解釈からみると、小幡氏は、現代資本主義は社会主義への過渡期にある世界史的過程におかれているとしていた宇野の見解をめぐり、後進国底流説をそれに対置して、宇野三段階の方法の全面的見直しを主張しているようにみえる。山口氏は、そこで、小幡氏の見解は宇野説の誤読による批判ではないかと論評している。

小幡氏（二〇一二、二五三―二五四ページ）は、この論評は「四〇年遅い」とし、「過渡期の資本主義」と小幡自身がいっているところはない、と反論している。

しかしこの争点も、細部や表現上でやりとりのすれ違いを無視していえば、実は内容的にはさほど異なる認識上の開きがあることと思えない。山口氏（二〇一〇）の解釈によれば、宇野は、問題の「補記」以降、第一次大戦後の現代資本主義について、もはや資本主義の時代とはいえないかもしれないという旧版での留保は払拭しつつ、「資本主義の発展段階論と世界史の発展段階論という二つの段階論を並列させているわけであり、後者の世界史的な体制間の段階論、唯物史観にいわゆる生産様式の発展段階論から見ると、資本主義の金融資本段階の一時期としての現代は社会主義の初期と重なっているといっているのであろう」(七ページ)とされている。こうした解釈も成り立ちうるのではなかろうか。遅速にかかわらず、正確な解釈をすることは、批判の前提としても欠かせない。

わたくしとしてはこの山口氏の二つの段階論の解釈に賛同しつつ、世界史的段階論としての「社会主義の初期」の規定は、「社会主義への過渡期」とする規定とはっきり違うのかどうか、むしろ社会主義への過渡期がその初期から始まっているという主旨として両規定の連続性を読み取ることもできるのではないか、と解釈している。

小幡氏も、冷戦期の世界経済については現代資本主義が、社会主義に対抗する世界史的枠組みのもとにあったと広く認識されていたことは認めている。そのうえでポスト冷戦期の世界的発展が、ソ連もその一役を演じていた途上諸国の発展抑止の枠組みから解放されて、後進諸国の資本主義化の底流がグローバリゼーションを推進する地殻変動を生じているとみなし、その観点から宇野三段階論の全面見直しを提唱しているわけである。

これにたいし、本書は、宇野三段階論の方法は大枠として継承しつつ、第一次大戦後の現代資本主義の展開が、大戦間期、高度成長期に続き、新自由主義的グローバリゼーションの時代に転換した主要因は、先進中枢諸国の金融資本の蓄積の危機と再編の動態にあるとみている。それにともなう企業の多国籍化、資金のグローバルな流動性の増大にもうながされ、また逆にそれを促進もしている途上諸国の工業化、さらにはソ連型社会主義諸国の資本主義化が生じ、それらが自由な競争的市場原理による新自由主義への資本主義の世界史的逆流に有力な経済的基礎をなしているとみている。それと同時に、冷戦体制のもとでの社会主義に対抗する資本主義としての特質は反転され、社会主義に対抗するためにも必要とされていた社会民主主義的福祉、教育、雇用などの諸政策も緊縮、削減を重ねる傾向が広がり、それにともない経済格差再拡大も顕著となっている。資本主義に内在する労働者階級の搾取・抑圧傾向を緩和し、さらにはのりこえうる社会民主主義や社会主義への進展の歴史的歩みも反転、逆流しているといわなければならない。

それは社会主義への過渡期や初期が始まっていると認識していた宇野の世界史的段階論を、ポスト冷戦期の現実との対比において、いまや後進国底流説の観点からあらためて考えなおしたいとする小幡説にもつうずる可能性もある。山口氏(二〇一三)には、伊藤・小幡説はかなり過激な内外逆流論ではないかとみなされている(八ページ)ところでもある。しかし、本書の逆流仮説は、小幡説と異なり、ソ連型社会の崩壊による旧社会主義諸国の資本主義化を後進国底流説に一括して理解しているわけではない。また、山口氏(二〇一〇)のように、社会主義の初期、さらには過渡期と世界史的段階規定を宇野が示していたのは、「宇野のイデオロギーの発現」であった(七ページ)とみなしてよいかどうかにも疑問の余地がある。

ソ連型諸国が試みた社会主義建設や、中国、キューバなどがいぜん公的には社会主義市場経済の建設を標榜している一面、さらにはさまざまな諸国に広がる反グローバリズムの諸運動やそのなかでの社会主義の諸運動が、すべて小幡氏のいう後進諸国の工業化の底流にのみ込まれ、社会主義を過去のイデオロギーとしてゆくものとも思えない。本書の逆流仮説は、広義の社会主義の未来の可能性も広く留保して提示しているつもりであり、その期待も込めて現代世界に生じているのは螺旋的逆流であるとも表現したこともある。いずれにしても宇野が社会主義の過渡期ないしは初期とみなしていた世界史的段階の規定をめぐり、山口・小幡論争で提示された宇野説の解釈問題もなお残されてはいるが、さらにその問題をこえて、実は、新自由主義的グローバリゼーションの時代に生じたソ連型社会主義とその崩壊の意義をどのように理解すべきか、さらにこれからの社会主義にどのような可能性があるのかといった現代の社会主義の危機について、『資本論』とそれにもとづく宇野理論が方法論的にどのような意味で考察基準を与えうるのかという重要な問題群もこの論争点の背後に伏在していると考えられる。次章では、こうした一連の課題にあらためて検討をすすめてみよう。

注

（1）なお、宇野（一九六四、二二〇ページ）は、株式資本としての資本の商品化を実現する資本市場の規定を原理論では展開しえないとす主要な理由として、資本市場に投じられる資金が、貨幣市場の場合と異なり、産業資本の遊休貨幣資本の資金化したものにとどまらない広範な諸社会層の資金にわたることになることを重視していた。これにたいし、一方で、三大階級のみからなる純粋資本主義社会の内部でも、産業資本の固定資本の償却資金や蓄積準備金、さらには土地所有者の資金などが資本市場に投じられると想定することもできる。他方で、金利生活者、専門職、小生産者などの中間層からの資金は、世界資本主義論的観点からすれば、もともと貨幣市場にも利用されているのであるが、信用制度にもとづく近代的資本主義的貨幣市場において、主として産業資本の運動に融資され、その回転運動により生ずる資金から返済されるかぎり、それら中間層からの資金も原理的には産業資本の回転運動にともなう資金の再形成と異ならない法則的運動をおこなっているものと内面化して理解しうる性質を有していた。資本市場は、こうした貨幣市場にもとづき、株式証券に投じられる広範な資金を事実上前提し原理的に展開しうるものと理解することもできる。もっとも、資本市場では、貨幣市場での変動にくらべ、それと連動しつつ、より大幅な投機的取引が生じやすい一面は、原理的にもいくつかの面から理解されておいてよいであろう。

（2）この点で、マンデル（Mandel 1972）が同じくマルクスの恐慌論に依拠しながら、資本の有機的構成高度化による利潤率の傾向的低下論を、この時期の経済危機の主要因とみなしていたことには現実認識として補整を求めたい。

（3）姫岡玲治（青木昌彦）『日本国家独占資本主義』（一九六〇）は、やがて恐慌の必然的根拠をなす労賃の騰貴による利潤率の低下が新設固定資本の生産能力の過剰、商品在庫の過剰をもたらすであろうと、早い時期に鋭く推論をしていた。しかしその指摘は、世界資本主義の中枢諸国の現実的分析にもとづくものとはいえなかった。しかも、新田滋（一九九八、四六九ページ）も指摘しているように一九三〇年代の共産主義革命の流産と資本の自己金融化により帝国主義段階は国家独占資本主義の段階に移行したと規定していることにも難点があった。その当時の高度成長期には日本の大企業は、なおオーバーローン体質で、設備投資を借り入れでまかなう慣行が支配的であった。自己金融化により資本主義の新たな段階としての国家独占資本主義を規定することには無理があったといえよう。

（4）そのような日本経済の衰退の経緯をその主要因とあわせて分析した試みとして、伊藤誠（二〇一三a）をも参照されたい。

（5）たとえば八尾信光（二〇一二）は、A・マディソン（Maddison 2010）らの世界経済についての長期統計の整備にもとづき、世界経済と日本経済をつうじ、二一世紀後半には遅かれ早かれゼロ成長の定常状態への収斂が見込まれるとする展望を示している。鶴田満彦（二〇一四）にもほぼこれに同調する見解がみられる。その主要因として、少子高齢化への人口動態の推移と自然環境ないし自然資源の制約とが重視されているとみてよいであろう。八尾氏のこの展望については、その著書の書評（伊藤二〇一三b）にも記したように、長期経済成長率の過去五〇年間の趨勢を延長して定常状態への収斂傾向を展望しつつ、資本主義経済の歴史的に特殊な危機による破壊的影響や、その社会的統御による質的変化に期待する視点も併存させている。その後者の側面の可能性を重視すれば、資本主義の経済システムによる破壊作用から定常状態もかならずしも決定論的に運命づけられてはいないとみなければならないであろう。その社会的統御による質的変化によっては、少子化傾向も自然環境問題も反転して、成長トレンドを回復する可能性もまたありうることとなるからである。いずれにせよ、未来へのとくに長期的展望をあまりに決定論的にみることは、マルクスによる経済学に方法論上ふさわしくないのではなかろうか。

（6）サブプライム世界恐慌について、さらに詳しくは拙著（伊藤二〇〇九）をも参照していただきたい。そこでは、住宅金融など消費者ローンの顕著な拡大が、労働力の商品化の原理的無理に、労働力の金融化の現代的無理を重ねていることも新たな問題点として指摘しておいた。

（7）　西部忠（二〇一一）は、現代の資本主義がもたらしている貧富の格差の拡大、大量失業、孤独死、少子高齢化、年金・介護の困難化などの諸問題の原因を、情報化のインパクト、第三次産業化などとあわせて、資本主義のほんらいの発展の根本的論理としての共同体への市場経済の外部商品化、内部商品化、一般商品化が、労働力にもおよんで進化する作用のあらわれとみなして考察する試みを提示している。資本主義のいわば原理的作用が現代的様相のもとで、労働者の生活や雇用関係に社会的困難を生じているのではないかという視点は、本書と多分に重なり合う認識といえる。その発想から、現代の資本主義は「逆流」というより「順流」といえないかとする私見への批判がよせられている。しかしそれは、第一次大戦後の社会主義に対抗して労資協調的方向をたどっていた高度成長期までの現代資本主義の発展傾向からみて「逆流」しているとも思える最近の労資関係が、社会的統御を離れた資本主義のほんらいの作用を深化させる「順流」をまねいているともいえるので、内容的には不整合ともいえず、むしろごく近い認識に立っていると思われる。ただし、労働力についてもその価値に利潤をともなって回収されるべき「一般商品化」がすすんでいるとされる西部説の一面は、教育費の高騰化をまねいている新自由主義のもとで、実質賃金がきびしく抑制されむしろ低下しがちな多くの労働者には、理解もしにくく、妥当性もうすいとうけとられるであろう。それは、擬制資本的観念の過度な一般化ではなかろうか。

第四章　マルクス経済学の方法とこれからの社会

『資本論』にもとづくマルクス経済学は、資本主義市場経済の原理と現実的発展とをその特殊な歴史性にそくして考察する体系を構成してきた。その特徴的な課題のたてかたとそれにともなう理論的、実証的考察は、資本主義市場経済のしくみを自然的自由の秩序とみなす古典派経済学や新古典派経済学の制約をこえて、広い人類史的視点にたってこれからの社会を展望するうえで不可欠な学問的基礎を提供する意義を有している。

その含意は、ソ連型社会の崩壊とともに社会主義への期待が広く失われ、同時に社会主義に対抗するうえで現代資本主義が拡充してきた労資協調的福祉・雇用政策も削減をせまられる「逆流」の時代に、どのように活かしてゆくことができるか。本章では、この問題をあらためて提起し、社会科学としてのマルクス経済学にもとづいてこれからの社会を構想する課題と方法をめぐり、ともに考えてゆきたいいくつかの論点にわたくしなりに検討をすすめてみたい。

I 『資本論』と社会主義

その手がかりとして、本節では、宇野弘蔵のこのテーマに深く関わる著書『『資本論』と社会主義』(一九五八)を取り上げてみよう。この著作は、Q君あての手紙形式で、一九四九年から五七年にかけて五つの雑誌に書かれたエッセイのシリーズ九章に序章とあとがきを加えて構成されている。手紙形式なので、他の著書や論文集にくらべ読みやすく、楽しんで書かれた味わいもある。著者がマルクスによる経済学の意義や方法をどう考えていたか、率直に語りかけ、好個の入門書ともなっている。再読して、大学三年生の秋に出版されたこの書物に接したときの新鮮な批判的知性の魅力を想起し、いまなお二一世紀にむけての社会主義の未来をその基礎から考えなおしてゆくうえでも、多くの示唆と感銘をうける名著であると感じている。

にもかかわらず、ちょうど宇野がマルクスの経験しえなかった帝国主義の時代をふまえて、『資本論』にもとづき現代世界を考察する課題に取り組み、三段階論の方法を提示しえたとみずから述べていたように、われわれも宇野没後に生じたソ連型社会崩壊の衝撃的歴史の転換、「逆流」を経験したことを、これからの社会の進路、社会主義の未来にどう活かすか、宇野をこえてその課題と方法をあらためて再考しうる時代をむかえているのではないか。またそのような思索を深める努力が切実に求められている時代でもあると思われる。こうした問題を念頭に、この著書をめぐり、『資本論』と社会主義の方法論的関連に再検討を加えてみよう。

1　科学とイデオロギー

この著書を執筆した当時、宇野が直面していた社会主義をめぐる時代状況をまず手短にふりかえっておこう。

社会主義には通常三つの側面があると考えられる。そのひとつは、資本主義を批判し、その階級社会としての限界をのりこえて、労働者の自己解放を実現しようとする社会思想ないしイデオロギーとしての側面である。第二に、そのイデオロギーの実現にむけての労働者や社会的に弱い立場にある人びとの連帯運動、さらにはこれを基盤とする社会主義政党や党派による実践的組織的活動としての側面がある。そして第三に、そのようなイデオロギーと実践活動による社会革命を経て、主要生産手段の公有ないし国有制を実現した現実の社会主義社会の政治・経済体制をも意味していた。

ソ連型社会は、この第三の意味における社会主義の先進的モデルとみなされ、戦後の冷戦構造のもとで、資本主義の歴史的限界を克服する社会体制の現実的可能性を示していると広く信じられていた。それにともない、マルクス＝レーニン＝スターリン主義といわれるソ連型マルクス主義は、高い威信をもって社会主義圏のみならず、資本主義世界の社会主義の思想や運動にも指導的役割を果たし、支配的影響を与えていた。

このソ連型「正統派」マルクス主義によれば、社会科学は一般に党派的学問であり、マルクス経済学は、労働者階級の立場にたち社会主義思想にもとづいて展開されている。もともと『資本論』は、労働者階級の自己解放にむけて、階級社会の歴史を人類史的に総括した唯物史観を創始し、その史観によってエンゲルスとともに『共産党宣言』（Marx/Engels 1848）を執筆したマルクスが、資本主義経済の解明に唯物史観を適用してその弁証法的運動をあきらかにしている理論体系である。したがって、その理論体系を理解するには、労働者階級の解放を主張する社会主義思想とそれにもとづく唯物史観をその前提として必要とする。『資本論』にもとづくマルクス経済学の研究もまた、社会主義イデオロギーと不可分であり、それを支えとして推進されるはずであり、社会主義の政治的実践に役立てられなければならず、とくに（ソ連型）共産党の組織活動の方針にそって必要とされる理論や分析を提供する任務を有する。これにしたがわない経済学の研究は反マルクス主義的で、正しいものではありえない。

ほぼこのような当時の「正統派」マルクス主義に支配的な見解にたいし、『『資本論』と社会主義』において第一章「理論と実践」以降、宇野は批判的に対峙して、社会主義イデオロギーとそれによる政治的実践運動にたいし、科学としての経済学の任務を区別する必要をくりかえし強調している。すなわち、「理論は何人にも、ただ真理を真理とする者には、正しいと認めざるをえないからこそ科学的理論なのです」（二六ページ）[1]として、『資本論』の経済学はこうした科学的理論としての内実を有し、客観的認識としてのその発展を求めていると主張する。科学の階級性とか、経済学の党派性という見地から、『資本論』による経済学をあえてマルクス主義経済学と規定し、その理論内容の科学的な研究や論議に党派的、階級的な閉鎖性や排除性を求めることは適切ではない。こうした主張は、宇野方法論のひとつの重要な論点をなし、「正統派」マルクス主義経済学にたいする、科学とイデオロギーとの峻別を求めるものと理解されてきた。

ふりかえってみると、わたくしなども大学生になった当時は、育ちも思想もマルクス主義や労働者階級の党派的立場からは遠く、友人たちのマルクス主義にはいくぶん反発すら感じていたので、『資本論』による経済学はとても理解できないであろうと考えていた。それも「正統派」マルクス主義の影響による発想であったにちがいない。しかし、経済学の入門的講義やクラスのなかでの『資本論』読書会などとあわせ、こうした宇野の見解に接し、客観的な事実と論理にしたがい成否を問う科学的理論としてであれば、社会主義思想への賛否は留保したままでも、少しずつ勉強し、理解をすすめることもできるであろうと、ある種の解放感を味わった。カウツキーが『農業問題』(Kautsky 1899)の序言で述べているように、わたくしなども「ひたすら抵抗しながら」、『資本論』に疑っても疑いきれない客観的理論としての妥当性を認めざるをえない思索経験をくりかえしながら惹かれてゆき、それを介し、マルクス主義にゆっくりと理解を深めていった。そのような体験はおそらくわたくしだけのものではあるまい。

こうした影響も与えつつ、宇野は、「正統派」マルクス主義経済学にたいし、イデオロギーと社会科学との峻別を主張し、両者の混同をきびしくいましめていた。その方法論は、イデオロギーから社会科学としての経済学を解放し、その独立の任務を強調する特徴を示していた。とはいえ、宇野の方法論は、それだけに終わるものではない。峻別したうえで、イデオロギーと社会科学との関係をあらためて重視しているところがある。

それは、宇野三段階論において、『資本論』の経済学を原理論とし、レーニンの『帝国主義』論を資本主義の世界史的発展段階論の次元におき、それらをともに考察基準として日本資本主義分析のような現状分析の研究次元が展開されると主張し、混同されがちな研究次元の相違を区分するとともに、それらの体系的な関連をも重視する方法につうずるところがある。異なる問題の性質や次元をはっきり区別したうえで、それらの関連を問いなおそうとする接近方法が、『資本論』を現代世界に活かす宇野方法論の基本的特徴といえるのではなかろうか。社会科学としての『資本論』の理論と社会主義のイデオロギーないし実践運動との関係も、峻別しておいて、あらためてその関連を双方の側から考えてゆく。ここにも実は興味ある諸論点が示唆されている。

すなわち一方で、社会主義的思想と実践が、社会科学としての真理を把握するために、一定の役割をもっていることを宇野も認める。たとえば、「僕は、マルクスが経済学の原理論を大成するのに彼の社会主義的立場と実践とが非常に重要な役割をもっていたことには異論はありません。しかしその点は、むしろそういう実践的立場がブルジョア的なイデオロギーを排除して、真理を把握する、それこそ人類的立場に立つことに役立ったと理解すべきだと思うのです」（二七ページ）というのである。この主張は、さしあたり社会主義的イデオロギーや実践的立場が積極的に社会科学的真理の認識をただちに保証するものではなく、科学的研究それ自体が社会主義的実践活動でもなく、社会主義のためには科学的研究とは異なる次元で主体的実践が積極的に展開されなければならないという論点にも連なっている。しかし同時に、社会主義的イデオロギーは、ブルジョア的イデオロギーを排除するという消極的な作用を介してにせよ、「人類的立場」に立って真理を把握することに役立つことも認めているのである。

その場合、さらに「人類的立場」に立つとはどういうことを意味しているのであろうか。たとえば、『資本論』も宇野原論も、資本主義経済を考察の対象としながら、産業資本形式のもとでの労働力の商品化の規定にさきだつ商品、貨幣、資本の流通形態は、歴史的に古くから共同体的な社会と社会のあいだに発生し発達する商品経済のしくみにつうずる経済形態をなしていることを明確にしている。ついで、労働力の商品化にもとづく資本の生産過程の考察にたちいるさいに、その冒頭で、あらゆる社会形態をつうずる経済生活の原則をなす労働・生産過程の意義をあきらかにしている。それによって商品経済の諸形態をつうじ、労働・生産過程を社会的に包摂し、法則的に処理する資本主義経済の特殊な歴史性が、これを自然的自由の秩序とみなす古典派経済学や新古典派経済学のイデオロギー的制約をこえて、理論的に明確にされることになる。それは「人類的立場」に立つ認識といえるであろうが、その認識はたんに過去の諸社会と資本主義経済との歴史的な区別と連関に向けられているだけでなく、資本主義をこえる社会主義の未来の理論的可能性にも開かれ、伸びているところがある。

こうした意味においても、社会主義イデオロギーを、すくなくとも消極的な媒介として、ブルジョア的イデオロギーの制約をこえて、「人類的立場」に立って展開される資本主義経済の原理的考察は、それ自体としては客観的な真理を追究する体系をなしているとしても、資本主義経済の特殊な歴史性の解明をつうじ、結局、それをのりこえる社会主義の理論的可能性をあきらかにするものとなり、社会主義の学問的論拠を示すものとなるといえよう。マルクス主義が科学的社会主義をなすといえる基本もその点にある。

読みなおしてみると、『『資本論』と社会主義』でも宇野は、科学とイデオロギーを分離しつつ、他方で、『資本論』による資本主義経済の原理的解明が、社会主義の思想や実践への論拠を与える関係をくりかえし強調している。たとえば、原理論は「資本主義社会を、抽象的にではあるが、その本質において、完全に把握しうることを保証するものであり、同時にその否定をも理解せしめるものといってよいでしょう。完全に知りうるということは、変革しうることを示すものといってよいからです。」(二四八ページ)というのである。宇野自身の『経済原論』の最後の締めくくりの文章も、これまでさほど注目されていないとはいえ、資本主義経済によって諸階級社会の階級関係の一般的規定とその資本主義的展開の形態と機構とがあきらかになれば、「社会主義がその目標を如何なる点に置くべきかも明らかになる。経済学の原理は、そういう意味で社会主義を科学的に根拠づけるものとなるのである。」(宇野 一九六四、二二六ページ）とされている。

そのさい、宇野はときにこうした規定は、純粋資本主義を想定する原理論によって明確になるとしているが、その場合、あきらかに純粋資本主義の原理は、その内部で反復されている経済生活の秩序をこえて、諸階級社会の階級関係の一般的規定や、それを資本主義のもとで包摂する商品経済の諸形態の特殊な歴史性への洞察をふくんで組み立てられているはずである。資本主義社会の本質を完全に知りうるということも、その特殊な歴史性を広い「人類的立場」に立ってあきらかにするという意味になるはずである。そうとすれば第二章でもすでに検討したところであるが、一九世紀中頃までのイギリスの歴史的発展傾向にそって抽象されるにせよ、純粋の資本主義社会を想定して、その内部の経済生活の原理をあきらかにするという宇野原論の方法論の表現は、その理論体系によって社会主義の根拠が示されるという、ここでいう「人類的立場」に立った認識にくらべても、考察主題を狭く規定しすぎていることになりはしないであろうか。あるいは、特殊な歴史社会としての資本主義の原理の解明をつうじて、人類史につうずる一般的な経済原則や、古代以来の商品経済の諸形態の意義もあきらかになるという、『資本論』に示される、特殊な社会関係をつうじて一般的な歴史社会の基礎が理解されるという方法論の意義を、そこにこそむしろ読み取るべきなのであろうか。

2 社会主義経済体制のあり方

社会主義の経済体制のあり方には、『資本論』の経済学は、どのような意味で役立てられうるのであろうか。

マルクスとエンゲルスは『共産党宣言』において、労働者革命の後に、プロレタリア階級は民主主義を闘い取り、ブルジョア的生産諸関係に専制的干渉をおよぼし、生産様式を変革してゆくであろうが、そのさい一般的に適用されるであろう方策として、一〇項目を例示的にあげていた。すなわち、土地所有と地代の国有化、強度の累進税、相続権の廃止、亡命者・反逆者の財産没収、国立銀行への信用の集中、運輸機関の国家への集中、平等な労働強制、農業と工業の結合、すべての児童の無償の公教育、生産と教育との結合などである。ついで発展の進行につれて、公権力は政治的性格を失うとされている。しかし、こうした労働者革命後の一般的方策にはその後、資本主義のもとでもある程度実現されてきている諸項目もふくまれている。それらは、資本主義に代わるこれからの社会の経済社会体制のあり方を体系的に描こうとするものではなかった。

ついで、『資本論』の経済学を体系的に構成した後に、マルクスは、それにもとづき社会主義の経済体制のあり方について、あらためて考察を深める作業にむかっていない。『資本論』の経済学は、もっぱら資本主義経済の諸形態と運動機構の解明にあてられ、これに付随して、対比的にその後に実現さるべき自由な個人のアソシエーション（協同社会）が、労働時間の社会関係を単純で透明な生産と分配の基準として取り扱えるであろうという見通しと、そのような社会でも「災害にたいする保険」や「欲望の発達と人口の増加とに対応する再生産過程の必然的な累進的拡張」のために一定量の剰余労働はつねに必要とされるであろうといった注意を断片的に提示しているところはあるにせよ、さらに具体的な経済システムとしてこれを実現する体制や機構を設計的に示すことはなかった。

この点で、マルクスの社会主義論は、それにさきだつユートピア社会主義者のスタイルといわば正反対であって、資本主義をこえる未来の社会経済システムの青写真を提示することにはごく禁欲的であった。

マルクス派は、従来、そのことをほぼつぎのようにも解釈してきた。すなわち、『資本論』の経済学により資本主義経済の諸形態と運動法則とがあきらかにされることは、それを変革する社会主義の思想と運動に変革対象の性質を明確にし、科学的論拠を与えるのであるが、その後に建設されるべき社会主義の経済システムは、むしろ無政府的な市場経済における経済法則を廃棄して、意識的な計画経済に依拠することになるので、そこでは、より技術的な経済計画の手法が重要になる反面で、資本主義経済についての『資本論』の経済学は経済建設には使えるものではなく、その意味ではむしろ無用となる。

『資本論』と社会主義』のなかでも、もっとも有名なエッセイは、一九五六年のフルシチョフによるスターリン批判にさきだって、一九五三年に当時なお個人崇拝の的であり、「正統派」マルクス主義の最高の指導者とみなされていたスターリンの『ソ同盟における社会主義の経済的諸問題』（一九五二）に批判的論評を加えた第七章「経済法則と社会主義」であろう。そこでの宇野の基本的見解は、こうした従来のマルクス派の伝統的考え方にそっていたともいえる。その点では、スターリンが、自然法則と同様に、経済法則も社会主義経済建設に利用されなければならないとしていることが、むしろマルクス派の伝統的見地からそれていたとも考えられる。これにたいし、宇野は、「社会主義社会の一般的規定は、資本主義の場合と異なって已に経済学の原理で与えられているので、それが実現して見なければ与えられないというものではない」（一八〇ページ）とし、その一般的規定は、資本主義商品経済を支配している価値法則のような経済法則を廃止し、経済生活の原則を意識的に組織し、計画的に運営してゆくことであり、それは経済法則を利用することではありえないと批判したのであった。

そのさい、宇野は、資本主義商品経済の基礎であり、同時にその内的矛盾の根本をなす労働力の商品化の廃棄を、価値法則の廃棄にむかう社会主義経済の基本問題として強調している（一九〇ページ）。しかし、労働力の商品化の廃棄が、どのような経済体制において実現されうるのか、宇野の主張は、内容的にかならずしも明快ではない。むしろマルクス派が伝統的に重視している基本的生産手段の公有化、社会化を、宇野も否定しているわけではなく、それを前提に、たんなる計画経済をこえて労働者が社会の主人公となるよう主体性を回復すべきであるという観点を、抽象的ながら社会主義の基本として強調したものと解釈することができる。

後に東欧改革派やゴルバチョフのペレストロイカが、民主化をソ連型社会変革の主要目標とし、そのための変革への社会運動や改革の試みのなかで、ソ連型社会自体の崩壊がもたらされたことからも、宇野のこの指摘はむろん重要な意義を有していた。とはいえ、その観点から、ソ連型集権的経済計画が共産党や国家の官僚層に権限を非民主的に集中させていた弊害やその改革の困難にたいする批判的検討は、宇野によってなお十分な具体性をもって提示されていたとはいえない。当時の世界のマルクス派のおそらくは大多数がそう信じていたように、宇野もソ連型の計画経済が、資本主義経済の原理から与えられる社会主義の一般的規定にそった先進的な経済モデルをなし、その路線はやがてより完全な社会主義に発展する可能性をそなえているとみていたものと考えられる。

他方、この論考を読みなおしてみると、宇野は、スターリンによる経済法則利用論に手きびしい批判を加えながら、ソ連型社会主義について、「直ちに全面的に商品生産を除去すべきものとする」一部の見解にたいして、スターリンが商品経済の残存を容認していることに賛同しているところがある（一八一ページ）。スターリンによれば、協同組合的なコルホーズ的所有が農業に残存し、国有部門とのあいだに商品経済が残っているし、そこからまたルーブルは貨幣として残存していると考えられる。宇野はいわばその認識に譲歩して、その妥当性を認めているのである。しかし、コルホーズの農産物の大部分と国有企業による工業諸製品との取引関係も公定価格にもとづく計画経済に組み入れて処理していたソ連の経済体制において、それにともない商品経済や貨幣が存続していたとみてよいのかどうか。それは、コルホーズがただちに全人民所有としての国有農場に変革されえない状況にあったという問題とは別系列の理論的問題として検討に値するところであったと思われる。

ソ連におけるルーブルやルーブル価格は、たしかにマルクスが資本主義を変革した後の社会に想定していたような労働時間の単純で透明な社会関係を表示・媒介するものとはなっていなかった。しかしまた無政府的に需要と供給の関係を表現し媒介するほんらいの商品経済における貨幣や価格とも、すでに性格を異にしていたとみなければならないであろう。その意味では、ソ連型社会主義計画経済において、労働時間を社会的に表示する労働貨幣とも、ほんらいの市場経済での貨幣ともかなり異なる擬似的な社会主義的貨幣（S貨幣）や社会主義的公定価格形態（S価格）が用いられ、それが全社会的に機能する理論的可能性やその意義に考察がおよぼされてもよかったのではないか、と思われる。[2] たとえば第一次大戦や第二次大戦時の戦時統制経済では、資本主義諸国のいくつかでも公定価格の体系を配給制度とあわせて全面化していた。その場合にも、すでに貨幣や価格は、市場経済の原理的機能からかなり社会化された擬似的な形態に組み替えられつつ、戦争目的に経済計画を優先的にすすめる役割を与えられていた。ソ連型計画経済は、その経験にも学んで、さらに主要生産諸手段を国有化したうえで、（資本主義に対抗する防衛的軍事目的もふくめ重工業の優先的発展に重点をおいた）社会主義的経済計画とその実践に、擬似的S貨幣、S価格を用いていたとみるほうが理論的に無理がないであろう。

宇野のここでの考察は、マルクス派の伝統的発想にしたがい、基本的には『資本論』の経済理論は、社会主義計画経済には適用できないし、使えないとする発想に立って、ソ連型社会主義でのルーブルやルーブル価格の経済学的性格規定にたちいることを避け、結果的にスターリンに譲歩しつつ同調して、ソ連にも商品経済や貨幣が残存しているという見解を示す偏りを生じていたとはいえないであろうか。ルーブルによる公定価格は、コルホーズの生産物のほぼ八割の公的供出部分にも適用され、それを除く剰余生産物の「自由価格」での販売にもそれが影響を与えていた。公的価格はまた、国有企業の相互関係や、労働者ないし消費者としての労働者と国有企業による消費財の大部分の売買関係にも広く用いられていたのであって、それらがほんらいの商品経済の形態と機能によるものであるならば、ソ連経済の需給の調整に価格機構が役立っていなかったことも、後にソ連解体後の経済体制改革にさいし、市場経済化があれほどの混乱や困難を示したことも、ともに理解しにくくなろう。こうした計画経済における公定価格やそれによる取引を媒介していたルーブルのような社会主義的疑似貨幣の特性については、ほんらいの市場経済における価格形態や貨幣とは異なる意義や役割を理論的にあきらかにしておかなければならないはずである。

こうした論点にも関連して、宇野（一九六八）は他方で、法政大学最終講義をめぐる問答部分で、つぎのように述べていた。すなわち、「ブルジョア革命というのは、もちろん大変なことではあっても商品経済の発展を阻害するものを除くということに帰着するが、社会主義革命というのは社会主義者によって資本主義に代わるものをつくってゆかなくちゃならない。例えばいまの利子論で論じた機構にかわるものを作るというのはたいへんなんだろうと思うが、そうしないと社会主義は実現されない。その点大変な問題になる。少なくとも生産手段を遊ばしておけない。資本主義は労働者も生産手段も遊ばしておけないという、非常にエコノミカルな処置をとるようになっているが、社会主義でそれをどうやって資本主義に負けないようにやれるかというのは大変な問題です。」（一七〇ページ）というのである。

いいかえると、資本主義経済における利子は、生産手段も労働者も遊ばしておかないという効率原則とその実現の機構を形成するのであり、社会主義経済において、これに代わる経済機構をどのようにつくることができるかが重要な問題である、という論点を宇野はここで原理論における利子論にもとづき提起しているのである。それは、スターリンにおける経済法則の利用論とは異なり、また『資本論』の経済学に示されている資本主義市場経済の原理を廃棄して、計画経済を技術的に整備してゆくことが社会主義経済の一般的規定であるとしていた、いわば従来のマルクス派の伝統をふまえた社会主義経済論とも異なる理論的視点をふくんでいた。『資本論』にみられる資本主義経済の原理的機構に代わる社会主義的経済システムのあり方を、たんに資本主義市場経済を廃棄して技術的な計画経済の技法におきかえればよいとするにとどまらず、資本主義経済のそれなりに効率的な運動機構に考察基準をおいて、より積極的にそれへのオルタナティブを求め、その社会主義的あり方をあきらかにしなければならないとする発想を示唆していたからである。

宇野自身が『資本論』と社会主義』の当時の方法論的見解をこえてその晩年に示唆していたこうした発想は、ソ連崩壊後にこれからの社会主義が、市場社会主義の多様な理論モデルをふくめ、模索されつつある現代世界のなかで、より広い文脈のなかで重要性を増しているといえよう。

3 『資本論』と社会主義の多様な可能性

宇野学派は、従来、概して『資本論』の経済学を資本主義経済の原理論として純化・整備し、それにもとづき資本主義の世界史的発展段階論と現状分析を推進する作業に集中し、社会主義の経済体制については、何人かが歴史的・実証的考察を加える作業はすすめてはいても、理論的検討を試みる作業をあまり展開してきていない。それは、宇野もその後継者たちの多くも、概してソ連型マルクス主義経済学の方法と理論に対抗しながら、ソ連型社会は集権的計画経済によって、社会主義経済を建設しつつあり、その経済体制の維持や発展には、資本主義経済の原理は廃棄さるべき目標は示すにしても、直接には利用できないと考えていたためであろう。その点では、宇野もスターリンの経済法則についての誤解は正そうとしながら、さらにすすんで、ソ連型社会主義経済をめぐる理論的諸問題にたちいって検討を深める姿勢にはとぼしかった。

たとえば、宇野は、資本主義の発展段階論は第一次世界大戦までで終わるものとみなし、その後の世界史は、ロシア革命を発端として、社会主義への過渡期をなし、現状分析として扱われなければならないとしている。こうした方法論的認識にも、ソ連型社会の成長と拡大によって、社会主義が世界史を領導する社会経済体制となりつつあることに、深い信頼と期待をよせていたことが示されている。

これにたいし、われわれは、ソ連型社会主義の挫折・崩壊をうけて、その集権的計画経済の機能やその問題点についても、さらにこれに代わる社会主義経済体制の可能性についても、あらためて理論的再考をすすめる課題に直面している。その課題は、とくに新古典派経済学が、資本主義市場経済の秩序を自然的自由の秩序として絶対視し、社会主義経済はもともと不自然で合理性を欠いているとしている見解に、理論的に対抗するうえでも重要な意味をもっている。

すでに一九二〇年代から三〇年代にかけて、L・v・ミーゼス（Mises 1920）やF・A・ハイエク（Hayek ed. 1935）は、ロシア革命後ソ連で建設されつつある生産手段の公有制による社会主義経済は、生産財の市場での価格決定機構がないので、同種の財の同量の生産に、異なる生産方法が選択可能である場合に、それらのあいだで生産財の異なる組み合わせを比較して費用最小化の経済計算ができないので、合理的経済体制として存立しえないであろうと述べていた。そのさい、ミーゼスは、経済計算の代替的単位として理論的には労働を考えることもできるが、異種労働の質の差を比較し、ことに熟練労働の単純労働への還元率を決定する問題が解決されていないと指摘していた。

こうした社会主義の合理的存立不可能論にたいし、F・M・テイラー（Taylor 1929）やO・ランゲ（Lange 1936–37）は、計画当局が生産財の価格表を提示し、これをめぐる消費者や各企業の反応による需給の過不足をみて、不足する生産財の価格は引き上げ、余剰が生ずる財の価格は引き下げる試行錯誤をくりかえせば、公有制のもとにおかれている生産財についても合理的価格の決定は十分可能であると反論し、市場社会主義論に道を開きつつ、社会主義の合理的存立可能性を理論的に提示していた。

こうした社会主義経済計算論争は、大きくみれば新古典派ミクロ価格理論を前提に、限界効用学派としてのオーストリア学派を継承するミーゼスやハイエクの社会主義批判に、一般均衡学派としてのローザンヌ学派を継承するランゲらが社会主義を擁護する反論を加える構図で進展していた。(3) マルクス学派を代表するイギリスのM・ドッブ（Dobb 1937）とアメリカのP・M・スウィージー（Sweezy 1949）らもこれに参戦し、ランゲらの主張に賛同しつつ、それに加え、社会主義計画経済は、無政府的な資本主義市場経済と異なる社会的投資戦略や、消費者としての労働者の積極的イニシアティブによる製品開発などを組み込んだ発展経路を形成する可能性もあることを追加的に指摘していた。さらに現代的には、その内容に自然環境の保全、地球温暖化対策などが織り込まれ、実施されやすくなることも重要視されてよいであろう。

とはいえ、ドッブやスウィージーらのマルクス派は、当時はソ連型集権的計画経済が、ランゲらの市場社会主義のモデルとは異なるにせよ、公的所有による生産財についても、試行錯誤的公定価格の改定をくりかえしつつ、むしろ社会主義的投資・産業戦略を実行する利点を活かして、社会主義の社会経済システムを建設しつつあると認識し、その未来に期待をよせていた。それとともに、マルクスの労働価値説の成否を争う価値論論争ないし転形問題論争が、社会主義経済計算論争といかに関わるか、二つの大論争を架橋する試みは、従来なぜかおこなわれないまま推移してきている。それは宇野理論の観点からみても、少しずつ迂回的にでも解きほぐす努力を重ねてゆきたい興味ある未決問題といえる。

ランゲにより社会主義経済計算論争のなかで示唆されていた市場社会主義の古典的モデルには、やがてソ連型社会の権威主義的な党・国家官僚による支配体制をめぐり東欧改革運動が批判を加え、民主的で分権的な社会主義経済のモデルを求める政治的・社会的運動を組織し拡大するなかで関心が復活し、東欧革命とソ連崩壊後も、これからの社会主義の可能性として、多様な市場社会主義のモデルを探る理論的試みに世界的に関心が集められている。(4)

それとともに、途上国の工業化の過程では、計画経済による産業発展戦略や民衆の経済生活の安定向上を図る余地が大きいのではないか。さらにE・マンデル(一九八六)のように、いまや先進諸国では、消費支出の八割程度は物価変動とは独立に購買されていて、基本的飲食物、衣服、住宅、冷暖房、教育、保健、職場への公共交通などの必要量は、客観的与件として扱いやすくなっており、民主的に連合した計画的自主管理、協同的生産者の計画的自治を実現しやすい条件がむしろ整ってきているのではないか、とする見解も提示されている。それも、たしかにいまだ試みられていない、選択肢のひとつといえるであろう。

『資本論』と社会主義』やその他の著作にみられる宇野によるマルクス経済学の発展の試みは、こうした問題についても拡充・適用され、発展的に継承されなければならないであろう。『資本論』の経済学が社会主義の一般的規定を与えると宇野が述べていた意味も、法政大学最終講義「利子論」の論稿であらためて示唆されていたような方向をふくめ、積極的にその理論的意義が、こうした広い多様な選択肢のなかで、さらに探求されてよいはずである。

たとえば、『資本論』にもとづき、宇野は、市場経済を構成する商品、貨幣、資本の諸形態を純粋な流通形態の規定とし、背後の生産関係や価値の実体としての労働の社会的関連にふれずに展開している。それは、市場経済の諸形態が共同体的諸社会のあいだの経済関係として、ほんらい社会生活にたいし外来性をもって人類史に広く古くからあらわれていた史実に、より適合的な理論構成を示すものであった。それは、これからの社会主義経済のあり方にとってなにを理論的に示唆しているであろうか。

一方で、その理論構成は、社会生活にたいし、ほんらい外来的な市場経済の諸形態をおしだして廃棄して、『資本論』でも論及されているような、自由な個人の協同社会を形成する理論的可能性を示唆している。マンデルも示唆しているように、そのような協同社会の経済体制が、生産手段の公有制にもとづく計画経済によるとしても、その運営がかならずソ連型の中央集権的で専制的形態にならざるをえないと考える必要はまったくない。

その場合、ソ連型計画経済に用いられていた社会主義的で擬似的なS貨幣、S価格の理論的意義や機能、さらにS賃金、S利潤、S利子、S地代の理論的性格や機能にも、『資本論』の経済学を原理論として整備しつつ、積極的に適用してみる余地は少なくない。

たとえば、ソ連型社会では、育児、教育、医療などに公共的で共同的消費を拡充し、住宅、交通、基本的消費手段もごく安価に供給する経済体制を形成していた。その結果、S賃金は、労働の成果全体はもとより、資本主義経済での基本的には私的な労働力の再生産に必要な労働時間にくらべても、より小さな労働時間を個別的には取得する機能を果たせばよいことになり、相対的に低位におかれていた。こうして労働支出にくらべいわば過小評価されていたS賃金を費用計算の基礎として用いていたかぎり、ソ連型計画経済における公定価格の体系には、党・国家官僚がその配分に集権的権限を有する企業の剰余が逆に過大にふくまれることとなり、同時に企業には相対的に安価な労働力が容易に過大にかかえ込まれやすく、労働費用の節約にむけての技術革新へのインセンティブも働きにくい傾向を生じていたと考えられる。

労働の評価をめぐっては、単純労働との比較で、複雑労働をどのように評価するか。これも、社会主義経済計算論争でもミーゼスが指摘し、これと並行して継続されていた価値論論争でもくりかえし問われてきた論点のひとつである。これについてはマルクスも宇野も理論的に十分な解決を与えていたとはいいがたい。宇野原論では、マルクスに学びつつ、機械制大工業により単純労働が支配的となる傾向を延長して、この論点は捨象できるとみていた。その観点は、現代社会における情報技術によるオートメーション化の作用としても広く認められてよい一面ではある。とはいえ、現実に存続もし、新たな職能を加える傾向もある各種の複雑労働の単純労働への還元比率について、機械装置による単純労働の拡大傾向を指摘するのみでは、理論的に十分な解決を与えたことにならない。かりにマルクスにしたがい、共産主義の低次段階としての社会主義では労働に応じた分配を実現するものと考える場合にも、複雑労働を単純労働との比較でどう評価するべきかが問われることになる。

ソ連でスターリン体制のもとで粛清された異端派理論家I・Iルービン（Rubin 1972）は、この論点に関連して、マルクスによる抽象的人間労働の規定は、市場経済における商品の交換価値ないし価格を介して抽象される量関係であるとみなして、現代の欧米マルクス学派の価値論研究の一部に多大な影響を与えている。日本では廣松渉（一九八七）が物象化論にひきつけてこれを支持している。しかしマルクス自身は、『資本論』第一巻第一章第四節「商品の物神的性格とその秘密」では、ロビンソン・クルーソー、中世の農奴などの労働、農民家族内の成員の分業関係、さらには未来の自由な人びとのアソシエーションの協同的労働にも抽象的人間労働としての「価値の本質的規定」がふくまれていると述べていた。実際、再生産の技術的基礎から価値の実体としての抽象的人間労働の量関係が確定され、価値の形態としての価格変動の基準がそれにより与えられるとする労働価値説の基本は、ルービン的解釈ではつらぬけなくなる。そこで、マルクス労働価値説の基本を保持する観点からは、複雑労働力の再生産に要する教育・訓練の労働量が、複雑労働力の価値を単純労働力より大きくするとともに、複雑労働の支出にさいして、平均計算においてその労働量に追加されて生産物価値に移転するとみなすヒルファディング以来の見解も有力視されてきた。

ルービン的解釈は、ソ連型計画経済では抽象的人間労働の市場経済的評価を成り立たせないことにもなるので、ルービン自身も、その点に配慮し、マルクスには抽象的人間労働の規定のほかに、生理学的労働、社会的労働といった人間労働の同等性の規定も示されていると述べ、ソ連型社会での労働の量関係は、社会的労働としての評価を受ける側面があることを認めていた。しかしその評価基準がどう確定されるのかはあきらかにしていない。そこで、かりに社会主義的計画経済では、ヒルファディング以来の複雑労働力の価値と使用価値の取り扱いが、労働の格付けの基準となるとみなしてよいであろうか。そこにも実はつぎのような問題がある。

もともと、リカードからマルクスが引き継ぎ発展させた労働価値説の根本的規定のひとつは、労働力の価値とその使用価値としての労働の生みだす価値とは理論的には区別されなければならない、独立の問題である。労働力の再生産に必要な生活手段に対象化されている労働量としての労働力商品の価値の実体が大きくなったとしても、それは剰余労働を小さくする作用があるにせよ、労働力の使用価値としての労働時間を増大させることには、かならずしもなりえない。複雑労働力の教育・訓練費用が、私的に負担されなければならない徹底した市場経済社会では、その費用負担を複雑労働力の価値の形態としての賃金にふくめて私的所得に還元しないと社会的に必要な種類の複雑労働力が再生産され補給されないことになる。そのため、複雑労働力の賃金が単純労働より高くなり、それを用いて産出される生産物やサービスの価格もそれだけ費用とそれに応じた基準価格が高められる。しかし、ソ連型社会がそれを理念とし、かなりの程度実現していたように、高等教育までふくめて、複雑労働力の再生産を社会的な費用で保障する社会主義的教育・訓練システムを想定すれば、その複雑労働力の再生産費用を個人のS賃金や報酬により取りもどさせる社会的必要はない。

複雑労働も基本的には人間に共通な構想と実行の能力を特定の具体的有用形態で支出しているのであるから、経済生活を支えあう人間労働としては、単純労働と同質的で同等の時間ごとの寄与を社会に貢献していると理解しあい、社会的に求められる複雑労働力の養成費用はすべて社会的共通費用としたうえで、いわゆる単純労働と複雑労働の社会的貢献に人間労働としての格差はないものとみなしてよいのではなかろうか。⑤そのうえで、とくに責任の重いしごとや人のいやがるしごとに、インセンティブを与える割り増しの報酬が社会的合意にもとづき与えられるしくみはありうるが、それは、マルクスのいう労働量に応じた分配とは異なる配慮とみなされてよいであろう。

宇野がルービン的発想と異なり、『資本論』から学んで、あらゆる社会につうずる経済原則として労働の具体的有用労働と抽象的人間労働との二重性を認め、商品経済が経済原則を包摂するとその二重性が商品の使用価値と価値との実体的基礎となるものとみなしてきた見解は、さらに複雑労働の評価問題についても、こうした方向に拡張されてよいのではなかろうか。原理的には、徹底した市場経済社会としての資本主義のしくみのもとでは、価値の形態としての賃金が、複雑労働の養成費用としての教育・訓練費を私的所得に取りもださせる機能をともなってはいても、その背後の経済原則につうずる価値実体としての労働の量関係においては、複雑労働者も単純労働者も同等の抽象的人間労働を社会に時間単位で貢献しているとみなしたうえで、その労働の社会的成果の配分に価格形態としての賃金を介し格差を生ずる論理が働いていると解釈すべきであろう。

政治的民主主義が一人一票の通念になってきているのと同様に、経済民主主義の基本は、人間の同等な労働能力をそれぞれの特性や好みに応じて具体的な有用形態で発揮しあうなかで、それぞれの一時間はたがいに平等で格差のない一時間の抽象的人間労働として認めあうことにおかれてよいはずである。ルービンのいう社会的労働の規定も、ソ連型社会で労働にもとづく配分の関係を、党や国家官僚に有利な多少とも恣意的で特権的な労働の格付けや査定を容認する発想をふくんでいたとすれば、それは経済民主主義や社会主義的平等原則を実現する方向にはなかったといわなければならない。

こうして異種労働、複雑労働も根本的には同質的で平等な人間の労働能力の支出時間として扱えるなら、ソ連型社会とは対極的に、剰余を残さないで、ひとまず社会の純生産をS賃金にすべて平等に分配する極大S賃金経済を構成すると、再生産の投入産出の運行を維持する均衡的な計画価格でも、市場社会主義による均衡化された市場価格でも、その背後に生産物に対象化された労働時間の社会的関係が（等労働量交換として）透明に確認できる体制になる。

ちなみにその理論モデルは、価値論論争の系譜では、P・スラッファ（Sraffa 1960）が社会的剰余のない「生存のための生産」をまず想定して、投入と産出の技術的体系から整合的な均衡価格の体系を新リカード学派の基礎として提示した論理を、その背後に読み取れる労働量の社会的関係性にそくして理解してみた理論構造と解釈することができる。宇野（一九五〇、一九六四）は、ほぼそのモデルにあたる理論内容を、剰余労働のおこなわれない価値形成過程の論理として、（それに続く価値増殖過程の基礎に認められる）価値法則の社会的実体関係の論証に用いていた。こうしたスラッファと宇野の同時代的な客観価値論の相似的な再建の試みは、資本主義の価格機構の一面にも、ソ連型計画経済の公定価格につうずる、いわば社会生活の存続のための経済原則を充足する役割がふくまれていることを強く意識して構想されていたところはなかったであろうか。それは学説史的にみれば、宇野原論における価値の形態と実体の区分と関連の体系的再整理を可能とした二〇世紀的な歴史的基盤を推定させるところでもある（伊藤二〇一〇）。

いずれにせよ、社会的に剰余を残さないで国民所得のすべてをひとまず働く人びとに配分する極大S賃金モデルを想定すれば、むろん社会的な蓄積や共同消費などに必要なファンドは、さきに指摘したとくにインセンティブを要する労働種類への報酬追加分に必要な原資とともに、極大S賃金から拠出されることになる。マルクスが想定していたような透明で単純な労働量の社会的関係が、公定価格による計画的自治によろうが、市場社会主義によろうが、極大S賃金による社会主義協同社会に実現されるなら、それは市場社会主義といっても、ほんらいの市場経済による価格機構を廃棄することに事実上近い経済システムともなる。そうなるなら、S価格としての価格形態も、それを表示するS貨幣も廃棄してよいことになるであろうか。

かりに労働時間のみを単純で透明な経済計算の尺度とすると、同じ労働時間で産出されるマクロ経済的な社会の総産出量は、純生産物としては不変とみなされ、経済成長を社会的に計量することはできない。計画経済のもとでのS貨幣としてのルーブルは、その点では、ほんらいの貨幣と同様に、国民総生産や純生産の使用価値的構成があまり変わらないとみなしたうえで、その社会の実質的経済成長ないし富と所得を計量する機能を果たし、同様に、労働者の実質所得の伸びや地域経済のマクロ経済的成長を計る役割をも果たしていたと考えてよいであろう。そのような機能をともない、市場社会主義の多様なモデルではもとより、民主的計画経済の理論モデルにも、労働時間とあわせてS価格としての社会主義的価格形態は経済計算上存続するものと想定するほうがよいのではなかろうか。ソ連型社会に存続していたルーブルやルーブル価格も、スターリンに同調し宇野が市場経済における貨幣や価格が残存しているとみていたのとは、異なる理論的観点でその意義を理解する余地があったことになる。

他方で、市場経済を形成する商品、貨幣、資本を流通形態として展開する宇野原論の構成は、それらが、社会的な労働の量関係と特定の社会的生産様式にもとづき展開されるとする従来の『資本論』解釈にくらべ、社会的生産にたいする市場経済の外来性とともに、さまざまな生産諸関係との接合可能性をも理論的に理解しやすくしている。その意味で、社会主義経済計算論争以来、ランゲにはじまる東欧改革派が主張し、中国の社会主義市場経済で大規模に実験されつつあるとも解釈できる市場社会主義が、主要生産手段の公有制と市場経済との接合により、経済体制として存立しうることも、宇野理論によれば、理解しやすくなる。

これにたいし、市場経済とそれにもとづく資本主義経済とをともに自然視し、ほぼ同一視する新古典派経済学では、中国の一九七八年以降の改革開放政策による市場経済化は、ただちに資本主義経済化にほかならないと理解されやすい。現実にその過程で生じている資産や所得の大きな格差の拡大傾向も、そのような理解を広げやすい。しかし、中国が世界最大の人口を擁し、世界最大の政党・共産党のもとで、主要生産諸手段の公有制にもとづく社会主義市場経済の建設を続けると公的に述べ続けていることには、その理念や理論的根拠の可能性がないといいきれるのかどうか、学問的に争う余地は多分に残されているのではなかろうか。

もっともその場合、中国の社会主義市場経済においても、農村部と都市部との経済格差を是正する政策が重視されるようになってきているように、社会主義の基本理念にてらして、平等主義を実現する方向を実現することがあきらかに必要であり、それとあわせて労働者社会としてさまざまなレベルでの労働者の主体的な諸決定への民主的参加のしくみを整え拡充してゆくことが求められるところとなろう。すでに中国である程度実現されつつある中央政府から地方政府への分権化もその方向をうながすよう期待したい。それとともに、中国でかなり広がりつつあった労働者協同組合的な郷鎮企業のしくみや、東欧改革運動のなかでも試みられていた労働者自主管理企業など、労働者の経営・職場での主体的管理を尊重し、それをうながす社会主義的公有企業の多様なあり方を探り大切にはぐくむ発想も求められるところである。

それと同時につぎのような観点から、商品経済を構成する商品、貨幣、資本の流通諸形態の社会主義的統御と変容の理論的可能性も、これからの社会のために考慮してゆく必要があろう。すなわち、異なる社会的生産様式や企業のしくみと接合可能な経済機構として、歴史的に古くから出現した市場経済の諸形態は、いわば固い容器のようにそれ自体はあまり変化せずに、さまざまな社会的生産関係による生産物を処理しうる性質を有していると従来は考えがちであった。その延長上に、市場社会主義では、貨幣や価格は資本主義のもとでの形態や機能とあまり変わらないものとも想定しがちであった。

しかし、流通諸形態もその機能も、資本主義にさきだつ歴史においても、資本主義の発展をつうじても、実は変化し、ある意味で社会化もされる傾向を生じてきているのではなかろうか。とくに市場経済のしくみの中枢にあらわれる貨幣の形態と機能については、現代世界のなかでその管理通貨制への移行、変動相場制、ユーロの創出、各種のプリペイドカードやクレジットカード、電子マネー、各種地域通貨の形成などをもふくめ、多様なかたちでの社会化あるいは組織化の試みが進展してきている。市場社会主義としても、その前提となる生産手段の社会的所有の多様なあり方や、その組織単位としての企業の多様な社会主義的形態と機能とあわせて、企業、産業、地域およびそれらの担い手となる社会の主人公としての労働者・生活者のあいだをつなぐ市場経済のしくみに、現代世界にすでに生起しているこうした貨幣の多様な変容のなかから、どのように社会主義的組織化の特性を貨幣に選択的にふくませてゆくことができるか。理論的にも現実的にも興味ある市場経済の諸形態やしくみの社会（主義）化をめぐるさまざまな選択肢の可能性と検討課題が生じてきているように思われる。市場社会主義の多様な可能性のなかにも、計画経済による場合とは異なる特性を与えられた各種のS貨幣やS価格の社会的形成の余地もふくまれているにちがいない。たとえば、資本主義のもとですでに試みられている地域通貨による相互扶助的しくみなどは、そのひとつの先駆的萌芽ともなりうるものではなかろうか。

そのようにみてくると、『資本論』にもとづく宇野の流通諸形態のいわば「人類的」理解は、『資本論』と社会主義』において宇野の重視していた社会主義の基本課題についての理解をこえて、現代世界に問われているこれからの社会主義の多様な可能性に、重要な方法論的考察基準を提供していると再解釈したくなる。それは、貨幣の自己増殖運動として出現する資本の支配する資本主義のしくみを、（宇野が強調していたように）その基礎となる労働力の商品化とあわせて廃棄してゆく、社会主義的協同社会における自由で平等な経済秩序の建設に、市場経済のしくみを社会化して利用してゆこうとする場合にはとくに重要となる諸方策の手がかりともなるであろう。⑥

4　ソ連型社会の挫折とその教訓

『資本論』に特有な流通諸形態としての価値の形態規定の展開とその背後の社会的実体としての労働実体との区分と関連を体系的に再整理した宇野の価値論にたいし、『資本論』における動態的な資本主義の発展の矛盾とその現実的解決の原理をめぐる考察を再整理した宇野恐慌論は、ソ連型社会の挫折とこれからの社会主義の検討にどのような示唆を与えうるか。それは宇野没後に生じた問題でもあり、『資本論』と社会主義』をこえて、われわれが取り組んでみたい論点のひとつである。

周知のように、『資本論』の一面によって宇野恐慌論は、労働力の商品化に資本主義経済の矛盾の根源があり、好況期の資本蓄積が労働雇用を拡大してゆき、完全雇用に近づくと労賃の騰貴により、資本主義経済は、利潤率が低落して蓄積が困難になり、投機的発展もうながされて、信用制度のなかで資金の需給が逼迫し、利子率が高騰して利潤率の下落と衝突し、急性的恐慌を生ずると説いていた。それを契機に、労働力商品は逆に過剰化となるうえ、さらに不況期には資本構成を高度化する技術革新の産業化が競争圧力のもとで進展して、相対的過剰人口が追加的に形成される。こうした労働力の商品化による無理に起因する労働者の生活の不安定な動揺や困難を避け、失業をなくすことが、社会主義経済の重要な目標であり、資本主義をこえる最大の利点のひとつであるとも考えられていた。

そこで、資本主義先進諸国に、前章でみたように、戦後高度成長をつうじその末期に、各国内の労働力と世界市場での一次産品の供給余力の制約をこえる資本の過剰蓄積が進展して、それらの価格上昇に圧縮されて利潤率が下落し、蓄積が困難となり、ブレトンウッズ国際通貨体制の崩壊にともなう通貨・信用の規律喪失の過程と重なり、インフレ恐慌を介し、経済危機が生じた一九七〇年代前半にも、ソ連圏の経済生活は相対的に安定しているものと信じられていた。しかし、資本主義先進諸国に生じた経済危機に続き、一九七〇年代後半以降、ソ連型経済にも成長の「摩滅」が顕著となり、一九八〇年代に入るとソ連経済の実質成長は大きく停滞化してほとんどゼロ成長に近いと見積もられるにいたる。

ソ連型経済の「摩滅」・減速は、経済成長に支えられて生活水準の向上に期待をよせていた民衆に、党・国家官僚の特権的生活やその非民主的支配への不満をつのらせ、多民族国家としてのソ連圏内のロシア中心的秩序にも反発する動向をも顕在化せしめて、政治社会的危機を増大させていった。新古典派経済学のミクロ価格理論の枠組みを前提にしていた社会主義経済計算論争も想起され再燃する。と同時に、新古典派ミクロ理論にもとづく新自由主義の観点からは、ソ連型経済の危機とそれに続く崩壊は、もともと集権的計画経済が内包していた非合理性の現実化であり、資本主義市場経済の勝利を証明するものとみなされがちであった(7)。

しかし、ソ連型集権的計画経済は、社会主義経済計算論争以降のミーゼスらの合理的存立不可能論に反して、大戦間期の大恐慌期にも安定した工業化をすすめ、第二次大戦とその後の冷戦構造の軍事負担にも耐えて、資本主義先進諸国の多くより高い成長率を維持していた。加えて、女性の社会的地位を高め、子育て、教育、医療、年金、住宅、交通などに(個人負担の少ないか無償の)公的なしくみを社会主義的に拡充し、資本主義諸国の福祉国家への歩みをうながす先進的側面も示していた。こうしたソ連型経済の数世代にわたる実績は、その原理的存立不可能論にたいする反証として認めておかなければならない。と同時に、その成長がなぜその後一九七〇年代以降の時期にゆきづまり挫折したのかは、現代世界に生じた重要な問題をなしている。

ふりかえってみると、ソ連型経済は、重化学工業の設備投資を中心とした量的拡大を経済建設の主要路線としていた一九六〇年代までは、世界最大の領土を有するソ連に豊富に存在していた天然資源の供給余力と、農村部からの大量の余剰人口の工業部門へ吸収可能性、および労働者国家としての社会主義建設の理念、大祖国防衛戦争への協力とその勝利の誇らしさ、さらに冷戦構造の緊張などによる民衆の協力・連帯意識にも支えられ、その集権的計画経済は、適合的に機能し続けていた。そのかぎりで、冷戦下に対GDP比でアメリカの二倍、一五%にも達していた軍事費を負いつつ、高成長を達成していた。

しかし、一九七〇年代に入ると、(一九八五年にソ連共産党書記長に就任し、ペレストロイカ〔社会革新〕を推進した)M・ゴルバチョフ(Gorbachev 1987)も指摘しているように、石油をふくむ天然資源の採取がより困難で高価となり、人手不足が一般化し、それまでの量的成長を可能としていた根本条件であった天然資源と労働力の供給余力がソ連でも失われていった。P・M・スウィージー(Sweezy 1980, 補章)も、そのことを統計的に確かめつつ、ソ連にこの時期に生じた経済危機の最重要な要因とみている。

そうしてみると、前章で検討した資本主義先進諸国における一九七三年にかけて生じた、労働力と一次産品にたいする資本の過剰蓄積による困難と内容上あいつうずる制約が、いくぶんか遅れてソ連経済にも経済危機をもたらしていたとみなければならない。『資本論』から宇野が読み取った恐慌論の基本が、あまり予想もされていなかった時期に、想像をはるかに超えるスケールで、冷戦構造を形成していた現代世界の両陣営の双方に、ほぼ同時代的に経済危機をもたらしていたことになる。

もっとも根本的にはあいつうずる経済成長への制約による危機をむかえたとはいえ、現代世界でのその現実的様相は、古典的周期的恐慌を原理的に考察した宇野恐慌論とは、東西両陣営それぞれに異なっていた。資本主義先進諸国においては、前章でみたように古典的周期的恐慌と現象的には対照的なインフレの悪性化が、ブレトンウッズ国際通貨体制崩壊にともなう通貨としての貨幣・信用の過剰化と、それにともなう投機的在庫形成の膨張による生産財の商品としての不足化をともない、インフレ恐慌として経済活動を収縮させた。ソ連型経済のもとでは、国営企業中心の強固な官僚支配体制のもとで、公定価格とそれによる資材の公的配分のしくみが、資源や原材料の不足傾向にともない、企業によるそれらのため込みをうながすとともに、J・コルナイ（Kornai 1980, 1984）の指摘する「不足の経済」をいたるところに不均衡に深刻化してゆき、それにともない「第二の経済」といわれた闇市場に、資材や製品を横流しする傾向も促進されて、その闇市場の規模はB・シャバンス（Chavance 1992）によると公的経済の一〇％から五〇％にのぼっていたと見積もられている。

しかもその間、強固な官僚制による計画経済のしくみは、資本主義世界でこの時期における経済的危機からの再編過程における技術革新の主軸となってゆく情報通信技術の導入と個人生活への情報機器の普及に、政治社会的情報管理の観点からも、あるいはまた急速な技術変化を生産・配分計画に取りいれることにともなうリスクや困難を回避しようとする観点からも、容易に踏みだせない情況が続いていた。

それとともに、そのような集権的計画経済のゆきづまりを突破するペレストロイカを、社会主義的体制の内部変革として実現しようとした東欧改革派の市場社会主義への転換要請やゴルバチョフの情報公開、職場規律の再建、企業の自主性拡大、さらには市場経済化などのペレストロイカ構想も、強固な党・国家官僚の支配体制下では容易に実効をあげなかった。そこに民衆の不満が累積してゆき、民主化運動と民族自決を求める運動が一体的に東欧革命とソ連解体をもたらすとともに、その後の多党制による選挙戦において、旧体制への反発として、最も急進的な資本主義化をすすめようとする政党に支持がよせられ、結果的に東欧とソ連における社会主義を標榜していた秩序が終焉したのであった。

現代世界に生じたこの衝撃的激変から、いくつかの方法論的教訓を読み取ることができよう。ここでは本節のまとめとして、それらのうちあい関連したつぎの四点を指摘しておきたい。

第一に、ソ連型マルクス主義は、唯物史観に依拠し、ソ連型集権的計画経済を科学的社会主義の先進的で唯一の路線にしたがっているとみなし、これに多少とも異論をとなえるマルクス派の思想や理論を異端派として粛清・排撃し続けていた。それは、資本主義をこえる未来社会の設計をあえて提示しようとしなかったマルクスの方法論からはただちに是認しうることではなかった。宇野は、社会主義の一般的規定としての目標ないし課題は、『資本論』にもとづき、資本主義経済の原理が全面的にあきらかにされることをつうじ、科学的に示されることは重視していたが、それは『資本論』で解明される経済法則を社会主義の経済建設に用いるというスターリン論文の発想とは異なることも明確にしていた。

そのうえ、『資本論』と社会主義』の最終章でも、宇野は、一九五六年のスターリン批判とハンガリー事件にふれて、「歴史過程というものは、そう簡単に必然論で押しきれるものではありません。ことに社会主義体制が確立していない間は、逆転の危険もあるものと思わなければならないでしょう」(二三〇ページ)と述べ、ソ連の社会体制もなお現実には科学的社会主義として未確立であるとみていた。そこから示唆されていた「逆転の危険」は、その後三〇年余を経て東欧革命とソ連崩壊により、現実のものとなっている。そのことからすれば、ロシア革命により資本主義の発展段階は終わり、世界史的には社会主義への過渡期に入ったとしていた宇野の世界史的認識も、「逆転」・逆流の可能性をはらんでいたことになる。歴史の歩みには多分に螺旋的旋回がふくまれうるのであって、宇野も注意しているとおり、直線的な必然論ではすまないところがある。その意味では、資本主義の原理論から読み取れる社会主義の原理的課題なり目標にたいし、社会主義の現実化の世界史的歩みには、そうした「逆転」・逆流の可能性もふくまれる発展段階論ないし現状分析にあたる考察も要請されるところであったといえよう。

第二に、そのような問題をも念頭に、現実に存在していたソ連型社会の歴史的本質をどうみるか。そのゆきづまりと崩壊の過程を同時代的に考察しつつ、マルクス派内の見解も分かれている。大別すると、未確立でゆがみをともなってはいたが、一種の社会主義の体制をなしていたとする見解と、社会主義とはいえない階級社会をなしていたとする見解の二類型がみられる。

一種の社会主義の体制をなしていたとする見解には、ソ連型社会にみられる党・国家官僚の特権の肥大化と労働者への抑圧の原因をめぐり、なお社会主義が世界史的には初期の生成期にあるためとする藤田勇（一九八〇）らの見解と、スターリン現象としての指導者の個性や資質の問題を重視するR・A・メドヴェーデフ（一九七三）やJ・エレンステン（Ellenstein 1976）の見解、あるいはL・トロツキー（Trotsky 1937）からE・マンデル（Mandel 1978）に継承されるロシアの後進性のゆえに労働者が担うべき経済計画などの役割がその官僚代理人にゆだねられて特権化しているとする見解に分かれている。それらは相互補完的にも理解することもできるであろうが、右にみた宇野の見解もソ連型社会を初期生成過程にある社会主義とみていたものと解釈できる。

しかし、ロシアの後進性やスターリンの個人的資質の問題などからは、ソ連がアメリカにつぐ第二の経済大国化し、高等教育も充実して、世界で最も多数の専門的技術者を育成するまでに成長をとげるなかで、党・国家官僚の支配的地位が改善されず、スターリン以後にも労働者国家としてふさわしくない非民主的体制が続いていたのはなぜかを十分説明できない。集権的計画経済による社会主義が、初期の生成期をある程度離脱しても、そうした問題点を残しやすかったとすれば、それはほんらいの社会主義への発展の初期にあったためといえるかどうかも疑われうる。それとともに、計画経済に民主的な労働者の主体的参加を高めてゆくしくみをどのように組み込んでゆけるかにも、大きな宿題が残されていたともいえる。

そこで、そのようなソ連型社会は、ロシア革命が目指していた理念にむかう方向からそれて、事実上社会主義とはいえない階級社会に変質していたとする見解も提起される。一九六〇年代に中ソ対立がきびしくなった時期に、中国がソ連は国家資本主義となっていると批判し、C・ベトレーム（Bettelheim 1974-83）もこれに同調するかのようにソ連には国家ブルジョアジーが成立したと分析していた。大谷禎之介（二〇一一）にも同様の見解が示されている。他方、ベトレームと論争しつつ、P・M・スウィージー（Sweezy 1980）は、以前のみずからの（Sweezy 1949 などでの）ソ連型社会肯定論を大きく改訂し、主要生産手段を私有しているとはいえないソ連の支配的官僚層は資本家階級とはいえず、その行動様式も資本主義経済の運動法則にしたがっているとはみなしえないと主張しながら、唯物史観の定式に一部訂正を求めて、ソ連型社会には資本主義でも社会主義でもない新たな階級社会が「革命後の社会」として成立したと規定していた。

こうした一連のソ連階級社会論は、ソ連型社会の崩壊を社会主義の失敗と同一視する新古典派的発想への有力な反論をなしうる。とはいえ、その見解は、マルクスにより主要生産手段を公有化して、社会主義的特性も発揮して経済建設をめざし、それによって資本主義先進諸国にも福祉国家への社会民主主義的歩みを誘発しつつ、いくつかの意味では実際に社会主義的な経済生活の安定とその保障を公的に実現もしていた成果を、社会主義によるものでなかったとして否認しうるかどうか。

むしろマルクス＝レーニン＝スターリン主義による決定論的な「科学的社会主義」論の束縛から離れ

て、『資本論』にも資本主義後の社会主義の具体的しくみをあえて提示せず、多様な社会主義のあり方や進路に広い可能性を残したマルクスの方法にたちもどるなら、その可能性の特殊な一類型としてソ連型社会主義の実験も、その世界史的成果と深刻な欠陥とをあわあせて批判的に位置づけ分析してよいのではなかろうか。

そこで第三に、マルクスがあえて具体的な設計を残そうとしなかった社会主義の方法論が、ソ連型社会の挫折崩壊とともに、そのかつての束縛から解放されて、われわれのもとに回帰しているのであって、ソ連型社会の悲劇的経験もふまえ、あらためて多様な社会主義の進路の可能性がそれぞれの社会の歴史的文化的特性にもとづく民衆の主体的選択にいまや広く開かれていると考えなおすことが重要となっていると思われる。その意味では、ソ連型マルクス主義がみずからの体制を唯物史観にもとづく科学的社会主義の唯一の道としていたことが反省されなければならないと同時に、それに代替しうるとされる市場社会主義論やアソシエーション論としての協同的生産者の協同的自治を尊重するさまざまな社会主義モデルも、どの社会にも適合的な普遍的で唯一の路線を提示するものと、すくなくとも中期的には主張したり解釈したりしないほうがよいにちがいない。

その意味でも、『資本論』と社会主義』の最終章で宇野が、社会主義が労働力商品化の止揚をどのように実現しうるか、それぞれの社会についての段階論を基準とする現状分析を利用し、政治的な判断が加えられてゆかなければならないとし、「社会主義への道は決して一つではない」(二四九ページ)と述べているところは、とくに現代世界にとって重要な示唆を与えてくれているといえよう。広く世界の社会主義者たちのあいだでも、かつてのソ連の「正統派」マルクス主義のように、それぞれみずからの社会主義建設の道やその構想こそが唯一の科学的路線であると主張しあって過度に争うことは、大きくは同じ方向にむかおうとする社会主義の思想的理論的営為や実践活動において、きわめてきびしい社会環境のもとで、国際的・国内的な協力や連帯を困難にし、相互の成長にも連帯にも望ましくないにちがいない。集権的な計画経済は、非民主的側面を注意深く避けなければならないが、ソ連がそうであったように、後進的諸国の工業化のためには有力な方策であったたし、これからもむしろ先進諸国にこそその民主的実現の豊かな可能性があるとする見解があっても不思議ではない。さらに、かなり遠い未来には、市場経済社会主義による多様な試みも、やがて市場のしくみの社会化をすすめ、内容上、民主的に連合した計画的自主管理社会にあまり異ならない秩序に近づいてゆく可能性もないとはいえないのではなかろうか。『資本論』でマルクスが示唆し、宇野もそれにしたがっていたと思われる、市場経済の止揚による自由な個人のアソシエーションの形成の可能性は、ソ連型社会の挫折・崩壊による教訓としていまや社会主義の理念としても可能性から排除されたのであって、多様な市場社会主義の理念やモデルのみがこれからの資本主義をこえる社会のあり方であるとみなすのも、なお性急で狭すぎる見解ではないかと考えられるのであるが、どうであろうか。

第四に、いずれのモデルによるとしても社会主義経済は、宇野の強調していた労働力商品化の無理を止揚して、職場への労働者の権利を保障し、失業の困難を排除するしくみを大切に実現してゆかなければならない。とはいえ、ソ連型経済にもその末期に生じたように、職場への労働者の権利を保証しつつ、完全雇用を達成することは、社会主義で実現できる最大の利点のひとつとみなされてきたにもかかわらず、ほんとうにそれが実現されると、追加的雇用の弾力的拡大に支障を来し、技術革新への産業の再編や蓄積を困難とし、職場規律も緩みがちになる一因ともなりうる。そこで、市場社会主義によるにせよ、分権的で民主的計画経済によるにせよ、社会主義経済もおそらくフレクシブルな企業の再編と成長の動態を保持してゆくには、おそらく社会主義的産業予備軍をある程度維持していることが望まれる。

それゆえ、資本主義のもとでの失業の脅威からは解放しつつ、労働者にたとえば一〇年に一度、一年間の再教育・再訓練のリーブ（有給休暇）を保障する制度を拡充し、それを介して、転職や産業間の労働移動の弾力性を確保してゆくようなしくみも、ある程度成熟した段階には組み込む必要があるのではなかろうか。それは宇野が、利子にあたる資本の遊休を避けるしくみを社会主義がいかに形成しうるかと問いかけていたのと、同型の問題を、労働者についてはむしろ逆にその社会的な生活保障をともなう能力の再拡充にあてる遊休期間のプール確保の重要性として、新たに示唆するところといえよう。それが産業的技術革新と成長への弾力的変化の基礎を整え保持するうえで必要なことを、これからの多様な社会主義の先進的なモデルに共通なひとつの教訓として、われわれはソ連型社会の失敗から学ぶことができるように思われるのである。

宇野は、『資本論』に学び、資本主義市場経済の原理と現実的発展の考察を整備し、それにもとづき社会主義の論拠をより確かなものとしようと試みていた。二一世紀に、資本主義の危機と再編が続くなかで、社会主義に訪れているいっそう深刻な危機のなかで、われわれは、その方法に学び、資本主義経済の原理と現状についての批判的考察をさらに深化させつつ、それにもとづき、資本主義をこえるこれからの社会主義の未来について、その基本的目標や方向とともに、それを実現する多様な経済体制のしくみの可能性をもまた深部から理論的に再考してゆかなければならない挑戦的課題にも直面している。以上の検討もその課題の再考につらなるよう期待したい。

II　二一世紀型の社会主義と社会民主主義

本書で検討してきた『資本論』にもとづくマルクス経済学の方法は、社会科学としての経済学の客観的認識に、それにさきだつ方法論を不要としたマルクスの意図にそって、いわば経済学の対象と理論内容からは独立し先行する方法論をむしろ拒否する特異な方法論となっていた。それは、その方法論の独自性を重視されている宇野弘蔵の見解のすくなくとも重要な一面にも実は通じていた。たとえば、宇野は一九世紀にいたるイギリス社会の発展に、歴史過程としての資本主義経済の原理を体系的に考察する課題と理論内容を読み取り抽象することができる性質があるとみなし、その原理論を、二〇世紀にかけての資本主義の世界史的発展段階の推移やその後の現状の研究に体系的考察基準をなすものと位置づけていた。それは、考察対象とする資本主義経済の史的発展と変容そのものから、その原理と現実的変化にそくした研究次元の分化の方法を学び取る方法論にほかならない。

しかも、マルクスと宇野は、特殊な歴史社会としての資本主義の原理的考察をつうじ、人類史的な経済生活の一般原則も明確になることをあきらかにしていた。そのことは、資本主義の限界を理論的にあきらかにするうえでも重要な認識をなすとともに、資本主義をこえるこれからの社会への人類史的展望を基礎づける学問的根拠を与えるところともなっていた。その社会の要点を、宇野は資本主義の成立の前提をなし、同時にその原理的矛盾の根源をもなしている労働力商品化の止揚を一般的目標ないし課題とすることに集約していたが、同時に前節でもみたように、この社会主義の目標を達成すべき革命後のソ連型社会についてもいわば発展段階論的な現実にそくした考察が求められる側面や、その社会秩序の逆転の危険も残されているとする認識も示していた。

ソ連型社会崩壊により、その危惧が現実化した現代世界のなかで、資本主義をこえるこれからの社会をどう構想しうるか。前節でみたような諸論点にそくし、ソ連型社会の意義と問題点を検討することとあわせて、現代世界のなかで、とくに本書第三章でみた現代資本主義の危機的現状からも、これからの代替的社会についての構想やそれへの戦略的接近方法が、あらためて関心を集めつつある。「逆流する資本主義」としての本書の新自由主義的グローバリゼーションについての批判的認識との関連においても、本節では、二一世紀的な社会主義と社会民主主義の新たな可能性について、いくつかの論点を取り上げて、その方法論的意義を考えておこう。

1　新自由主義に対抗する代替路線の模索

一九八〇年代以降の資本主義は、情報通信技術の高度化と普及を基礎として、企業の多国籍化と金融のグローバリゼーションを促進し、競争的で自由な市場原理の効率性を強調する新自由主義の政策基調のもとで、大規模な再編をすすめてきた。

とくにそれにさきだつ一九七〇年代初頭にいたる先進諸国での労資協調的な雇用関係の安定的拡大、経済格差の縮小、福祉国家への歩みなどが、その末期にみられた人手不足による実質賃金の高騰と利潤圧縮の危機を介して、大きく反転されてきた。公企業の民営化をも重要な方策として、新自由主義の観点から、労働組合運動の弱体化への攻勢がくりかえされ、安価な女性労働力を非正規のパートなどの形態で大量動員しつつ、雇用関係への社会的規制を緩和・撤廃して、不安定で低廉な労働雇用を企業の国際競争力強化の手段として増大してきた。その結果、富と所得の格差の再拡大、ワーキング・プアなどの新た貧困、晩婚化、少子高齢社会化などの社会経済問題が日本でも、他の先進諸国でも深刻さを増している。

その過程で、グローバルな競争圧力を正当化理由にして、富裕者層への所得税の限界税率や相続税、さらには法人税が先進諸国をつうじ大幅に引き下げられ、深化する国家財政の危機は、消費税や医療、教育費の大衆の負担増に転嫁され、それらも富と所得の格差再拡大を大きく助長してきた。そのもとで、働く人びとの多くの実質所得は低迷を続け、消費需要の低迷から、景気回復は、むしろ内外の投機的なバブルの膨張に依存しがちとなり、その崩壊にともなう経済危機にさいしては、そのつど金融諸機関、大企業、富裕者層に有利な救済融資、公的資金の投入、緊急経済対策が、市場原理主義とは不整合に実施される傾向も反復されている。

このような新自由主義のもとでの資本主義の再編は、労働力を商品化して搾取しつつ、企業中心的に蓄積をすすめる資本主義経済に内在する資産格差、所得格差の拡大、経済生活の不安定、労働者の疎外、貧困化、自然環境の荒廃をまねく作用を、現代世界に深部から大きく再浮上させている。

サブプライム恐慌を契機に、二〇〇九年にアメリカと日本に生じた民主党への政権交代は、そのような新自由主義を抑制し、二一世紀型の社会民主主義への代替路線の可能性に、民衆の期待が大きくよせられた結果であった。その期待にこたえる政策もいくつか実施され、景気回復効果も示されていた。にもかかわらず、経済危機がやや鎮静されると、国家財政の危機を強調して、緊縮政策を求める財界からの圧力も強められ、日本でも子ども手当やエコポイント制などの新たな社会民主主義的政策は縮小されたり、廃止されていった。

加えて、日本では二〇一一年三月一一日の東日本大震災とそれに関連した原発過酷事故の衝撃が、その方向を助長しつつ、経済危機をふたたび深刻化し、与党民主党に打撃と動揺を与えた。

これをうけて二〇一二年末に政権に復帰した自民党の安倍内閣がすすめているアベノミクスは、雇用関係における「ブラック企業」も公認されかねない、労働市場の規制緩和、法人税の軽減、消費税の増税、原発の稼働再開、TPP交渉などにわたり、あきらかに企業中心的新自由主義路線に復帰している。社会保障も体制維持の最低限のコストとしての「救貧」政策化しつつある。それは、労働者大衆の経済生活の劣化と不安、内需の不振、少子高齢化など、日本経済の衰退をもたらしてきた一連の構造的問題について、分析も、対応も、ともに十分な経済政策とはいえない。

にもかかわらず、新自由主義的な政策基調のもとでの企業と富裕者優先的な経済再編の流れに対抗する代替的戦略構想とそれを推進すべき社会的諸勢力の連帯や結集が、なかなか十分整えられるにいたらない。資本主義に批判的に対峙すべき民衆運動の主体的な理念と組織にも深い危機が生じているとみなければならない。

たとえば、イギリスの労働党やドイツの社会民主党などの欧州社会民主主義諸政党も、サブプライムからユーロ危機への世界恐慌のなかで、新自由主義に譲歩し傾斜した「第三の道」あるいは「中道」路線に軸足を移した結果、労働者階級の多くの期待にそむき、いまや信認の危機をむかえている。グローバル金融化資本主義のシステムの投機的破壊作用や、貧富の格差拡大に批判的に対峙しえず、むしろその「共犯者」となっていたのではないか、という反省があらためてEU内にも広がりつつある。

そのような動向は、ブームをよんだT・ピケティ（Piketty 2014）による長期統計の分析にもとづく先進諸国における資産格差と所得格差の一九八〇年代以降に顕著な再拡大の検証と、その是正の必要についての主張によっても促進されて、二〇一五年以降、少なくとも五つのきわだった政治的新潮流を欧米に広げつつある。

まず、ユーロ危機の震源地の一つとなっていたギリシャで、急進左派連合（シリザ）が、三〇歳台の若い党首A・ツィプラスのもとで、二〇一五年一月の総選挙において、中道右派の新民主主義党や中道左派の全ギリシャ社会主義運動を押さえ、一四九議席（定数三〇〇）を獲得し、ツィプラスが首相に就任する。ユーロ圏離脱も辞さないとしていたその反緊縮路線は、ドイツなどとの交渉過程で妥協を余儀なくされはしたが、その左派路線にギリシャの大衆の支持を集め、世界の注目をひいた。

これに続き、イギリス労働党党首に、従来の「第三の道」を掲げたT・ブレアらの「中道」路線に批判を加えてきた社会主義者を自認するJ・コービンが二〇一五年九月に選出された。コービンを押しだしたのは、就職難や失業に悩む若者たちを巻き込んでのその支持者たちの労働党への加入戦術の広がりであった。若者たちの多くは、移民の雇用に与える影響からも、EU離脱に期待をかけていた。コービンもギリシャへのEUの対応に批判的で、欧州懐疑派である。今年六月の国民投票にむけて、労働党議員の多くが移民への人道的配慮をふくめ、離脱反対にまわっていたので、コービンもそれにしたがっていた。しかし、ほんらいはドイツ主導の新自由主義的緊縮政策には反対し、離脱による財政自主権の回復とそれによる福祉・雇用政策の再強化に期待する民衆の声に理解と好意をよせる一面も有していると思われる。

スペインでも新党のポデモス（われわれはできるという意味）が、ツィプラスとも連携していた若い同世代の党首P・イグレシアスのもとで、大学の教員など知識人や若者たちのネットを使った運動をつうじ、一二月の総選挙で六九議席を獲得し、第三政党に躍りでて、スペイン政界を一変させつつある。今年六月の総選挙では予想に反し、伸び悩みを示したとはいえ、その存在感はいまや小さくない。

フランスでも、今年三月以降、オランド社会党内閣による、企業に有利な労働時間の規制緩和、残業手当カット、解雇の自由化にむけた労働法改訂と緊縮政策に、労働組合も学生も反発して、デモ、集会、ストを連続的にもりあげて、政治経済的に緊迫した情勢が続いている。

さらにアメリカでは、サブプライム恐慌以来の「われわれは九九％だ」として若者たちがウォール街などから街頭占拠の運動を広げていた流れを支持基盤の一つとして、B・サンダースが北欧型社会民主主義を公然とかかげて、大統領選挙への民主党候補の予備選挙において、H・クリントンをおびやかす大旋風を巻き起こしている。コービンはピケティを顧問としてむかえており、サンダースとともに、その目指す方向は、新自由主義的緊縮政策を批判して、教育、医療、年金に社会的な公的負担と責任をもてる広義の社会主義においているとみてよいであろう(8)。

こうした一連の動向を先導するかのように、新自由主義に対抗する代替的な二一世紀型社会民主主義ないし社会主義への戦略理念と社会運動の発展のために、サブプライム恐慌の分析をつうじ「何をなすべきか？　誰がなすべきか？」を問いかけた、マルクス理論家のD・ハーヴェイ（Harvey 2010）の論稿も、むしろピケティにさきだち世界の批判的知性のあいだで、大きな反響をよんでいた。(9)

そこでハーヴェイが述べているように、不公平で不安定な資本主義の発展は、「世界のいたるところに反資本主義的運動を生み出してきた」。ソ連崩壊後の一九九〇年代にオルタ・グローバリゼーション運動が宣言したように「もう一つの世界は可能だ」という感覚は広く存在している。しかし、「中心となる問題は、全体として、資本家階級の再生産とその権力の永続化に世界的規模で的確に挑戦しうるような、堅固で十分統一された反資本主義的運動が存在しないことである」。ここには「二重の閉塞が存在する」。すなわち、人びとを鼓舞するような構想なしには、本格的な反資本主義運動は出現しえないであろうが、逆にまた、そのような運動の不在がオルタナティブの明確化を排除しているのである。

そのような閉塞状況から抜け出してゆくためには、たとえば社会諸運動をつうずる共通の目標に関し、おおまかな合意が必要となる。そこには、たとえば、自然の尊重、ラディカルな平等主義、共同利益の感覚にもとづく社会的諸制度、生産手段の共同所有の発想、民主的行政手続き、直接生産者の組織する労働過程、新しい社会関係と生活様式の自由な探究、などがふくまれるであろう。こうした目標に向けての協力と連帯の共‐革命的運動にとって、現在生じつつあるマルクス主義と無政府主義との（マルクスとバクーニンとの対立以降の伝統をのりこえる）収斂傾向も重視したいところである。また、反資本主義運動の担い手としても、伝統的左派が依拠してきた職場での労働者階級の組織運動にとどまらず、その外での地域社会での階級意識の形成、農民運動との同盟、さらに広く都市開発や信用制度のもとで、住まいや職場や所得を奪われ剝奪された人びとの反抗や生活権の要求などにも可能性が求められてよい。労働組合とともに協同組合、ワーカーズ・コレクティブ、NPO、NGOなどとの協力も必要とされる。

こうして「何をなすべきで、なぜなすべきなのかに関する構想と、それをなすための、特定の場所を越えた政治運動の形成、この両者の関係を一個の螺旋に転化させなければならない。どちらにおいても、なんらかのことが現実に行われるならば、他方が強化されるだろう」。

ニューヨークで始まりアメリカ各地に伝播した民衆の格差拡大反対、金融利害への富と所得の集中とその公的救済政策反対の連続的な街頭占拠運動は、まさに都市の不安定な「プレカリアート」が、自生的に連帯する新たな社会運動の姿とその可能性を示していた。同様にユーロ圏に広がる反緊縮政策のデモや集会の波にも、民衆の自生的な反資本主義の運動への連帯感が読み取れる。日本での、反原発の社会運動、大震災・原発事故からの協同組合的復興支援の連帯活動、沖縄の反基地闘争、戦争法廃止への社会運動などにも、広いグラスルーツの民衆的連帯への可能性が感じ取れる。

それらには、アナーキズムの伝統が重視してきた民衆の自由で自発的な参加を広げつつ、ハーヴェイのいう二重の閉塞からの反資本主義運動の螺旋的反転攻勢再生への契機がもたらされてゆく経路への萌芽が現実に姿をあらわしつつあるといえよう。すでに、ギリシャ、イギリス、スペイン、フランス、アメリカにおいてすでにその可能性は新たな政治潮流として現実化しつつある。日本にもその動向が波及するよう期待したいところである。

2 広義の社会主義と社会民主主義

ふりかえってみると、二〇世紀型の社会民主主義と社会主義とは、ともに資本主義市場経済のもたらす不公平で不公正な格差拡大や生活の不安定を是正するために、労働者階級の組織的で普遍的利害を重視しつつ、もっぱら国家の役割をそれにそって変革し、雇用の安定化や教育、医療、年金への公的支援をふくめて、国家による所得再配分拡充をめざしていた。

もともと社会主義（socialism）という用語は、英語圏では一八二七年一一月にロンドン協同組合協会の機関誌にはじめて用いられ、一八三〇年代に定着していった。それは当初、R・オウエンの影響下に成長しつつあった協同組合運動のなかで、個人主義に対立する発想を示すものとされ、協同組合主義的な改良主義をおもに意味していた。しかし、その用語はすぐにフランス革命の自由、平等、友愛の理念の実質的徹底をめざしたC・H・R・サン－シモン（Saint-Simon 1823–24）やF・M・C・フーリエ（Fourier 1829）らの思想にもつうずるものとされ、市場経済による資本主義社会の個人主義的競争原理にかえて、協同原理にたって、人びとの貧困や抑圧からの解放のための理想社会実現をめざす諸潮流を広い範囲でふくむものとなった。

ついで一八三〇年の三月革命から一八四八年の二月革命にかけてのヨーロッパ諸国の社会的動乱の時期に、フランスなどで共産主義（communism）という表現が社会主義とならんで用いられるようになる。そこには古代以来の平等な協同社会追求の理念や宗教的形態での組織化や一揆の試みなどから連なる発想も、近代啓蒙思想による基本的人権の徹底的追求の要求と重ね合わされて継承されていたとみてよい⑽。若き日のマルクスとエンゲルスも社会主義者とは名のらず、一八四七年に発足した国際的労働者組織、共産主義者同盟の綱領として、翌年一月、共著『共産党宣言』を執筆し、二月革命に多大な影響を与えた。そのためロンドンに亡命生活を余儀なくされたマルクスは、エンゲルスの支援をうけつつ、後半生をかけて、資本主義経済の歴史的特性を理論的に解明する『資本論』の経済学を準備し、執筆する作業に取り組み、自由・平等な市場経済のしくみにもとづき、特殊な階級社会としての資本主義が成立し発展する原理を体系的にあきらかにし、その変革可能性を学問的に明確にする試みをすすめた。

空想的（ユートピアン）社会主義と総称される、サン‐シモン、フーリエ、オウエンらの発想は、資本主義経済の個人主義的競争社会のもたらす不平等、労働者に与える抑圧と貧困を批判し、その不合理をのりこえる協同的理想社会の構想を描き、それを社会の上層部に提示して、その実現を期待する特徴を共有していた。これにたいし、マルクスは、資本主義経済が市場経済による特殊歴史性をともないつつ、それなりの合理性をもって成立し発展する、合法則的な運動のしくみを体系的に解明し、社会科学としての経済学を確立する作業にそのライフワーク『資本論』の主題を集中し、それによって、資本主義に代わるこれからの社会の展望に科学的基礎を提供する方法を創始したのであった。

そのようなマルクスの経済学にもとづく資本主義の総合的批判は、賃金労働者の階級的団結による自己解放の客観的基盤と可能性をあきらかにするところとして、まもなくドイツ、ロシア、その他の東欧諸国に進展しつつあった資本主義の新たな成長にともなう労働運動にも多大な影響をおよぼしていった。たとえば、一八七五年のゴータ大会でドイツ社会主義労働党が結成され、一八九〇年にドイツ社会民主党と改名し、労働組合運動の拡大にもとづき政治勢力として成長し、一八八九年には二〇ヵ国の労働者団体を集めて第二インターナショナル（国際労働者協会）も結成されるが、その過程で、マルクスの思想と理論が指導的役割を認められていった。それにともない、社会主義ないし社会民主主義は、かつてのマルクスやエンゲルスの共産主義と対立的概念とはみなされなくなり、むしろマルクス主義を主流としてふくむ理念と運動となっていった。

とはいえ、社会主義の思想と運動は西欧ではマルクス主義の潮流のみに糾合されたわけではなかった。たとえばイギリスでは、フェビアン主義による漸進的改良運動も有力な勢力を形成し、一九〇〇年に結成された労働組合会議が一九〇六年に労働党に改称し、成長を始める。その動向はマルクス派にも影響を与え、E・ベルンシュタイン（Bernstein 1899）らの修正主義を触発することにもなった。すでに第二章の最初にもその資本主義認識の方法をめぐる問題として述べたように、ベルンシュタインは、つぎのような見解を示し、論議をよんだ。すなわち、一九世紀末以降の資本主義の現実の発展は、マルクスの学説に依拠したドイツ社会民主党の『エルフルト綱領』（一八九一年）の前半部分と一致していない。とりわけより少数の資本家とより多数の労働者とに社会の両極分解をもたらし、より激しい恐慌を介し労働者の窮乏化を促し、社会主義革命を必然化するという見解にそっては進展していない。むしろ株式会社形態は財産の集中に反対に作用し、都市や農村には中小経営が強固に残存し、信用機構やカルテルの発達は恐慌への対応性を高めている。それゆえ、ドイツ社会民主党は、『エルフルト綱領』後半の当面の諸要求に任務を限定して、民主的改良を重ね社会主義を漸進的に実現すべきである、というのである。

これにたいし、K・カウツキー（Kautsky 1899）に代表される第二インターナショナルの主流派は、唯物史観や価値論などにおけるベルンシュタインの誤解を批判しつつ、株式会社やカルテルはむしろ資本の集中をおしすすめる手段となっており、農村や家内工業における独立経営者はすでに実質上最もあわれに支払われる賃金労働者に転化されており、新中間層のインテリゲンチャも教育の民衆化につれてプロレタリア化しつつあることからみて、マルクスの学説、とくに社会の両極分解と労働者の相対的窮乏化の傾向はいぜんつらぬかれている、と主張し、マルクス主義とそれによる党の綱領を擁護する主張を展開していた。

しかし、この論争でのカウツキーの反論も社会主義の論拠を問う観点からみて、二重の問題点を残していた。そのひとつは、『資本論』における理論体系の中心的な主要論点が、社会の両極分解と労働者の窮乏化法則にあったと（ベルンシュタインとともに）認識してよいかどうか。むしろ『資本論』の主たる理論構成は、確立された資本主義経済のもとで、労働力の商品化により労働者が搾取・抑圧されるしくみを体系的に解明し、その特殊な歴史社会としての矛盾と限界をあきらかにすることにより、その変革の可能性を明確にする体系をなしていた。その意義は、たとえば第二次大戦後の高度成長期のように、労働者階級の窮乏化や社会の両極分解の傾向が緩和される過程においても、それによって失われるものではなかった。それに加え、カウツキーの反論は、修正主義の主張において事実上問題とされていた一九世紀末以降の資本主義の新たな発展の様相とそれにともなう労働者階級の闘争課題、とくに帝国主義戦争に対処する課題に、正確な考察を加えることにもなっていなかった。

修正主義論争に続く帝国主義論論争をつうじ、R・ヒルファディング (Hilferding 1910) とV・I・レーニン (Lenin 1917) により、『資本論』によりつつ、資本主義の世界史的発展段階としての帝国主義段階の具体的必然性が解明され、社会主義にとってのその方法論的意義も明確にされる。とくにレーニンは、カウツキーらのドイツ社会民党中央派が、労働者組織温存の観点から「祖国防衛戦争」に協力し、第二インターナショナルの崩壊をまねいたのは、まったくの誤りであり、あい争う金融資本の利害にもとづく帝国主義世界戦争から生ずる社会的危機は、反戦運動をつらぬき、内乱も回避せず社会主義革命により克服すべきであるとする戦略方針をたて、ロシア革命（一九一七年）にそれを結実させる。

その過程で過酷な帝政ロシアの弾圧に抗してレーニンが組織した前衛党としてのロシア社会民主党内のボルシェヴィキ派は、鉄の規律と民主集中性による内部の指導体制にもとづきロシア革命を達成するうえで決定的役割を演じた。その後、一九一八年にその党はロシア共産党と改称し、革命直後における資本主義連合国のシベリア出兵などのきびしい干渉を排除しつつ、ソ連を建設する過程でも重要な指導的役割を果たし続けた。とはいえ、その前衛党の組織論は、一九二四年にレーニンが死去した後、スターリン体制において大きな歪みをともなって引き継がれ、トロツキーをはじめ多くのスターリン反対派を「粛清」しつつ、抑圧的で非民主的な個人崇拝とそのもとでの専制的政治体制を生ずることともなった。それにともない、ソ連型マルクス主義が、唯一の科学的社会主義の道を先導しているとみなす教条主義的傾向も強められ、共産党やそれにあたる前衛党の指導のもとに労働者運動を、議会主義によらずに社会革命に導く闘争を重視することが、「正統派」マルクス主義の戦略とみなされることにもなっていった。

その結果、資本主義諸国内で、福祉国家の拡充をめざす社会民主主義の諸潮流は、総じて資本主義の根本的変革をめざすマルクスによる科学的社会主義にたいし、阻害的で敵対関係にすらあるものとみなし、「修正主義」として排撃する傾向もマルクス派には生じていた。そればかりではない。マルクス派の内部でも、たとえば第二インターナショナルの時代にはむしろ支配的ですらあった民主的選挙による議会内での勢力の成長に期待する戦略もまた「修正主義」として批判される傾向もみられた。第二次大戦後のユーロ・コミュニズム、ユーロ・ソシアリズム、あるいは日本の社会党左派を支持するマルクス派にも、そうした批判は向けられがちであった。その意味で、ソ連型社会主義は、マルクスによる科学的社会主義を、ごく狭義に解する偏向を生じていた。

広義の社会主義は、歴史的には、もともと資本主義体制の個人主義的弊害を是正する平等主義的な改革路線も、議会によるその推進も、資本主義の体制的止揚への可能性を否認しないかぎり、より急進的で、非議会的な社会改革路線とともに広く包含していたと考えてよい。

それにくらべ、マルクス＝レーニン＝スターリン主義としてのソ連型社会主義は、資本主義に変革を求める社会主義の方法論として、あまりに狭い見地にたっていたといわなければならないが、それはまた、『資本論』の経済学による科学的社会主義が、ソ連型の変革と社会体制とを世界史的に普遍的な必然性において正当化しているはずであると教条的に一般化したところから生じた発想であったともいえる。

晩年のマルクスは、エンゲルスとともにドイツ社会民主党の成長にあきらかに期待をかけつつ、その基本目標に『ゴータ綱領批判』(Marx 1875) のような助言も与えていた。当時の社会民主主義には、資本主義を前提とする改良闘争をすすめつつ、それをステップとして、資本主義を体制的に変革し社会主義を実現する綱領も実際に採択され、マルクスとエンゲルスもそれに期待しつつ、内容上の補整を求めていたのである。他方で、マルクスは「ヴェラ・ザスーリッチへの手紙」(Marx 1881) にもみられるように、ロシア農村部に残るミール共同体に社会主義への移行の基礎となる可能性を認め、それぞれの社会の現実的歴史性の特性に応じた変革路線の相違を弾力的に容認する側面も示していた(11)。

ソ連型社会主義が挫折した現代世界においては、マルクスが晩年に示していたこうした弾力的で広い社会主義への道筋の理解があきらかに重要性を増している。宇野が三段階論の方法により示唆していたように、『資本論』のような原理論により学問的根拠が与えられる資本主義変革の基本課題にたいし、資本主義の世界史的発展段階論とさらに現状分析において解明されるべき類型の異なる典型国や周辺諸国の資本主義の歴史的特質や様相の相違をあきらかにする政治経済学の研究は、それに応じて「社会主義への道は決して一つではない」ことをむしろ容認する広い見地にたった社会主義の方法論的根拠をもあきらかにする意義をもっていたと考えるべきであろう。

3　二〇世紀型社会主義の問題点

にもかかわらず、土地やその他の生産手段の私的所有にもとづく資本主義の経済システムを変革する社会主義は、ロシア革命後、ソ連を先進モデルとみなし、主要生産手段を国有化し、集権的計画経済を唯一の「科学的社会主義」の実現形態とみなしがちであった。そのようなソ連型社会は、たしかに一九三〇年代の資本主義世界の大恐慌の災厄をまぬがれ、第二次大戦における反ファッシズム祖国防衛戦争、その後の冷戦体制下の軍事的政治的圧迫にたえて、雇用の拡大と安定、重工業を中心とする経済成長、女性の社会的参加、育児・教育の公的支援、高度な専門家育成など、資本主義諸国とくらべ、すぐれた社会主義的特色をも発揮していた。そのため、第二次大戦後のある時期までは、世界の反資本主義の諸運動や諸組織の多くからも、ソ連型社会は先進モデルとして参照され、東欧諸国に広がり、中国その他途上諸国の変革にも大きな影響を与え続けていた。

しかし、そうしたソ連型社会では、党と国家の権限が肥大化し、権力を掌握した共産党や国家の官僚の特権が大きくなりすぎ、民主的で自発的な民衆のグラスルーツからの社会的参加や政治的自由が制約され、職業選択、職場での管理、消費生活にも自由がとぼしかった。

その問題点を批判しつつ、とくに北欧から資本主義先進諸国に広がった二〇世紀型社会民主主義は、生産手段の私的所有を基礎とする資本主義経済の基本的しくみを前提しつつ、その枠内で、ソ連型社会主義に対抗し、競合する経済社会の実現をめざし、労働組合運動を基盤とする労資協調体制の拡充を図っていた。そこでも、ケインズ主義的完全雇用政策や、教育、医療の公的支援、社会制度の充実など、国家による生活の安定化や所得再配分の役割が重視されていた。

こうした二〇世紀型の社会主義と社会民主主義とは、大きくみれば資本主義市場経済の弊害を是正し、労働者大衆の経済生活の安定、向上をめざす志向性を共有していた。また両者の共存と競合関係は、それぞれを支え、強化する作用も果たしていた。にもかかわらず、両者は例外的な場合を除き、概して排撃しあう傾向が強かった。とくに、社会主義者の多くは、社会民主主義を、資本主義の基本を擁護し、その根本的変革課題を避ける修正主義であると非難しがちであった。

こうした状況は、高度成長期後の資本主義の連続的危機とグローバリゼーションをともなう再編の過程で、いくつかの側面から激変してきた。

すでにみてきたように、資本主義世界では、多くの労働者の経済生活が雇用の非正規化、不安定化のなかで劣化し、市場労働の女性化がすすみ、日本をふくむ多くの先進諸国で、経済格差が大きく再拡大し、少子高齢社会化が進展して、経済成長も鈍化・停滞する。地球温暖化、エネルギー資源の枯渇傾向、脱原発への必要や要望のたかまりなど、エコロジカルな問題も深刻化してきた。そのなかで国家の財政危機が深まり、社会民主主義的福祉政策が削減され、新たな貧困問題や生活不安に十分対応できない傾向が顕著となってきた。新自由主義が、市場原理主義による個人責任を強調し、むしろ福祉国家の体制を弱め解体することこそ、効率的で合理的市場原理による経済再生の道であるとみなし、その路線が一九八〇年代以降の資本主義世界の主要な政策潮流をなし、社会民主主義もそれに押され、いわゆる中道路線に偏り、アイデンティティーの危機をむかえているのである。

同時に、ソ連型社会も経済成長の摩滅と民主化の波に対処しえず、一九八九年の東欧革命と一九九一年のソ連解体により消滅し、二〇世紀型社会主義に壊滅的打撃を与えた。それは社会主義の終焉と新自由主義的資本主義の勝利を意味すると総括されがちである。ソ連型社会主義の問題点や歪みに批判的であった社会主義の諸潮流や社会民主主義の諸運動にも、その衝撃は予想外に波及し、その直接間接の打撃が、資本主義世界の経済的危機を社会主義と社会民主主義の好機に容易に活かしえない重要な一要因となり続けている。

しかし、二〇〇八年に生じたサブプライム世界恐慌の衝撃は、大戦間期の世界大恐慌を想起させつつ、資本主義市場経済に内在する矛盾とその動態を体系的に解明したマルクスの『資本論』にあらためて世界的な関心を回帰させている。と同時に「自由な個人のアソシエーション」を理念として、資本主義のもとでの人間と自然の搾取・荒廃をのりこえる課題を示したマルクスの思想と理論は、いまやソ連型社会主義の束縛から解放されて、われわれのもとに戻ってきているとする発想も広がっている。そうした発想は、新自由主義的グローバリゼーションのもとで、市場原理主義的影響をうけてきたヨーロッパ社会民主主義が、新自由主義に妥協する「中道路線」から、「よき社会」をめざす社会的価値主導型アプローチをふくめ、広義の社会主義へ再転換しつつあることにも影響を与えているといえよう。

いまや新自由主義を反転し、グローバル資本主義の限界を突破する二一世紀型社会変革の運動と理念を再構築する必要性が世界的に認識されつつある。その観点からすれば、資本主義の変革をめざす狭義の社会主義も、資本主義を前提とする社会民主主義の福祉政策を修正主義として排撃するのではすまないであろう。第二インターナショナルの当時のマルクス派の綱領の構成がそうなっていたように、資本主義の限界をのりこえてゆく社会主義の実現にむけて、当面資本主義のもとでの社会民主主義的諸要求も重要なステップとして重視し、歴史的文脈のなかでその意義を認めてゆくことが、新自由主義に反対し対抗する社会運動のためにも大切な時代となっているのではなかろうか。そうした観点を欠いては、ツィプラス、コービン、イグレシアス、サンダースらの広義の社会主義再建への挑戦に、民衆がよせる期待に、マルクス派は背を向けることになりかねない。宇野理論が強調する経済学の原理論と段階論ないし現状分析とへの研究次元の分化の方法は、原理論によってその論拠が与えられる狭義の社会主義と、資本主義の現実的発展段階や現実的変容に論拠をおきそれに対応すべき当面の社会民主主義的諸要求との体系的関連を、広義の社会主義として弾力的に広く理解する方法をも可能性としては容認しうる方法論的含意をも有していたと考えられる。

そのさい、新自由主義的ないわば野放しのグローバル金融化資本主義のもとで、軽視されてきた国家の社会的役割もあらためて重視されなければならない。ユーロ圏ではそれを過度の超国家的経済統合の緩やかな解体（renationalization）とよんで、民意の新たな政治的結集を図る傾向も顕著となっている。日本では、安倍政権の戦争国家への反動的国家主義に対抗する批判的社会運動の結集の必要性を軸に、社会的で非戦の国家の再生が求められる展望も大きく開かれつつあり、そこに欧米における社会主義再建への潮流との連動をも期待したい。

そのような課題をふくめ、二一世紀型社会（民主）主義の運動の基盤として、非正規労働者も糾合する労働組合組織の再生・強化が、個人加盟のゼネラルユニオン形態などをあわせ、ぜひとも推進されなければならない。しかし二〇世紀的社会民主主義も社会主義ももっぱら労働運動の基盤に依拠していた傾向にたいし、二一世紀にはそれにとどまらず、NPO、NGO、消費者協同組合、ワーカーズ・コレクティブ、脱原発、震災復興、反基地への連帯運動など多様な広がりを示している市民・労働者の自生的で地域的な組織をも尊重し、それらにも協力を求めてゆかなければならない。

それとともに、さまざまなレベルでの地域社会や自治体、職場などにおける民主主義的決定に経済諸活動の分権化をすすめる方向を、国家（あるいは超国家的政治経済統合）にゆだねられるべき社会的役割とあわせて、大切にしてゆく方針が望ましい。

二〇世紀型社会（民主）主義では軽視されていた自然環境の保全や脱原発への各種ソフトエネルギーパスの開発も、地域社会の地産地消的な経済活動の再活性化への活動の大切な一環として、実践され実現されてゆく道が拓かれ実践されつつある。

これに関連して、過度に国家主義的であったソ連型社会の弊害を是正する理念として、東欧改革派が推奨していた市場社会主義の理念と多様なモデルが、分権的で民主的な二一世紀型社会主義の当面の可能性を示唆するものとみなされるようになっていることにも注目しておきたい。中国における社会主義市場経済建設の方針は、市場社会主義の理論を明示的な指針とはしていない。と同時に、あまりに大きな貧富の格差、底辺労働者の失業や貧困化問題、官僚層の汚職の反復など、およそ社会主義の理念から遠い弊害をともない、その内実はむしろ新たな階級社会に近いとも考えられる。すでに国家資本主義の体制に事実上なっているとする解釈も広がっている。しかし、そこでの社会主義市場経済建設の理念と土地や主要企業の公有制を維持している積極面を、キューバその他の中南米の社会主義的経済体制改革の試みなどと連ねてみれば、二一世紀型市場社会主義への大規模な実験がいぜん世界各地で続けられていると解釈することもできる。

市場社会主義の試みは、全面的な計画経済による社会主義とくらべ、社会的配慮による計画にゆだねられる諸領域と市場での企業や個人の自由な取引にゆだねる経済行為との組み合わせのしくみをめぐり、はるかに複雑で多様なモデルを形成しうる。加えて、社会主義的計画経済の可能性についても、後進諸国の反資本主義の急進的変革を介しての、離陸段階の工業化路線としても、あるいはマンデル（Mandel 1986）のいうように、いまや先進諸国にこそ民主主義的にその実現諸条件が整いつつあるとする見解も、選択肢から排除することは、マルクスにもとづく社会主義論としては狭すぎるであろう。それらの可能性を広く重視するかぎり、二一世紀型社会主義のモデルは、二〇世紀モデルのような単一のものに収斂しえず、おそらくとくに当面は選択可能な多様な経路を可能性として内包せざるをえないであろう。[12] そのさい、とくに市場社会主義のモデルによる諸社会に生じがちな地域間、企業間、個人間の経済格差を是正する参照基準として、資本主義の枠内で試みられてきた社会民主主義的福祉政策、具体的には健康保険や生活保護の諸制度、雇用政策、さらには育児、教育、年金にわたる公的な制度、施設、ないし支援のしくみが重要な意味をもちうる。

そのような観点からしても、二一世紀型社会主義は、資本主義先進諸国で拡充されてきた社会民主主義の諸方策やその改革案を重視せざるをえない。二一世紀型社会主義と社会民主主義とは、当面の現実的達成目標、その方策、およびその社会的担い手の基盤などに重なりあうところが多いことを自覚しあい、ことに現代的には新自由主義的グローバル資本主義に批判的に対抗する社会運動として、二〇世紀型とは異なり、たがいに排除・敵対しあう関係におかれるべきではなく、広く連帯・協力すべき相互補完関係にあるものと理解すべきではなかろうか。

4 二一世紀型代替的戦略路線

こうした発想にそって二一世紀型社会民主主義とそれを大切なステップとしてめざすべき狭義の社会主義との双方にとって、いま世界的に関心を集めている代替的戦略路線の重要事例として、さしあたりつぎの四つの発想をあげておこう。

① ベーシックインカム構想 新自由主義のもとでゆきづまりを示している社会保障制度改革の斬新な構想として、日本でも大きな関心の的となっているのがベーシックインカム（ＢＩ）構想である。たとえば小沢修司（二〇〇二）が提示したように、社会成員すべてに、他の所得とあわせて使える月八万円程度のＢＩを保障することができれば、それにともなう税負担が重くなっても、生涯にわたり安心のゆく平等な人権としての生活権の基礎が確保できるのではないか。二〇〇九年の政権交代後に社会民主党も参加して実施した子ども手当は、（家族の所得によらない一律交付の形態において）その端緒的試みともみられていた。こうしたＢＩの構想は、市場社会主義でははるかに容易に実現されうる。すでにＯ・ランゲ（Lange 1936–37）は、市場社会主義の古典的理論モデルを提示するさいに、その社会の構成員が、生産手段の共同所有の主人公として、社会的剰余からの平等公正な基本所得を、労働市場でえられる労

働への報酬としての所得と重ね二階建てで取得することになると想定していた。

ＢＩの構想は、日本には、資本主義を前提とする社会民主主義的改革案としてまず紹介されたのであるが、実はランゲ以来、（市場）社会主義論の系譜でも同様の発想は組み込まれていた（伊藤二〇一一）。

こうしたＢＩの構想が二一世紀型社会主義やそれへのステップとしての二一世紀型社会民主主義の社会変革において実現されてゆくなら、それはまた分権的な地域社会における相互扶助的な協同的生活再建のさまざまな取り組みへの支えとしても役立つにちがいない。東日本大震災からの復興にも、大企業やゼネコン優先の公共事業費の配分行政の一部を振り替えて、たとえば二〇年間の被災者ＢＩを保障し、地域住民の自生的で協同労働的な創意と工夫に、自治体行政が協力する方針も望ましいのではないか。このような発想は、当面さしてラディカルなものではなく、「すべて国民は、健康で文化的な最低限度の生活を営む権利を有する」と規定している日本国憲法第二五条を、まず被災者から内容的に保障してゆく道筋としても十分成り立ちうるであろう。

②グリーンリカバリー戦略　脱原発をふくむグリーンリカバリー戦略も、経済社会のこれからの重要な指針として、世界的にも日本でも多くの人びとの熱い関心を集めている。二〇〇九年のオバマ民主党政権発足時のこの戦略への大きな支えとなったのが、Ｒ・ポーリンら (Pollin, et al. 2008) が起草した「グリーンリカバリー」構想への報告書であった。

それによると、二酸化炭素（CO_2）の排出を削減し、持続可能な経済生活の基礎としての自然環境を次の世代に残してゆかなければならない。エネルギー節約の観点からも地産地消的流通・生活の再編をすすめ、ソフトエネルギーパスとしての多様なエネルギー源の開発を促進すべきである。多元的に供給される電力のスマートグリッドによる流通網も整備しなければならない。地域の公共建物から始め、ビルや住まいのエネルギー効率改善に向けた改装への公的支援も重要となる。公共交通の再拡充も必要とされる。このような産業政策によれば、従来型の公共事業への財政政策にくらべ、多様で大きな雇用効果が期待できる。

同じ二〇〇九年に、日本での民主党政権発足時に実施されたエコポイント制も、こうした戦略構想に同調しつつ、子ども手当とともに多くの人びとに好意的に受け入れられ、翌二〇一〇年にかけて二〇〇八年のマイナス三・七%からプラス三・四%へ実質経済成長率で七・一%幅での景気回復に寄与していた。その後に生じた東京電力福島第一原子力発電所の過酷事故を契機に、脱原発もグリーンリカバリー構想の重要な柱とみなされるようになり、ドイツをはじめいくつかの国では国民投票などを経て、それを国策として採択するようになっている。アベノミクスの産業政策は、残念ながら原発の輸出や再稼働をふくめ、この現代的グリーンリカバリー戦略構想には背を向け、むしろ経済の軍事化に期待する方向にあるとみなければならない。

③ 地域通貨の理念と実践　新自由主義のもとで、企業優先的な情報通信技術の利用拡大をつうじ、多くの人びとの雇用関係が不安定化し、経済生活に新たな貧困や困難が深まるなかで、あらためてコミ

ユニティー住民の相互扶助的協力をうながす有力な方策として各地に広がっている地域通貨の組織も、分権的で自生的な経済生活再生への試みとして、注目されてよい。とくに一九九〇年代以降、その事例は急速に増加し、いまや世界的には数千、日本でも五〇〇をこえる地域通貨が、地域住民相互の労力や生産物の相互交換に用いられている[13]。

一九三〇年代にもその試みは、欧米などでおこなわれていたが、いずれも国家主義的な経済再生政策に阻害的とみなされて、禁止されるなど短命に終わった。グローバリゼーションがすすむ現代世界に、ユーロのような超国家的統合通貨が形成されるかたわらで、地域通貨が許容され、むしろ国家による社会保障制度を補う機能や、地域経済再活性化の作用とあわせて歓迎され定着していることは、興味深いところである。ここにも、国家の役割に過度に依存せず、分権的で自生的な、地域コミュニティーでの地産地消的発想を重視し、地方自治体や地域の中小企業ともしばしば協力する、あらたなスタイルの社会変革運動の芽生えがある。

こうした地域通貨の実践にも、エコマネーのようにグリーンリカバリー構想がすすんで組み込まれてよい。ＢＩ構想も、さまざまなイデオロギーと結合可能であるだけに、地域通貨やグリーンリカバリー構想とあわせ、二一世紀型の分権的で自生的な社会主義と社会民主主義への民衆運動にとっても有力な発想のひとつとして活かされてゆくことが望ましい。

④　社会的連帯経済をもとめて　ソウル市長朴元淳がその市政における実践にもとづき、労働者協同

組合などの非営利的諸企業、NPO、NGOなどの社会的事業活動、地域の信用組合、共済組合などの自生的発展と、地方自治体のそれを支援する諸活動とを連携させて、世界が直面している新たな貧困、格差の拡大、労働者の非正規化と失業、自然環境破壊、などの危機的諸問題に、地域経済の再生、自然エネルギーの利用をふくむ地産地消の拡充を重視して取り組む、社会的な連帯経済の理念と実践を広くよびかけて国際的協力組織グローバル社会経済フォーラム（GSEF）を開催し、その継続的発展にむけて「ソウル宣言」（二〇一三年）を採択したことも、あきらかに二一世紀型の反資本主義的な代替戦略の特徴的方向を総合的に示すところとなっている。(14)

そこで重視されている協同組合的市場社会主義の発想は、K・ポラニー（Polanyi 1944）の初期の論稿などに由来するともみなされている。とはいえ、『資本論』のマルクスも（第三巻二七章の信用の役割論などで）労働者たちの協同組合工場の未来の結合生産様式による社会への積極的過渡形態としての役割を認めていた。とくに、現代のマルクス学派は、市場社会主義のさまざまな可能性を重視し探りつつあるので、「ソウル宣言」の求めるこれからの社会への進路に、期待をよせ、その論拠の強化と国際連帯活動の拡大にも協力する余地は大いにあるといえるであろう。

これらの四つの具体的事例に示される、二一世紀型のこれからの社会への理念や構想の要素となりうる発想の意義をめぐり、従来の二〇世紀型の社会民主主義や社会主義の意義と限界を再考し、拡充するうえで、やや迂遠にみえるかとも思われるが、おそらくは本書でたどってきた『資本論』にもとづく経済学の方法と理論内容の再検討が、それらの学問的意義や根拠を確実にあきらかにするうえで、直接間接にやはり重要な役割を有しているのではなかろうか。読者諸賢にも協力して考えてみていただきたいところであるが、著者としてはそれを期待し、また願っている。

注

（1）宇野弘蔵（一九五八）、『資本論』と社会主義』岩波書店（『宇野弘蔵著作集』第一〇巻、岩波書店、一九七四年、所収）、以下本節ではこの著作からの引用は、このように元版のページのみを記す。

（2）こうしたS貨幣やS価格の意義について、さらに詳しくは伊藤誠（一九九五）における検討をも参照していただきたい。

（3）社会主義経済計算論争についての詳細は伊藤誠（一九九二）、同（Itoh 1995）でも取り扱っている。あわせて参照していただきたい。なお、この論争についてのは、それぞれにやや異なる視点からではあるが、D・ラヴォア（Lavoie 1985）、西部忠（一九九六）にも興味深い再考が加えられている。

（4）現代おける市場社会主義論の多様な理論モデルを集めた代表的論文集としてP・K・バーダン／J・E・ローマー編（Bardhan and Roemer eds. 1993）がある。またその編者の一人で、アナリティカル・マルクス派の指導的理論家J・E・ローマー（Roemer 1994）は、株式市場の機能も組み込んだ市場社会主義のみずからの理論モデルを提示しつつ、従来の市場社会主義論の理論モデルの五世代にわたる進化の概要をその第四章でとりまとめて検討している。

（5）熟練労働ないし複雑労働の理論的取り扱いについては、従来の代表的取り扱いの問題点と、その解決を試みた拙稿（伊藤一九八四）をも参照していただきたい。
（6）ソ連型社会主義の危機と崩壊のなかで、市場社会主義の多様な可能性に理論的関心が再生するなかで、D・エルソンが提示した論稿「市場社会主義か市場の社会化か」（Elson 1988）は、二者択一を問うたものというより、こうした論点につうずる問題の所在を示唆していた。
（7）たとえばF・フクヤマ（Fukuyma 1992）は、こうした見地で世界史の歩みをヘーゲル的に総括して、マルクスによる社会主義は失敗し、自由主義経済の勝利で「歴史の終わり」があきらかとなったと述べていた。
（8）松尾匡（二〇一六）は、こうしたツィプラス、コービン、イグレシアスらの経済政策の要点を紹介しつつ、その意義を評価している。コービンに関しては、C・キンバー（Kimber 2015）も参照した。
（9）D・ハーヴェイ（Harvey 2010）の第八章。その「日本語版解説」（拙稿）もあわせて参照されたい。
（10）たとえば、マックス・ベアの『イギリス社会主義史』（Beer 1919）が、資本主義にさきだつローマ時代以来の、平等で協同的な社会を理想とする思想やそれによる社会運動の諸潮流を想起して維持することから始めているように、社会主義の源流は、近代市民革命における自由、平等、人権ないし友愛の理念の徹底を図るなかから生じただけではない。それにさきだつ共同体的諸社会のなかにも、身分やそれにともなう財産による不平等と差別に反対し、自然権としての平等な人権を、神のもとで、あの世でだけでなく、現世的に実現しようとする発想は、くりかえし発生していた。それはベアの扱っているヨーロッパの歴史のみに特有なことでもない。社会主義に危機が深い現代において、その意義を再考することも、さまざまな観点から重要性を増していると思われる。
（11）第一章の注7でもふれたように、K・B・アンダーソン（Anderson 2010）らが指摘しているように、晩年のマルクスがロシアやアジア諸社会の多型的共同体の存続と発展に広く興味をよせていたことも、こうした発想に通底し、資本主義をこえる社会主義の多型的変革路線の可能性を容認する含意をともなっていたといえよう。

(12) J・E・ローマー(Roemer 1994)は平等なクーポン券配布にもとづく株式市場の機能まで組み込んだ、みずからの社会主義のモデルを市場社会主義論の第五段階とみなしている。しかし、第三段階とされるランゲモデル以降の市場社会主義の諸モデルは、現実には市場社会主義を建設する場合でも、マンデルもその可能性を強調している、公的な協同消費としての教育、医療、年金などのしくみや公的交通手段、エネルギー供給の設備などとあわせ、計画経済による部分や領域とさまざまな接合関係を構成しうるであろう。さまざまな市場社会主義の理論モデルも、ローマーの第五段階のモデルに単線的に統合されてそこに唯一の理想型が示されているとはみなしがたいのではなかろうか。理論モデルとしては、計画経済との関係も、それぞれの重視する市場の機能の組み込み方にも、歴史社会的な特性や、ニーズの変化にも応じた多様な選択可能性が実際的には開かれていると思われる。ソ連型計画経済を唯一の科学的社会主義の道としていた発想はもとより、これに反発して、逆に市場社会主義の先進的で正しいモデルが構成できるはずであるとする発想に力点をおくことも、ともに現代的には適切な社会主義論の方法とは思われない。

(13) その理念と歴史、実践例については、西部忠(二〇〇二)、西部忠編著(二〇一三)が参考になる。伊藤誠(二〇一三c)とあわせて参照されたい。

(14)「ソウル宣言」の邦訳と解説、日本における協力・連帯への取り組みなどをとりまとめた文献として、ソウル宣言の会編(二〇一五)がある。

初出一覧

第一章　「マルクスにおける経済学の方法論をめぐって」、『国学院経済学』第五〇巻第三・四号、二〇〇二年九月（一―三九ページ）。

第二章　「経済原論の課題と方法――宇野『原論』の「序論」をめぐって――」、『国学院経済学』第五一巻第一号、二〇〇三年一月（一―四八ページ）。

第四章のⅠ　「『資本論』と社会主義――宇野理論を社会主義論にどう活かすか――」、『マルクス理論の再構築――宇野経済学をどう活かすか――』社会評論社、二〇〇〇年三月（二九四―三〇九ページ）。

第四章のⅡ　「21世紀型の社会主義と社会民主主義を考える」、『月刊社会民主』第七〇七号、二〇一四年四月（一九―二四ページ）。

ただし本書におさめるにあたり、右の各論稿にはかなりの拡充、改稿を加えている。

文献一覧

いいだもも（一九七八）、『現代社会主義再考』社会評論社。

井汲卓一（一九七一）、『国家独占資本主義論』現代の理論社。

伊藤誠（一九七三）、『信用と恐慌』東京大学出版会。（『伊藤誠著作集』第三巻）。

伊藤誠（一九七四）、「株式資本」、鈴木鴻一郎編著（一九七四）所収。

伊藤誠（一九八一）、『価値と資本の理論』岩波書店（『伊藤誠著作集』第二巻）。

伊藤誠（一九八四）、「熟練労働の理論的取り扱いについて」、山口重克・平林千牧編『マルクス経済学・方法と理論』時潮社、所収（『伊藤誠著作集』第一巻）。

伊藤誠（一九八八）、『現代のマルクス経済学』社会評論社（『伊藤誠著作集』第一巻）。

伊藤誠（一九八九）、『資本主義経済の理論』岩波書店。

伊藤誠（一九九〇）、『逆流する資本主義』東洋経済新報社（『伊藤誠著作集』第四巻）。

伊藤誠（一九九二）、『現代の社会主義』講談社学術文庫（『伊藤誠著作集』第六巻）。

伊藤誠（一九九四）、『現代の資本主義』講談社学術文庫（『伊藤誠著作集』第四巻）。

伊藤誠（一九九五）、『市場経済と社会主義』平凡社（『伊藤誠著作集』第六巻）。

伊藤誠（二〇〇〇）、「『資本論』と社会主義」、降旗節雄・伊藤誠編（二〇〇〇）所収。

伊藤誠（二〇〇九）、『サブプライムから世界恐慌へ』青土社。

伊藤誠（二〇〇九—二〇一二）、『伊藤誠著作集』全六巻、社会評論社。

伊藤誠（二〇一〇）、「価値概念の深化とその歴史的基礎——マルクス、アリストテレス、宇野の対話から——」、櫻井毅・山口重克・柴垣和夫・伊藤誠編（二〇一〇）所収。

伊藤誠（二〇一一）、「ベーシックインカムの思想と理論」、『日本学士院紀要』第六五巻第二号。

伊藤誠（二〇一三a）、『日本経済はなぜ衰退したのか』平凡社新書。

伊藤誠（二〇一三b）、書評「八尾信光著『21世紀の世界経済と日本』」、『政経研究』第一〇〇号。

伊藤誠（二〇一三c）、「シルヴィオ・ゲゼルと地域通貨の思想と理論」『日本学士院紀要』第六七巻第三号。

伊藤誠（二〇一五）、『経済学からなにを学ぶか』平凡社新書。

伊藤誠編（一九九六）、『経済学史』有斐閣。

伊藤誠・野口真・横川信治編著（一九九六）、『マルクスの逆襲』日本評論社。

今井則義（一九六〇）、『日本の国家独占資本主義』合同出版社。

岩田弘（一九六四）、『世界資本主義――その歴史的展開とマルクス経済学――』未来社。

宇野弘蔵（一九四七a）、『農業問題序論』改造社。

宇野弘蔵（一九四七b）、『価値論』河出書房。

宇野弘蔵（一九五〇、一九五二）、『経済原論』上・下、岩波書店。

宇野弘蔵（一九五三a、二〇一〇）、『恐慌論』岩波書店、岩波文庫。

宇野弘蔵（一九五三b）、「経済法則と社会主義――スターリンの所説に対する疑問――」、『思想』一〇月。宇野（一九五八）所収。

宇野弘蔵（一九五四、改訂版一九七一）、『経済政策論』弘文堂。

宇野弘蔵（一九五八）、『『資本論』と社会主義』岩波書店。

宇野弘蔵（一九六二）、『経済学方法論』東京大学出版会。

宇野弘蔵（一九六三）、『価値論の問題点』法政大学出版局。

宇野弘蔵（一九六四、二〇一六）、『経済原論』岩波全書、岩波文庫。

宇野弘蔵（一九六五）、「社会主義と経済学」、『思想』九月。宇野（一九六六）所収。

宇野弘蔵（一九六六）、『社会科学の根本問題』青木書店。

宇野弘蔵（一九六七）、『経済学を語る』東京大学出版会。

宇野弘蔵（一九六八）、「利子論（最終講義）」、『社会労働研究』三月。

宇野弘蔵（一九七〇、一九七三）、『経済学五十年』上・下、法政大学出版局。

宇野弘蔵（一九七三―一九七四）、『宇野弘蔵著作集』全一〇巻および別巻、岩波書店。

宇野弘蔵編（一九五七、一九五八）、『地租改正の研究』上・下、東京大学出版会。

梅本克己（一九六七）、『唯物史観と現代』岩波新書。

大内力（一九七〇）、『国家独占資本主義』東京大学出版会。

大内力（一九八〇）、『経済学方法論』東京大学出版会。

大内力（一九八一、一九八二）、『経済原論』上・下、東京大学出版会。

大内力（一九八三）、『国家独占資本主義・破綻の構造』御茶の水書房。

置塩信雄（一九七七、一九八七）、『マルクス経済学』Ⅰ・Ⅱ、筑摩書房。

小沢修司（二〇〇二）、『福祉社会と社会保障改革』高菅出版。

大谷禎之介（二〇一一）、『マルクスのアソシエーション論』桜井書店。

小幡道昭（二〇一二）、『マルクス経済学方法論批判』御茶の水書房。

小幡道昭（二〇一四）、『労働市場と景気循環』東京大学出版会。

小幡道昭（二〇一五）、「宇野理論とマルクス」、鶴田満彦・長島誠一編（二〇一五）所収。

加藤榮一（一九八九）、「現代資本主義の歴史的位相」、東京大学社会科学研究所『社会科学研究』第四一巻第一号。

河村哲二（一九九五）、『パックス・アメリカーナの形成』東洋経済新報社。

河村哲二（二〇一六）、「グローバル資本主義の段階論的解明」『季刊 経済理論』第五三巻第一号。

北原勇・伊藤誠・山田鋭夫（一九九七）、『現代資本主義をどう視るか』青木書店。

久留間鮫造（一九六五）、『増補新訂 恐慌論研究』大月書店。

櫻井毅（二〇〇二）、「純粋資本主義論のアポリア」、『武蔵大学論集』第四九巻第三／四号。

櫻井毅・山口重克・柴垣和夫・伊藤誠編（二〇一〇）、『宇野理論の現在と論点』社会評論社。

重田澄男（一九七五）、『マルクス経済学方法論』有斐閣。

杉本栄一（一九五三）、『近代経済学史』岩波全書。

鈴木鴻一郎（一九五九）、『価値論論争』青木書店。

鈴木鴻一郎編（一九六〇、一九六二）、『経済学原理論』上・下、東京大学出版会。

鈴木鴻一郎編著（一九七四）、『セミナー経済学教室1マルクス経済学』日本評論社。

スターリン、I・V（一九五二）、『ソ同盟における社会主義の経済的諸問題』飯田貫一訳、国民文庫、一九五三年。

ソウル宣言の会編（二〇一五）、『「社会的経済」って何？』社会評論社。

ソ同盟科学院経済学研究所（一九五四）、『経済学教科書』マルクス・レーニン主義普及協会訳、四分冊、合同出版、一九五五年。

侘美光彦（一九八〇）、『世界資本主義――『資本論』と帝国主義論――』日本評論社。

侘美光彦（一九九四）、『世界大恐慌――一九二九年恐慌の過程と原因――』御茶の水書房。

侘美光彦（一九九八）、『大恐慌型不況』講談社。

侘美光彦（二〇〇一）、「社会主義的市場経済とは何か」、立正大学『経済学季報』第五〇巻第三、四号。

鶴田満彦（二〇一四）、『21世紀日本の経済と社会』桜井書店。

鶴田満彦・長島誠一編（二〇一五）、『マルクス経済学と現代資本主義』桜井書店。

西部忠（一九九六）、『市場像の系譜学』東洋経済新報社。

西部忠（二〇〇二）、『地域通貨を知ろう』岩波書店。

西部忠（二〇一一）、『資本主義はどこへ向かうのか』ＮＨＫ出版。

西部忠編著（二〇一三）、『地域通貨』ミネルヴァ書房。

新田滋（一九九八）、『段階論の研究』御茶の水書房。

野口真（一九九〇）、『現代資本主義と有効需要の理論』社会評論社。

日高普（一九七四）、『全訂 経済原論』時潮社。

姫岡玲治（青木昌彦）（一九六〇）、『日本国家独占資本主義』現代思潮社。

廣松渉（一九八七）、『資本論の哲学』勁草書房。

藤田勇（一九八〇）、『社会主義社会論』東京大学出版会。

降旗節雄・伊藤誠編（二〇〇〇）、『マルクス理論の再構築』社会評論社。

松尾匡（二〇一六）、『この経済政策が民主主義を救う』大月書店。

水野和夫（二〇一四）、『資本主義の終焉と歴史の危機』集英社新書。

メドヴェーデフ、R・A（一九七三）、『共産主義とはなにか』石堂清倫訳、三一書房。

八尾信光（二〇一二）、『21世紀の世界経済と日本』晃洋書房。

山口重克（一九八五）、『経済原論講義』東京大学出版会。

山口重克（一九九六）、『価値論・方法論の諸問題』御茶の水書房。

山口重克（二〇〇六）、『類型論の諸問題』御茶の水書房。

山口重克（二〇一〇）、「宇野弘蔵の「過渡期」説について」、『宇野理論を現代にどう活かすか』Working Paper Series, 2-2-3, http:www.unotheory.org/news II.

山口重克（二〇一三）、「小幡道昭による山口批判へのリプライ」、『宇野理論を現代にどう活かすか』Working Paper Series, 2-10-2, http:www.unotheory.org/news II.

横川信治（一九八九）、『価値、雇用、恐慌』社会評論社。

横川信治（一九九五）、「政治経済学の復活」、『経済セミナー』四月号。伊藤誠・野口真・横川信治編著（一九九六）所収。

Aglietta, M. (1976), *Régulaion et Crises du Capitalisme.* 若森章孝・山田鋭夫・大田一廣・海老塚明訳『資本主義のレギュラシオン理論』大村書店、一九八九年。
Albritton, R. (1991), *A Japanese Approach to Stages of Capitalist Development.* 永谷清監訳、山本哲三・石橋貞男・星野富一・松崎昇・吉井利眞訳『資本主義発展の段階論』社会評論社、一九九五年。
Anderson, K. B. (2010), *Marx at the Margins: On Nationalism, Ethnicity and Non-Western Societies.* 平子友長監訳、明石英人・佐々木隆治・斎藤幸平・隅田聡一郎訳『周縁のマルクス』社会評論社、二〇一五年。
Armstrong, P., Glyn, A. and Harrison, J. (1991), *Capitalism since 1945.*
Baran, P. and Sweezy, P. (1966), *Monopoly Capital.* 小原敬士訳『独占資本』岩波書店、一九六七年。
Bardhan, P. K. and Roemer, J. E. eds. (1993), *Market Socialism: The Current Debate.*

Beer, M. (1919), *History of British Socialism*. 大島清訳『イギリス社会主義史』全四冊、岩波文庫、一九六八―七五年。
Bernstein, E. (1899), *Die Voraussetzungen des Sozialismus und die Aufgabe der Sozialdemokratie*. 戸原四郎訳「社会主義の前提と社会民主党の任務」、『世界大思想全集』15、河出書房、一九六〇年、所収。
Bettelheim, C. (1974–83), *Les Luttes de Classe en USSR*, 4 vols., Vol. 1. 高橋武智・天羽均・杉村昌昭訳『ソ連の階級闘争一九一七―一九二三』第三書館、一九八七年。
Braverman, H. (1974), *Labor and Monopoly Capital*. 富沢賢治訳『労働と独占資本』岩波書店、一九七八年。
Chavance, B. (1992), *Le Système Économique Soviétique*. 斉藤日出治訳『社会主義のレギュラシオン』大村書店、一九九二年。
Dobb, M. (1937), *Political Economy and Capitalism*. 岡稔訳『政治経済学と資本主義』岩波書店、一九五二年。
Ellenstein, J. (1976), *The Stalin Phenomenon*. 大津真作訳『スターリン現象の歴史』大月書店、一九七八年。
Elson, D. (1988), 'Market Socialism or Socialization of the Market?', *New Left Review*, 172, Nov./Dec.
Engels, F. (1873–83), *Dialektik der Natur*, in: *Marx-Engels Werke*, Bd. 20, Dietz Verlag, 1962. 菅原仰訳「自然の弁証法」、『マルクス＝エンゲルス全集』20、大月書店、一九六八年、所収。
Engels, F. (1877–78), *Herrn Eugen Dührings Umwälzung der Wissenschaft*, in: *Marx-Engels Werke*, Bd. 20, Dietz Verlag, 1962. 村田陽一訳「オイゲン・デューリング氏の科学の変革（『反デューリング論』）」、『マルクス＝エンゲルス全集』20、大月書店、一九六八年、所収。
Feuerbach, L. A. (1841), *Das Wesen des Christentums*. 船山信一訳『キリスト教の本質』岩波文庫、上・下、一九六五年。
Fourier, F. M. C. (1829), *Le nouveau monde industriel et sociètaire*. 田中正人訳「産業的協同社会的新世界」、五島茂・坂本慶一編『オウエン、サン・シモン、フーリエ』（世界の名著42）中央公論社、一九八〇年。
Fukuyama, F. (1992), *The End of History and the Last Man*. 渡部昇一訳『歴史の終わり』三笠書房、一九九二年。
Glyn, A. and Sutcliff, B. (1972), *British Capitalism, Workers and the Profit Squeeze*. 平井規之訳『賃上げと資本主義の危機』ダイヤモンド社、一九七五年。
Gorbachev, M. (1987), *Perestroika*. 田中直毅訳『ペレストロイカ』講談社、一九八七年。

Gordon, D. M., Edwards, R. and Reich, M. (1982), *Segmented Work, Divided Workers.* 河村哲二・伊藤誠訳『アメリカ資本主義と労働』東洋経済新報社、一九九〇年。

Harberler, G. (1937), *Prosperity and Depression.*

Hardt, M. and Negri, A. (2000), *Empire.* 水嶋一憲ほか訳『帝国――グローバル化の世界秩序とマルチチュードの可能性――』以文社、二〇〇三年。

Harvey, D. (2010), *The Enigma of Capital and the Crises of Capitalism.* 森田成也・大屋定晴・中村好孝・新井田智幸訳『資本の〈謎〉』作品社、二〇一二年。

Hayek, F. A. ed. (1935), *Cllectivist Economic Planning.* 迫間真次郎訳『集権的計画経済の理論』実業之日本社、一九五〇年。

Hilferding, R. (1910), *Das Finanzkapital.* 岡崎次郎訳『金融資本論』岩波文庫、上・下、一九八二年。

Hobsbawm, E. (2011), *How to Change the World.*

Itoh, M. (1995), *Political Economy for Socialism.*

Kautsky, K. (1899), *Bernstein und das sozialdemokratische Programm.* 山川均訳「マルキシズム修正の駁論」、『世界大思想全集』47、春秋社、一九二八年、所収。

Kimber, C. (2015), *After the Earthquake: Jeremy Corbyn, Labour and the Fight for Socialism.* (A Socialist Worker pamphlet).

Kondratieff, N. D. (1926), Die Langen Wellen der Konjunktur, in *Archiv für Sozialwissenschaft und Sozialpolitik,* Bd. 56. 中村丈夫編『景気波動論』亜紀書房、一九七八年。

Kornai, J. (1980), *Economics of Shortage.*

Kornai, J. (1984), *Selected Writings.* 盛田常夫編訳『不足の経済学』岩波書店、一九八四年。

Lange, O. (1936–37), ‘On the Economic Theory of Socialism’, in Lippincott, B. E. ed. (1938).

Lavoie, D. (1985), *Rivalry and Central Planning: The Socialist Calculation Debate Reconsidered.* 吉田靖彦訳『社会主義経済計算論争再考――対抗と集権的計画編成――』青山社、一九九九年。

Lenin, V. I. (1914–16), ***Философские тетради.*** 松村一人訳『哲学ノート』岩波文庫、上・下、一九五六年。

Lenin, V. I. (1917), *Империализм*. 宇高基輔訳『帝国主義』岩波文庫、一九五六年。

Lippincott, B. E. ed. (1938), *On the Economic Theory of Socialism*.

Maddison, A. (2010), *Historical Statistics of the World Economy: 1–2008 AD*.

Mandel, E. (1972), *Spätkapitalismus*. 飯田裕康・的場昭弘・山本啓訳『後期資本主義』I・II・III、柘植書房、一九八〇—八一年。

Mandel, E. (1978), 'On the Nature of the Soviet Society', in *New Left Review*, Mar./Apr.

Mandel, E. (1980), *Long Waves of Capitalist Development*. 岡田光正訳『資本主義発展の長期波動』柘植書房、一九八〇年。

Mandel, E. (1986), 'In Defence of Socialist Planning', *New Left Review*, Spt./Oct.

Marx, K. (1847), *Das Elend der Philosophie*. 山村喬訳『哲学の貧困』岩波文庫、一九五〇年。

Marx, K. (1857–58), *Grundrisse der Kritik der politischen Ökonomie, Tail I*, in: *Marx-Engels Gesamtausgabe* (*MEGA*) *2 Abteilung*, Bd. 1, Dietz Verlag, 1976. 資本論草稿集翻訳委員会訳『資本論草稿集』①（『経済学批判要綱』）、大月書店、一九八一年。

Marx, K. (1859), *Zur Kritik der politischen Ökonomie* (Erstes Heft). 武田隆夫・遠藤湘吉・大内力・加藤俊彦訳『経済学批判』岩波文庫、一九五六年。

Marx, K. (1867, 85, 94), *Das Kapital, I, II, III*, in: *Marx-Engels Werke*, Bd. 23, 24, 25, Dietz Verlag, 1962, 63, 64. 岡崎次郎訳『資本論』1〜8、国民文庫、一九七二年。

Marx, K. (1875), *Kritik des Gothaer Programms*. 西雅雄訳『ゴータ綱領批判』岩波文庫、一九四九年。

Marx, K. (1881), 'Marx an Vera Iwanowna Sassulitsch' 8. März. In: *Marx-Engels Werke*, Bd. 35. 邦訳『マルクス＝エンゲルス全集』第三五巻、大月書店、一九七四年。

Marx, K./Engels, F. (1845–46), *Die Deutsche Ideologie*. 廣松渉編訳、小林昌人補訳『ドイツ・イデオロギー』岩波文庫、二〇〇二年。

Marx, K./Engels, F. (1848), *Manifest der Kommunistischen Partei*. 大内兵衛・向坂逸郎訳『共産党宣言』岩波文庫、一九

五一年。
Marx, K./Engels, F. (1954), *Briefe über "Das Kapital"*. 岡崎次郎訳『マルクス・エンゲルス資本論に関する手紙』上・下、法政大学出版局、一九五四年。
Mill, J. S. (1848), *Principles of Political Economy*. 末永茂喜訳『経済学原理』岩波文庫、1〜5、一九五九―六三年。
Minsky, H. (1982), *Can "It" Happen Again?*. 岩佐代市訳『投資と金融』日本経済評論社、一九八八年。
Mises, L. von. (1920), 'Economic Calculation in the Socialist Commonwealth', in Hayek, F. A. ed. (1935).
Piketty, T. (2014), *Cpital in the Twenty-First Century*. 山形浩生・守岡桜・森本正史訳『21世紀の資本』みすず書房、二〇一四年。
Polanyi, K. (1944), *The Great Transformation*. 吉沢英成・野口武彦・長尾史郎・杉村芳美訳『大転換』東洋経済新報社、一九七五年。
Polanyi, K. (1977), *The Livelihood of Man*, edited by Pearson, H. W. 玉野井芳郎・栗本慎一郎訳『人間の経済』I、玉野井芳郎・中野忠訳『人間の経済』II、岩波書店、一九八〇年。
Pollin, R. et al. (2008), *Green Recovery*, Political Economy Research Institute (PERI), University of Massachusetts-Amherst.
Ricardo, D. (1817), *On the Principles of Political Economy and Taxation*. 堀経夫訳『リカードゥ全集I 経済学および課税の原理』雄松堂、一九七二年。
Roemer, J. E. (1994), *A Future for Socialism*. 伊藤誠訳『これからの社会主義』青木書店、一九九七年。
Rowthorn, B. (1980), *Capitalism, Conflict and Inflation*. 藤川昌弘・小幡道昭・清水敦訳『現代資本主義の論理――対立抗争とインフレーション――』新地書房、一九八三年。
Rubin, I. I. (1972), *Essays on Marx's Theory of Value*.（ロシア語一九三〇年版による）竹永進訳『マルクス価値論概説』法政大学出版局、一九九三年。
Saint-Simon, C. H. de R. (1823–24), *Catéchisme politique des industriels*. 坂本慶一訳「産業者の教理問答」、五島茂・坂本慶一編『オウエン、サン・シモン、フーリエ』(世界の名著42) 中央公論社、一九八〇年。
Smith, A. (1776), *An Inquiry into the Nature and Causes of the Wealth of Nations*. 大河内一男監訳『国富論』中公文庫、1

〜3、一九七八年。
Sraffa, P. (1960), *Production of Commodities by Means of Commodities.* 菱山泉・山下博訳『商品による商品の生産』有斐閣、一九六二年。
Sweezy, P. M. (1949), *Socialism.* 野々村一雄訳『社会主義』岩波書店、一九五一年。
Sweezy, P. M. (1980), *Post-Revolutionary Society.* 伊藤誠訳『革命後の社会』社会評論社、一九九〇年。
Taylor, F. M. (1929), 'The Guidance of Production in a Socialist State', in Lippincott, B. E. ed. (1938).
Trotsky, L. (1937), *The Revolution Betrayed.* 山西英一訳『裏切られた革命』論争社、一九五九年。
Trotsky, L. (1941), 'On the Curve of Capitalist Development', *Fourth International,* May.
Wallerstein, I. (1979), *The Capitalist World Economy.* 藤瀬浩司・麻沼賢彦・金井雄一訳『資本主義世界経済』I、日南田静眞訳『資本主義世界経済』II、名古屋大学出版会、一九八七年。
Weber, M. (1904), 'Die "Objektivität" sozialwissenschaftlicher und sozialpolitischer Erkenntnis'. 富永祐治・立野保男訳『社会科学方法論』岩波文庫、一九三六年。
Weeks, J. (1989), *A Critique of Neoclassical Macroeconomics.* 山本一巳・岡本郁子訳『新古典派マクロ経済学批判』御茶の水書房、一九九六年。
Zieschang, K. (1957), 'Zu einige theoretischen Probleme des Staatsmonopolistischen Kapitalismus in Westdeutchland', in Deutsche Akademie der Wissenschaften zu Berlin, *Probleme der Politischen Ökonomie.* 玉垣良典訳「国家独占資本主義の若干の理論問題」、井汲卓一編『国家独占資本主義』大月書店、一九五八年、所収。

伊藤《いとう》　誠《まこと》

1936年東京都生まれ。東京大学経済学部卒業。経済学博士。東京大学名誉教授。國學院大學，国士舘大学元教授。日本学士院会員。ニューヨーク大学，ニュースクール・フォー・ソシアルリサーチ客員助教授，ロンドン大学，マニトバ大学，タマサート大学，ヨーク大学，シドニー大学，グリニッジ大学客員教授を歴任。

主要著書；『『資本論』を読む』講談社学術文庫，2006年。伊藤誠著作集第1巻『現代のマルクス経済学』，第2巻『価値と資本の理論』，第3巻『信用と恐慌』，第4巻『逆流する資本主義』，第5巻『日本資本主義の岐路』，第6巻『市場経済と社会主義』社会評論社，2009-12年。『サブプライムから世界恐慌へ』青土社，2009年。『日本経済はなぜ衰退したのか』平凡社新書，2013年。『経済学からなにを学ぶか』平凡社新書，2015年。*Value and Crisis*, Monthly Review, and Pluto, 1980. *The Basic Theory of Capitalism*, Macmillan, and Barnes & Noble, 1988. *The World Economic Crisis and Japanese Capitalism*, Macmillan, and St. Martin's, 1990. *Political Economy for Socialism*, Macmillan, and St. Martin's, 1995. *Political Economy of Money and Finance*, (with Costas Lapavitsas) , Macmillan, and St. Martin's, 1999. *The Japanese Economy Reconsidered*, Palgrave, 2000. など。

マルクス経済学の方法と現代世界

2016年9月20日　初　版

著　者　伊藤　誠
装幀者　加藤昌子
発行者　桜井　香
発行所　株式会社 桜井書店
東京都文京区本郷1丁目5-17　三洋ビル16
〒113-0033
電 話 (03)5803-7353
FAX (03)5803-7356
http://www.sakurai-shoten.com/

印刷・製本　株式会社 三陽社

ISBN978-4-905261-33-9 Printed in Japan